U0107022

守衛人權

香港特別行政區法院二十年

（1997-2017）

沈太霞——著

目錄

序一   ix

序二   xi

導論   001

第一章　香港法院保障人權的歷史   007

第一節　英國殖民下的香港人權   009

第二節　香港過渡期的人權保障制度   012

    一、《香港基本法》的通過   012

    二、《香港人權法案條例》的制定   013

    三、香港過渡期的司法實踐   018

第三節　香港回歸後人權保障制度的新發展   021

小結   025

第二章　香港特別行政區法院保障人權的基礎制度   027

第一節　香港特別行政區法院保障人權的法律淵源   029

    一、《香港基本法》是首要淵源   029

    二、香港特別行政區涉及人權保障的成文法   030

    三、香港法制中保障人權的國際法淵源   036

    四、保障人權的普通法和衡平法   037

    五、中國習慣法中的傳統權益   040

第二節　香港特別行政區獨立的司法權與司法機構　　041

　　一、香港特別行政區法院層級結構　　041

　　二、香港特別行政區法官構成　　047

　　三、香港特別行政區的上訴機制　　052

第三節　香港特別行政區法院保障人權的運行制度　　055

　　一、人權訴訟制度　　055

　　二、司法覆核制度　　057

小結　　062

第三章　終審法院保障公民權利和政治權利的展開　　065

第一節　終審法院對公平審判權的保障　　069

　　一、受無罪推定權　　071

　　二、接受公正法庭審訊權　　078

　　三、秘密諮詢律師權（法律專業特權）　　082

　　四、不自證其罪權　　085

　　五、其他公正審判權利　　088

第二節　終審法院對居留權的保障　　090

　　一、香港居民在香港以外地區所生子女的居留權　　090

　　二、內地居民在香港所生子女的居留權　　099

　　三、非中國籍人士申請永久性居民身份的要求　　102

第三節　終審法院對表達自由的保障　　107

　　一、表達自由與行業聲譽　　107

　　二、表達自由與公共秩序　　109

第四節　終審法院對人身自由的保障　　117

　　一、免受任意逮捕與拘禁　　118

　　二、自由與法律確定性原則　　121

第五節　終審法院對平等權的保障　　131

　　一、平等與性別歧視　　131

　　二、平等與傳統權益　　137

　　三、平等地享有社會公共服務　　139

第六節　終審法院對財產權的保障　140

第七節　對其他第一代人權的保障　147

小結　150

第四章　終審法院保障經濟、社會與文化權利的展開　153

第一節　終審法院對工作權的保障　156

一、選擇職業權　157

二、就業保護權　159

三、參加工會的權利　166

第二節　終審法院對適當生活水準權的保障　171

一、獲得適當住房的權利　173

二、獲得最低社會保障的權利　175

小結　180

第五章　香港特別行政區法院保障人權之得與失　183

第一節　香港特別行政區法院保障人權之成就　185

第二節　香港特別行政區法院保障人權的主要經驗　190

一、擁有較為完善的人權立法　190

二、普通法的繼承和發展　191

三、獨立公正的司法權　192

四、暢通的人權訴訟機制　193

五、有效的司法覆核機制　194

第三節　香港特別行政區法院保障人權制度面臨的挑戰　196

一、司法權的擴張　196

二、香港特別行政區法院對第二、三代人權保障相對不足　200

三、對域外判例的依賴性強　205

四、司法覆核是否被濫用？　205

小結　211

結語　香港特別行政區法院保障人權之未來　215

一、必要的司法克制　216

二、明晰司法覆核的邊界　219

三、避免司法覆核與法律援助制度被濫用　223

四、香港特別行政區法院保障經濟、社會與文化權利的進步　224

五、人權與法治的共同發展　224

主要參考文獻　229

一、中文參考文獻　230

二、外文參考文獻　237

附錄　243

附錄一　香港終審法院涉及人權的判例（1997.7.1–2017.6.30）　244

附錄二　香港法官和司法人員中英文名單（截至 2019 年 1 月 14 日）　256

附錄三　香港加入的國際人權公約　265

後記　267

序一

　　香港特別行政區是"一國兩制"方針政策的產物，1982 年制定的《中華人民共和國憲法》第三十一條，為"一國兩制"在特別行政區的實施提供了憲制基礎。1984 年，中英兩國政府簽署《中英聯合聲明》，成功解決了十九世紀的三個不平等條約遺留下來的問題。香港在 1997 年回歸祖國，並根據"一國兩制"的偉大構想和 1990 年由全國人民代表大會制定的《中華人民共和國香港特別行政區基本法》，實行高度自治、港人治港；原有的資本主義制度和法律等制度都維持基本不變。香港特別行政區的法制作為我國法制的有機組成部分，它的特色和獨特性是值得國人各方關注和研究的。

　　在 1976 年，英國政府把英國已經參加的兩個國際人權公約適用於作為其屬土的香港，不少其他國際人權公約也先後應用於香港。此外，香港在港英統治時期根據英倫普通法傳統形成的法律制度，也有不少關於人權保障的制度設計、法定程序和法律規範。1991 年，港英政府通過立法局制定《香港人權法案條例》，把《公民權利和政治權利國際公約》的人權標準引進香港本地法律制度，香港法院便開始在刑事和司法覆核等案件中解釋和應用這些國際人權標準，香港在人權法方面的判例法遂開始發展。1997 年香港回歸祖國後，根據《基本法》第三章的人權條款（包括其第 39 條關於國際人權公約在香港特別行政區的適用的條款），香港的人權法得以進一步的發展，有關的司法判例也繼續累積，人權法中的各種概念、原則和規範繼續向前邁進。

　　關於香港特別行政區人權法的中文文獻長期以來相當不足，所以我見到沈太霞教授這部著作，喜出望外。本書是不可多得的佳作。沈教授在本書中有系統地和全面地介紹了香港的人權法律制度，深入淺出，並且論述和分析了香港終審法院在回歸後二十年來關於人權法的判例，並予以評價，既肯定其中的成就，又指出其不足之處。作者對歐洲人權司法保障的制度素有研究，為了本書的寫作，她把研究方向轉移至香港特別行政區的人權法律保障，這是十分有意義的學術耕耘：正如作者在本書中指出，"香港法治是中國法治的重要組成部分。香港法治的進步無疑是中國法治進步的重要一環，香港法治對世界法治的貢獻也是中國對世界的重要貢獻。"我十分同意作者這個觀點，人權保障是法治制度的重要環節，但願本書對於香港特別行政區人權法律保障的研究成果，能對我國的法治事業的建設，發揮參考和借鑒的價值。

陳弘毅
香港大學法律學院
2020 年 3 月 17 日

序二

　　香港法治是中國法治的重要組成部分。香港自 1997 年回歸中國以來，維持了繁榮和穩定。這是"一國兩制"偉大構想在香港的成功實踐。香港社會法治與人權的進步是中央和香港特別行政區堅持"一國兩制"方針、共同努力的結果。香港特別行政區在實踐"一國兩制"偉大構想的過程中，總結了許多成功經驗。香港居民的各項基本權利在香港回歸中國後得到了較好的實現，這與香港擁有較為完善的人權保障機制分不開。以香港特別行政區法院為基礎的司法人權保障制度，以政府各專門機關為基礎的人權保障與監督制度，以及以香港民間人權機構為基礎的人權保障與監督制度，均發揮著保障人權的重要功能。

　　1997 年 7 月 1 日，香港終審法院成立，取代了英國樞密院司法委員會，成為了香港最高上訴法院。香港特別行政區法院依據《中華人民共和國香港特別行政區基本法》的規定享有司法獨立權和司法終審權。香港特別行政區法院以維護法治，保障個人權利和自由為己任。自香港回歸以來，香港特別行政區法院在保障居民基本權利、維護法治、樹立司法權威方面，均取得了突出的成績。然而，中國內地缺乏系統研究香港特別行政區法院保障居民人權制度的著述。而沈太霞博士正是選取了這一重要而具有前瞻意義的命題，並結合著她近年來在香港、法國、英國的研究經歷，運用規範分析、比較分析、歷史分析等方法，對香港特別行政區法院保障人權的制度和實踐進行了系統的研究。

《守衛人權：香港特別行政區法院二十年》一書不但關注香港特別行政區法院保障人權的歷史脈絡、基本原理、制度構成與運行機制，還關注香港特別行政區法院保障人權的現實問題與未來走向，尤其是對香港終審法院自成立以來二十年間涉及人權的判例進行了深入的分析，在此基礎上運用辯證法分析了香港特別行政區法院保障人權等方面取得的成功經驗，肯定了香港回歸中國以來香港特別行政區法院保障人權取得的重大成就；在總結香港特別行政區法院保障人權取得成績的同時，也關注該制度在運行過程中存在的一些問題。香港特別行政區法院人權保障制度是觀察和研究香港法治和"一國兩制"實踐的重要視角。

《守衛人權：香港特別行政區法院二十年》一書運用六章的篇幅對香港特別行政區法院保障居民基本權利的制度以及終審法院二十年的司法實踐展開研究。第一章"香港法院保障人權的歷史"，回顧和總結了其發展演進的規律。第二章"香港特別行政區法院保障人權的基礎制度"，對香港特別行政區法院保障人權的法律淵源、司法權以及主要運行制度進行梳理，研究其主要內容，展示了豐富的香港法淵源和扎實的基礎制度。第三章"終審法院保障公民權利和政治權利的展開"，對終審法院自成立以來審理的涉及公正審判權、居留權、平等權、財產權、表達自由、人身自由、免受酷刑及不人道對待、通訊秘密、遷徙自由、良心與宗教自由等具體權利展開分析，總結這些類型判例的規律。第四章"終審法院保障經濟、社會與文化權利的展開"，對終審法院自成立以來審理的涉及工作權、適當生活水準權等第二代人權的典型判例展開分析，總結這些類型判例的規律。第五章"香港特別行政區法院保障人權之得與失"，運用辯證法對香港特別行政區法院保障居民基本權利二十年來取得的成就予以肯定，總結其發展建設的成功經驗，並且對其存在的問題進行了提煉。結語"香港特別行政區法院保障人權之未來"，對香港特別行政區法院人權保障制度的發展方向提出了一些建議，以期克服香港人權、法治、"一國兩制"進一步發展的阻力。

縱觀全書，可以發現幾大亮點：第一，中國內地的理論界和實務界，對香港特別行政區法院保障人權制度缺乏系統、全面、深入的研究，該書彌補了這方面研究的空白。第二，研究方法具有創新性。該書對香港終審法院二十年來涉及人權的判例進行了系統的研究和總結，這種研究方法不但為該項研究充實了相應的素材，同時也增強了論證的說服力，這種判例研究方法在中國內地的法學研究仍較為缺乏。第三，該書運用了大量的英文一手材料。目前，香港特別行政區法院尚存在大量未被翻譯成中文的判例，而該作者直接深入到第一手英文文獻的研究中，通過大量典型性判例的融入，不僅使得抽象的人權和法學理論得到充實，同時也增加了該書的可讀性和趣味性，便於讀者的理解。

可以說，香港特別行政區法院保障人權的制度較為完善，擁有豐富的保障人權的法律淵源，而香港特別行政區法院擁有獨立的司法權，使得香港建立了暢通的人權訴訟制度以及十分有效的司法審查制度，可以為人權受到侵害的個人提供相應的法律救濟。同時，香港特別行政區法院也通過司法審判活動不斷地豐富著關涉人權的判例法，而作為普通體系的香港，這是十分重要的，它使得香港特別行政區法院保障人權的制度真正地鮮活和運行起來。香港特別行政區法院在審理個案的過程中，對《香港基本法》以及香港法律進行的解釋，不斷地豐富著香港的人權法內容。橫向而言，其發展在亞洲地區乃至世界均處於領先水準。香港特別行政區法院在保障人權方面取得的成就值得肯定。

總之，自香港回歸中國後，在人權保障與法治建設方面取得了很大進步，香港特別行政區法院在保障人權、促進香港法治發展、維護香港的穩定和繁榮方面均發揮了重要的作用，積累了重要的經驗。其成功經驗可與中國內地、澳門和台灣地區甚至是亞洲、世界分享，這對於中國內地、澳門地區的法治與人權事業的發展具有積極作用，在粵港澳大灣區的建設中，該作用將更加突出。

作為指導沈太霞博士完成博士論文的導師，我認為該書是中國內地學者瞭解和研究香港司法制度以及司法人權保障制度的重要參考。

朱力宇

中國人民大學人權研究中心執行主任

2019 年 7 月

導論

任何人當憲法或法律所賦予他的基本權利遭受侵害時，有權由合格的國家
法庭對這種侵害行為作有效的補救。

——《世界人權宣言》第八條

　　人權是當今社會最重要的議題之一，也是香港社會的價值基礎之一。無救濟即無權利。香港特別行政區擁有較為完善的人權保障制度，主要包括以香港法院為基礎的司法人權保障制度，香港政府建立的人權監督機構及其監督機制，其中包括香港平等機會委員會為基礎的人權保障與監督機制、以香港申訴專員公署為基礎的人權監督機制、以香港個人資料隱私專員公署為基礎的人權監督機制，以及警方獨立監察委員會為基礎的人權監督機制等；此外，還有以香港民間人權機構為基礎的人權保障與監督制度。現實中香港各種人權保障與監督機制均發揮著保障人權的重要功能。本書重點關注香港特別行政區法院保障居民人權的制度和實踐。

　　在法官造法的普通法體系下，司法於人權的保障與救濟扮演著十分重要的角色。香港特別行政區享有獨立的司法權和終審權，承擔著保障居民人權的重要功能，香港法院通過個案的審理為人權受到侵害的個人提供法律救濟，也通過判例不斷解釋和豐富著香港的判例法。[1]然而，國內外學界尚未有集中研究香港特別行政區法院保障人權的系統性著作。

　　本書的寫作緣由之一即為填補這一空白，期待通過對香港特別行政區法院，尤其是對香港回歸中國以後香港終審法院二十年來涉及居

---

[1] Simon N M Young, "Constitutional Rights in Hong Kong's Court of Final Appeal", *Chinese (Taiwan) Yearbook of International Law and Affairs*, Vol. 27(2011), pp. 91–93.

民基本權利的判例進行梳理，以總結香港特別行政區法院保障居民基本權利的經驗，並就香港法院在香港社會中的角色和作用，尤其在守衛和救濟人權、保障與落實香港法治的作用進行分析與總結。

　　本書寫作的第二個緣由與我自己的研究經歷與規劃密切相關，我於 2014 年出版了《人權的守衛者：歐洲人權法院個人申訴制度》，這是我關注與研究歐洲司法保障人權經驗的一個結果。在研究歐洲人權法院保障人權的基礎上，我積累了一些研究經驗，開始將目光與研究激情轉入我國本土，作為中國組成部分的香港特別行政區，其擁有較為優良的法治與人權保障實踐，則自然成為我關注的重點對象，於是我在研究了香港整個人權保障制度之後，將研究的重點與熱情集中於香港特別行政區法院保障人權這一領域。經過一段時間的研究，我發現香港特別行政區法院保障居民基本權利的機制是香港人權保障制度的重要組成部分，也是我國人權保障制度的重要組成部分，學術界有必要總結和提煉香港法院保障人權理論，且該項研究有助於香港特別行政區法院保障人權理論的系統化，有助於豐富整個香港人權保障理論，進而豐富我國司法保障人權理論。

　　本書寫作的第三個緣由便是渴求實現內地學界與香港學界的學術對話。客觀而言，內地學者對香港特別行政區法院保障人權的制度關注和研究不夠，鑒於法系存在的差異，內地學者對香港特別行政區法院及其人權保障制度的研究多停留在框架結構、中央與地方關係的研究，對香港的"活法"（判例法）缺乏應有的關注，而本書的研究主題、研究視角與研究方法均是一次大膽的嘗試與努力。本書力求系統全面而深入地研究香港特別行政區法院保障人權的制度與實踐，側重對香港特別行政區判例制度的研究，特別是對關涉香港居民基本權利的判例進行了系統的梳理，力求增進內地學者與香港學者的對話和交流。

　　本書主要圍繞著香港特別行政區法院保障人權的制度以及二十年

的司法實踐展開研究。香港判例法浩如煙海，博大精深，香港自回歸中國以來，香港特別行政區各級法院作出了許多涉及居民基本權利的判決。本書既關注香港特別行政區法院保障人權的制度框架，也關注其具體的司法審判實踐，特別選取香港特別行政區終審法院（以下簡稱終審法院）1997 年 7 月 1 日至 2017 年 6 月 30 日二十年來涉及人權的判例作為重點研究素材，以期從宏觀和微觀層面為讀者勾勒和展示香港特別行政區法院保障人權的制度與實踐。終審法院二十年的審判實踐及判例既是香港特別行政區法院保障人權制度的重要組成部分，又是研究香港特別行政區法院保障人權制度的重要視角。全書包括導論、正文部分以及結語部分。正文部分第一章回顧香港法院保障人權的歷史，總結其發展演進的規律；第二章論述香港特別行政區法院保障人權的法律淵源、司法權與司法機構，以及運行制度；第三章對終審法院涉及公民權利和政治權利的典型性判例展開研究，並總結其規律；第四章對終審法院涉及經濟、社會與文化權利的典型性判例展開研究，並總結其規律；第五章論述香港特別行政區法院保障人權的得失，運用辯證法對香港特別行政區法院保障人權二十年來取得的成就予以肯定，總結其發展建設的成功經驗，對其存在的問題進行提煉；結語部分對香港特別行政區法院保障人權的發展進行展望，對香港特別行政區法院保障人權制度的發展方向提出一些意見，以期克服香港法治人權進一步發展的阻力。

我期待通過本書的寫作與出版總結香港特別行政區法院保障人權制度的成功經驗，自香港回歸中國後，在人權保障與法治建設方面取得了很大進步，香港特別行政區法院在保障人權、促進香港法治發展、維護香港的穩定和繁榮方面均發揮了重要的作用，積累了重要的經驗，其成功經驗可與中國內地、澳門和台灣地區甚至是亞洲、世界分享，這對於我國的法治與人權事業的發展具有積極作用，在粵港澳大灣區的建設中，該作用更加突出。本書的寫作與出版也有助於挖掘香港司法保障人權制度在實施中存在的問題，進而為該制度的完善提供參考建議，這將有助於切實地保障香港民眾的權利和自由，推進香港的法治人權事業發展。香港特別行政區法院保障人權制度的完善和良性運轉，以及整個香港人權保障制度的良性運轉，有利於深入貫徹實施"一國兩制"、"港人治港"、高度自治的重要方針，實現香港社會的繁榮、穩定，最終有助於我國政治的穩定、祖國統一的實現。

綜上，本書主要運用規範、比較和歷史等多種分析方法，對香港特區法院保障人權的歷史、現狀進行梳理、總結，深入到香港社會、到香港特別行政區法院調研，對香港民眾進行採訪，在比較、借鑒各國司法保障人權制度成功經驗的基礎上，結合香港的政治、經濟、文化、社會、生態等各個方面的特徵，提出完善香港特別行政區法院保障人權制度的一些建議，以促進香港特別行政區法院保障人權制度的發展，進而促進香港法治與人權的進步，推進我國法治與人權事業的發展。

第一章

香港法院保障人權的歷史

除非經由其同胞或國土之上的法律的合法判決,任何自由人不得被扣押、
監禁、侵佔、流放或以任何方式摧毀,我們(約翰王)也不能審判他。

——《大憲章》第三十九條

　　本書以香港特別行政區終審法院保障人權為研究對象，然而香港特別行政區法院保障人權的制度有其產生、發展、演進的歷史，今日的發達離不開歷史的支撐，並且為今後的發展提供現實基礎。本書需要對香港人權發展的歷史、香港司法保障人權的歷史、香港法治發展的歷史脈絡有清晰、準確的認知，進行充分的歷史考察和分析。

第一節　英國殖民下的香港人權

英國對香港的殖民統治，使其形成了普通法系的傳統，按照普通法的剩餘原則，"法不禁止即自由"，任何人享有法律不禁止的自由。與此同時，《英皇制誥》、《皇室訓令》兩份憲制文件也沒有保障居民基本權利的條款。在英國統治香港很長的一段時間內，香港地區並無保障居民基本權利的成文法。

二戰後的香港百廢待興，二十世紀五六十年代的香港政局不穩，五十年代內地移民湧入香港，內地六十年代的"文化大革命"也波及香港。在這些歷史背景之下，當時的港英政府於二十世紀五六十年代通過了一系列苛刻的法律，限制了人權的發展。在不穩定的政局中，香港居民很少關注立法的不公，當時也缺乏足夠保障居民基本權利的制度。

二十世紀七十年代後，香港的經濟開始發展起來，政局也逐步好轉，香港社會的內聚力逐步增強，民間社會發展起來，民眾的權利意識逐步覺醒；隨後，政府和民間的衝突和矛盾開始顯示出來，香港社會存在的人權保障問題逐步暴露出來：房屋、小販、居留權等問題尤其突出。1979 年艇戶事件爆發，港府動用《公安條例》中有關非法集會的條文，[1] 引起了社會各界的關注、不滿和批評，最終推動政府大

1　70 年代香港仍有數萬居民居於艇上（艇戶），環境惡劣，時有小孩溺斃。油麻地避風塘有幾千戶艇戶受颱風影響，要求政府安置陸上。1979 年，一批艇戶及支持者乘旅遊車往請願途中，在旅遊車上被拘捕，被控"非法集會"。

規模地修改了《公安條例》。

二十世紀八十年代，香港社會經濟進一步繁榮，民間社會力量進一步增強，民眾的受教育水準也進一步提升。1982 年起，中國和英國開始就香港的前途問題進行談判，經過多輪談判，兩國政府就香港的主權及前途問題達成了共識。1984 年中英簽訂了涉及到香港未來的《中華人民共和國政府和大不列顛及北愛爾蘭聯合王國政府關於香港問題的聯合聲明》（以下簡稱《中英聯合聲明》），中方在這份文件中承諾 "一國兩制" 在香港的貫徹和適用，即香港在回歸中國後保持高度自治，其資本主義制度可以維持五十年不變，而香港作為中國的特別行政區享有高度自治權，具體體現在享有行政管理權、立法權、獨立的司法權和終審權。

英國於 1976 年成為《公民權利和政治權利國際公約》（International Covenant on Civil and Political Right）的締約國，並把該公約適用於香港。該公約規定締約國要定時向聯合國人權委員會（Human Rights Committee）提交報告，陳述保障人權的措施及人權工作的進展情況等。有關香港的第一份人權報告是在 1978 年 11 月提交的，報告中香港作為英國殖民地的一部分。根據人權委員會的要求，第二份報告需要在 1983 年提交，但英國政府直到 1988 年才提交給了委員會，當時香港記者協會及專業遊說組織不僅提交了對報告的評論，同時派代表到日內瓦參加會議，這次會議，有關香港的報告備受關注。主要緣由有：（1）根據《中英聯合聲明》的規定，香港主權很快將移交給當時還不是公約締約國的中國；（2）自公約頒佈以來的十二年內，港英政府甚少履行公約規定的其對香港的義務。

在審查過程中，委員會指出英國在以下方面沒有對香港履行公約規定的義務：（1）沒有將《公民權利和政治權利國際公約》所肯定的人權通過立法，成為本地的法律；（2）死刑沒有廢止；（3）有些法例容許體罰，《罪行條例》、《警隊條例》、《公安條例》、《社團條例》、《電檢條例》等均有違反人權的條款；（4）私生子女的權利欠缺保障；（5）本土人士對香港地區的事務參與不夠等。[2] 這也是港府想通過《香港人權法案條例》的重要動因。

英國於 1969 年把《消除一切形式種族歧視國際公約》適用於香港。1976 年，英國參加的《公民權利和政治權利國際公約》及《經濟、社會與文化權利的國際公約》也適用於香港。在上世紀九十年代，英國把另外三部主要國際人權公約適用於香港：《禁止酷刑和其他殘忍、不人道或有辱人格的待遇或處罰公約》（1992 年起適用於香港）、《兒童權利公約》（1994 年起適用於香港）及《消除對婦女一切形式歧視公約》（1996 年起適用於香港）。由於英國與香港以"二元"方式處理國際法及國內法的關係，在立法機關未以成文法例方式引入上述各人權公約的情況下，香港法院一概不可在審判案件時直接適用有關公約的條文。從這方面看，國際人權法對香港本地法制並無直接影響（除非有關規範已經立法實施）。這個情況一直維持至1991 年。

2　葉保強：《人權的理念和實踐》，香港：天地圖書有限公司，1991 年，第 195–197 頁。

第二節　香港過渡期的人權保障制度

一、《香港基本法》的通過

　　1984 年《中英聯合聲明》的簽署標誌著香港進入了過渡時期。以《香港基本法》的通過為界，1984 年 12 月 19 日至 1990 年 4 月 4 日為香港的前過渡時期；1990 年 4 月 4 日至 1997 年 6 月 30 日是香港的後過渡時期，香港的人權在這一時期得到了較大的發展。

　　《中英聯合聲明》的生效使得香港大眾認識到香港將於 1997 年回歸中國，擔心香港社會失去自由，各種民間團體紛紛設立市民教育班。1986 年《香港基本法》的起草引起了廣泛的關注和討論，而《公安條例》、《電檢條例》的相關條文都是港人關注的重點。這一時期，隨著香港社會經濟的繁榮發展、教育水準的提高、公民意識的增強，香港市民對基本權利的關注和要求進一步提高。經過四年多的努力，《香港基本法》的起草工作基本完成，於 1990 年 4 月由中華人民共和國第七屆全國人民代表大會第三次全體會議正式通過。《香港基本法》第三章列明了香港居民的基本權利和義務，第 39 條明確規定 "《公民權利和政治權利國際公約》、《經濟、社會與文化權利的國際公約》以及國際勞工公約適用於香港的有關規定繼續有效，通過香港特別行政區的法律予以實施"[3]。那麼,《公民權利和政治權利國際公約》(ICCPR)等國際性人權公約是如何在香港發揮其效力的?又是如何實施的呢?《香港基本法》第三十九條實際上重申了兩份最重要的國際人權公約以及國際勞工公約適用於香港的有關規定繼續有效,還表示將這些公約通過香港特別行政區的法律予以實施。

二、《香港人權法案條例》的制定

《香港人權法案條例》(Hong Kong Bill of Rights Ordinance)的制定過程充滿了各方力量的鬥爭。1990 年 3 月,港英政府頒佈《1990 年香港人權宣言條例草案》,時任中國外交部發言人李金華在 1990 年 4 月底一次記者招待會上表示,香港政府制定人權法案,事先沒有與中方磋商,是絕對不妥當的。《香港人權法案條例》涉及《中英聯合聲明》的實施,對九七年後香港社會有重大的影響,應先由中英聯合聯絡小組研究討論,中國對港英單方面制定人權法表示極為不悅,亦聲明保留作出反對的權利。[4]《香港人權法案條例》制定的必要性、法律地位及其與《香港基本法》的關係等問題在當時引起了廣泛的討論。

(一)《香港人權法案條例》制定的必要性問題

由於《香港基本法》中包含居民基本權利的條款,有部分人士認為香港沒有必要再制定專門的人權法案。但許多人士,特別是香港法

---

3 當時,在《香港基本法》的草擬過程中,不少人士建議將兩份國際人權公約變為香港法律的一部分,令兩公約的人權條款在香港具有直接的效力。參見陳弘毅、陳文敏:《人權與法治 —— 香港過渡期的挑戰》,香港:廣角鏡出版社,1987 年,第 95-96 頁。

4 《明報》,1990 年 4 月 27 日。

律界人士認為有必要制定專門的人權法案，使得香港居民的基本權利
有更好的保障。他們認為雖然《香港基本法》中有居民基本權利條
款，但是沒有規定保障權利的具體方法。1987 年，時任律政司司長
唐明治邀請了眾多法律界人士，連同律政署的高級官員，一起研究在
過渡期制訂人權法案的可能性和技術性問題。經過三個月的研究和討
論，該小組一致認為應該及早制訂專門的人權法案，並解決了好多草
擬上的技術性問題。[5] 之後唐明治離任，該小組宣佈解散，自 1989 年
後，推進人權草案的工作落在憲制事務司身上。1989 年 10 月，時任
港督在施政報告中表示了政府制訂人權法案的決心，並計劃在 1990
年 7 月前完成所有的立法程序。[6]

（二）《香港人權法案條例》的地位

當時，英國與港英政府均希望人權法案取得憲法性的地位，在香
港 1997 年回歸中國後繼續發揮作用。為了使得人權法案取得高於其
他法律的地位，港府也組織更多專家發表意見。當時有以下方案：第
一種是通過將《香港人權法案條例》依附於《皇室制誥》或《英皇訓
令》之內，使其成為香港憲制的一部分；第二種方案是人權法案由英
國國會通過，使其適用於香港，根據《殖民地法律有效法》及《英國
法律適用條例》的規定，這樣制定的法律會享有高於其他法律的地
位。但是這兩種方法都會隨著九七年香港的回歸而失去效力。第三種
方法是從《香港人權法案條例》立法和修改程序的方法來提高它的法
律地位，如該法案條例的制訂和修改需要立法機關三分之二多數的通
過或者全民投票的方式通過。但這種做法和《香港基本法》是矛盾和

5　陳文敏：《人權在香港》，香港：廣角鏡出版社，1990 年，第 216 頁。

6　陳文敏：《人權在香港》，香港：廣角鏡出版社，1990 年，第 216 頁。

衝突的，[7] 時任港督試圖通過立法程序的方法鞏固人權法案的地位的做法是行不通的。中方當時也擔心《香港人權法案條例》的憲制地位會動搖《香港基本法》的地位。面對這種困局，港英政府意圖在 1990 年 1 月推出律政司預檢制度。[8] 但這項制度受到行政局的反對而未通過。之後港英政府又嘗試通過其它的途徑來實現《香港人權法案條例》的至高地位。

有學者建議利用《香港基本法》的現有規定，尊重香港的既有法律和政局，通過《香港基本法》來賦予權利法案高於其他法律的地位。《香港基本法草案》第三十九條第一款規定："《公民權利和政治權利國際公約》、《經濟、社會與文化權利的國際公約》和國際勞工公約適用於香港的有關規定繼續有效，通過香港特別行政區的法律予以實施。"第三十九條第二款規定："香港居民享有的權利和自由，除依法規定外不得限制。此種限制不得與本條第一款規定抵觸。"第三十九條第一款指出了《公民權利和政治權利國際公約》在香港不具有直接的法律效力，需要通過香港的法律轉化適用；第二款規定的"法"指的是香港的本地立法，但香港本地立法對居民權利和自由的限制不得與《公民權利和政治權利國際公約》等繼續在香港有效實施的國際人權公約相矛盾，香港的一些法律藉助於《香港基本法》第三十九條第二款的規定具有了高於其他法律的地位。

有學者建議《香港人權法案條例》可以結合著《香港基本法》的規定具有高於其他法律的地位。具體建議將《香港基本法》第三十九條的內容寫入到《英皇制誥》中，在修改《英皇制誥》的同時通過《香港人權法案條例》，使得《香港人權法案條例》在香港回歸前具有高

7　《香港基本法草案》第七十四條第二款規定："除本法另有規定外，香港特別行政區立法會對法案和議案的表決，須經出席會議的過半數議員通過。"

8　根據該項制度，所有人權法案制訂以後通過的法案在提交立法機關時，律政司均會注明該法案會否和人權法案發生衝突，但是其建議不會對立法機關產生約束力。

於其他法律的效力，又能夠使其在 1997 年後仍然具有這種地位。[9]

關於《香港人權法案條例》的凌駕性，在當時引起了激烈的爭論，中國中央政府主要是擔心該法案的凌駕地位會對《香港基本法》的地位造成動搖，會對香港現有的法律造成重大的改變；《香港基本法》中已有人權保障條款，無須再制定《香港人權法案條例》。[10]

（三）《香港人權法案條例》的通過及影響

港英政府希望在 1990 年 7 月前制訂人權法案，由於時間倉促，基本上沒有時間對香港的法例進行全面檢討，有些學者因此提出了對《香港人權法案條例》設立凍結期。[11]

1990 年 3 月，港府公佈了《1990 年香港人權宣言條例草案草稿》，供各界人士參考和討論，為期兩個月的諮詢由此展開。草案明確地規定該條例凌駕於現行法律之上，與此同時，港英政府修改了《英皇制誥》，將《香港基本法》草案第三十九條的內容寫入其中，從而賦予《香港人權法案條例》高於其他法律的效力。在香港回歸中國前，港英政府做了許多努力，才使得《香港人權法案條例》在香港順利通過並在通過後取得凌駕性的地位，客觀上保障了香港民眾的人權；與此同時，港英政府也將許多港人的基本權利能夠通過《香港基本法》得到落實和肯定。

《人權宣言草案條例》公佈後，獲得了大部分市民和法律界人士的支持，也有許多反對的聲音。[12] 1991 年 6 月，《香港人權法案條例》

9　《香港基本法》通過後，《香港人權法案條例》與《香港基本法》相抵觸的部分無效，則《香港基本法》的至高地位得到了捍衛。

10　葉保強：《人權的理念和實踐》，香港：天地圖書有限公司，1991 年，第 211 頁。

11　所謂凍結期是指人權法案通過後在若干時期內不生效，而所有現行法例在凍結期結束前均不會由於抵觸人權法案而失效，使得港府有時間對這些法例做出修改。

12　如廉政公署當時就提出了反對意見，新界鄉議局亦承認原著居民的權利可能帶有性別歧視。

由立法局通過，係香港法例第三百八十三章，其將《公民權利和政治權利國際公約》的主要內容適用於香港地區。港英政府建議修改的法例列入凍結期的有六部法例，[13] 對於其他可能違反人權法案的法例，政府鮮有主動提出，留待司法機關在具體案件中裁定。對於列入凍結期的六部法例，立法局進行了審議和修改。

《香港人權法案條例》於 1991 年 6 月 8 日公佈實施，該條例是將 1966 年的《公民權利和政治權利國際公約》適用於香港的部分納入到香港的法律，該條例的生效本質上反映了《公民權利和政治權利國際公約》在香港的實施情況。圍繞著《香港人權法案條例》的生效，學者們開展了相關的研究，如 The Hong Kong Bill of Rights 1991–1995: A Statistical Overview（可譯為：《香港權利法案》1991–1995：資料分析）一文運用翔實的資料，結合香港法院的判例客觀評價了該法案的生效對司法產生的影響，總結了該法案的成功經驗，分析了失敗之處，該作者表現出對法院前五年工作的不滿，也指出了對立法的司法審查存在的挑戰等問題。[14] 香港民間人權組織對該法案的實施情況進行了監測，其中有諸多批評。香港法院就一系列的人權訴訟作出了許多判決；不僅如此，香港法院還承擔起了司法審查的角色，香港法院在審理具體的人權訴訟中，發現香港法例中有違《香港人權法案條例》所載的人權條款時，便宣告該法案"違憲"或無效。[15]

13　包括《入境條例》、《社團條例》、《刑事罪行條例》、《防止賄賂條例》、《廉政公署條例》、《警隊條例》。

14　Johannes M M Chan, "The Hong Kong Bill of Rights 1991–1995: A Statistical Overview", in George Edwards and Johannes M M Chan (eds.), *HongKong's Bill of Rights: Two Years Before 1997* (Hong Kong: Hong Kong University Press, 1995), pp. 18–19.

15　Johannes M M Chan, "Hong Kong's Bill of Rights: Its Reception of and Contribution to International and Comparative Jurisprudence", *International & Comparative Law Quarterly*, Vol. 47 (1998), p. 306; Yash Ghai, "Sentinels of Liberty or Sheep in Woolf's Clothing? Judicial Politics and the Hong Kong Bill of Rights", *Modern Law Review,* Vol. 60 (1997), p. 459.

三、香港過渡期的司法實踐

　　1991 年 6 月《香港人權法案條例》的通過，使得《公民權利和政治權利國際公約》引入了香港，1991 年 6 月《英皇制誥》也作出了相應的修改。修訂後的《英皇制誥》第七條規定，《公民權利和政治權利國際公約》中適用於香港的規定，將通過香港的法律予以實施；香港立法機關在 1991 年 6 月 8 日後，不得制定與《公民權利和政治權利國際公約》規定抵觸的限制權利和自由的法律。則 1991 年版的《香港人權法案條例》獲得了在香港的凌駕位置。而香港法院則成為解釋與適用《香港人權法案條例》的重要機構。在香港的過渡時期，法院依照《英皇制誥》和《香港人權法案條例》的規定作出了許多具有影響力的判決，也開啟了香港 “違憲審查” 的時代。

　　1991 年 9 月，香港上訴法院在冼有明案（*R v Sin Yau-ming*）[16] 中就人權法的解釋與應用作出了權威性的論述，香港上訴法院在該案中審查了《危險藥品條例》中若干有利於控方的證據法上的推定條款是違反《香港人權法案條例》中無罪推定條款，認為該條款是無效的。在本案中，上訴法院引用了英國樞密院的判例，引用了 *Attorney General of Cambia v Jobe* [17] 以及 *Minister of Home Affairs v Fisher* [18] 等案件。在 *Fisher* 案中，香港上訴法院提到 “釋憲” 方法與解釋其他法律的方法有所區別，香港上訴法院在解釋和應用《香港人權法案條例》時，不需受到一般法律的解釋原則或普通法的論述的限制。上訴法院強調，在演繹《香港人權法案條例》時，香港法院可以參考包括美國、加拿大等普通法國家的司法判例，以及歐洲人權法院的判例和聯合國人權委員會的意見書和報告書。該案的 “釋憲” 方法對香港法院的判

16　*R v Sin Yau-ming* [1992] 1 HKCLR 127.

17　*Attorney General of Cambia v Jobe* [1984] AC 689.

18　*Minister of Home Affairs v Fisher* [1980] AC 319.

例，尤其對人權法方面的判例產生了重要的影響，也影響到 1997 年香港回歸中國後的許多判例。

這裏還有必要提及 *Attorney General v Lee Kwong-Kut* [19] 一案，本案是《香港人權法案條例》通過後第一宗上訴到樞密院的人權案件。在本案中，樞密院肯定了冼有明案中採用的涉及人權類判例中"寬鬆的、目的論"的解釋方法，樞密院同時指出，在參考普通法系國家的司法判例時，應考慮香港的特殊情況，需要平衡個人權利與社會公益。樞密院提醒香港法院："香港司法固然應全力維護《香港人權法案條例》中的個人權利，但也需要確保關於《香港人權法案條例》的訴訟不會出現失控的情況。《香港人權法案條例》的問題應務實地、明智地、有分寸地處理。若非如此，《香港人權法案條例》便會帶來不公而非正義，而它在公眾眼中的地位也將被貶低。為了維護個人和社會整體之間的平衡，不應以僵化和硬性的標準妨礙立法機關在處理嚴重犯罪問題時的努力，這些問題是不容易解決的。應當留意，政策性問題的處理仍主要是立法機關的責任。" [20] 而在 *Ming Pao v Attorney General* [21] 一案中，香港上訴法院既肯定了言論自由的重要性，又同樣指出應對其進行必要的限制，認為在本案中對言論自由的限制是為了方便對貪污的調查，可以滿足比例原則；此外，樞密院還援引了歐洲人權法院的廣泛的裁量餘地原則（Margin of Appreciation）。[22]

有學者認為，冼有明案被譽為香港法院在《香港人權法案條例》通過後的新的司法積極主義（Judicial Activism）的象徵，而 *Attorney*

19　*Attorney General v Lee Kwong-Kut* (1992) 2 HKCLR 76; *Attorney General v Lee Kwong-Kut* [1993] 3 HKPLR 72 (Privy Council).

20　*Attorney General v Lee Kwong-Kut* [1993] 3 HKPLR 72.

21　*Ming Pao v Attorney General* [1996] UKPC 12; [1996] AC 907.

22　該原則是歐洲人權法院一項重要的原則，指國家級法院較國際法院更適合評估本地的需要、價值及傳統，該原則體現了歐洲人權法院對締約國法院審判活動的尊重，實際上是一種國家與國際法院的平衡。

General v Lee Kwong-Kut 則被認為是司法自我約束的典型代表（Judicial Restraint）。[23] 實際上，兩個案件均對香港日後的司法裁判發生重要的影響。

23　陳弘毅：《一國兩制下香港的法治探索》（增訂版），香港：中華書局（香港）有限公司，2014 年，第 36 頁。

第三節　香港回歸後人權保障制度的新發展

1997 年香港回歸中國，《香港基本法》開始實施。香港回歸後香港的居民已由英王的"臣民"成為國家主人，從此享有一個主權國家的公民的基本權利和自由。香港回歸後的人權保障將得到加強，人權狀況將會有較大改善，人權保護範圍將更具有廣泛性、多層次性和多樣性。[24]

根據《香港基本法》的規定，香港已有的法制將得以承襲。當然《香港基本法》具有最高法律地位，根據《香港基本法》第八條的規定，香港原有的法律，除與該法抵觸或經全國人大常委會修改外，得以保留。根據《香港基本法》第一百六十條的規定，全國人大常委會可以宣告哪些法律與該法抵觸。根據 1997 年 2 月全國人大作出的關於處理香港原有法律的決定，《香港人權法案條例》中三項解釋性條文不為香港的法律〔條例第二條（3）、第三條、第四條〕，原因是該解釋使得《香港人權法案條例》凌駕於香港其他法律之上。

在司法實踐中，香港特別行政區法院依據《香港基本法》與《香港人權法案條例》進行了諸多判決，還繼續依據《香港基本法》第三十九條以及《公民權利和政治權利國際公約》的內容，對香港的既有法律、香港特別行政區的立法行為、行政行為等進行了"司法審查"，並作出許多判決。

24　趙煥軍：《"九七"回歸後香港人權的法律保障》，《廣東民族學院學報（社會科學版）》，1997 年第 2 期，第 59 頁。

1997 年 7 月 29 日香港高等法院上訴法庭對香港特別行政區訴馬維騉等人案（*HKSAR v Ma Wai-Kwan David and Others*）[25] 作出了判決，該案是香港回歸後的第一宗憲法性訴訟。本案中涉及到的主要問題之一是普通法的解釋方法，尤其是 *Jobe* 案和 *Fisher* 案中主張的寬鬆和目的論的解釋方法是否可以適用於對《香港基本法》的解釋；本案還涉及普通法是否繼續有效的問題以及臨時立法會的合法性問題。"在馬維騉案後，香港法院擁有就特別行政區立法的違憲審查權這個觀點成為了整個香港法律界和司法界公認的原則，再沒有出現爭議，特別行政區法院在一些案件中也確實行使了違憲審查權，從這個角度看，馬維騉案或許被譽為香港特別行政區法制史上的 *Marbury v Madison*。"[26]

此外，香港高等法院上訴法庭在張麗華訴入境事務處處長[27] 以及陳錦雅訴入境事務處處長[28] 等案件中，陳兆凱首席法官援引 *Fisher* 案，指出法院在解釋《香港基本法》中賦予的權利的條文時，給予寬鬆及目的論的解釋，以保障人權。有代表性的案例還包括香港特別行政區訴吳恭邵及另一人案（*HKSAR v Ng Kung Siu & Another*）[29] 以及吳嘉玲等人訴香港入境事務處處長案（*Ng Ka Ling & Others v Director of Immigration*）。[30] 在吳恭邵案中，終審法院最終肯定了禁止侮辱國旗、區旗法例的合憲性，更重要的是，該案開啟了 1997 年後香港特別行政區法院運用《香港基本法》以及《香港人權法案條例》審查立法行為是否"合憲"的先例；香港特別行政區法院對《香港基本法》第

25　*HKSAR v Ma Wai-Kwan David and others* [1997] HKCA 652; [1997] HKLRD 761; [1997] 2 HKC 315.

26　陳弘毅：《一國兩制下香港的法治探索》（增訂版），香港：中華書局（香港）有限公司，2014 年，第 44 頁。

27　張麗華訴入境事務處處長 [1998] 1 HKC 617, [1998] 2 HKC 382.

28　陳錦雅訴入境事務處處長 [1998] 1 HKLRD 752.

29　香港特別行政區訴吳恭劭及另一人 [1999] HKCFA 10; [1999] 3 HKLRD 907; (1999) 2 HKCFAR 442; [2000] 1 HKC 117; FACC 4/1999.

30　*Ng Ka Ling & Others v Director of Immigration* (1999) 2 HKCFAR 4; FACV 14/1998.

三十九條也進行了解釋，它賦予《香港人權法案條例》以憲法性效力，其具有推翻一切與之抵觸法案的效力。[31]

1997 年後，香港特別行政區法院繼續按照《香港人權法案條例》以及參照一些主要的國際的人權公約和外國的判例開展審判活動。根據陳弘毅教授的研究可以發現，1991 年至 2009 年香港法院引用《公民權利和政治權利國際公約》等國際和外國的判例達到 566 件以上。[32]

香港法院自 1991 年形成的司法保障人權制度過渡到了 1997 年，並在 1997 年之後繼續通過審理涉及人權的案件以及行使 "違憲審查權" 的方式保障香港居民的基本權利。本書將對香港回歸後涉及人權的判例進行類型化研究。與此同時，香港立法機關制定了一系列保障香港居民基本權利的法例，如反歧視的法例《性別歧視條例》、《殘疾歧視條例》、《家庭崗位歧視條例》、《種族歧視條例》，以及保障港人隱私權的《個人資料（隱私）條例》（1996 年 12 月制定），實現法律援助的《法律援助條例》（1967 年制定）、《法律援助服務局條例》（1996 年制定），這些法律均是香港特別行政區法院審理涉及人權類案件的重要法律淵源。

此外，為了更好地落實和監督香港的各項保障人權的法例，香港政府設立了多個機構來貫徹和監督各項法例，以更好地保障香港居民的各項基本權利。香港特別行政區保障人權的機構有平等機會委員會、個人資料私隱專員公署、申訴專員公署及法律援助服務局等。此外，香港特別行政區政府還定期向聯合國提交報告，截止 2018 年，香港共向聯合國人權事務委員會提交四次正式報告，多次對聯合國人

31　Albert H Y Chen, "The Interpretation of the Basic Law — Common Law and Mainland Chinese Perspectives", *Hong Kong Law Journal*, Vol. 30(2000), p. 380; Albert H Y Chen, "Constitutional Adjudication in Post-1997 Hong Kong", *Pacific Rim Law & Policy Journal*, Vol. 15(2006), p. 627.

32　陳弘毅：《公法和國際人權法的互動 —— 香港特別行政區的個案》，《中外法學》，2011 年第 1 期，第 56–80 頁。

權事務委員會等國際人權機構關注擔憂的問題予以回應及解答，還修訂了一些違背人權保障的法律以促進香港法治人權的發展與進步。香港在回歸中國後，司法保障人權事業取得了巨大的進步，本書將在香港特別行政區法院保障人權制度的成功經驗中予以詳細論述。

小結

　　綜觀香港特別行政區法院保障人權的歷史，香港法院保障人權的制度早在 1997 年香港回歸中國前就已經建立，在 1991 年伴隨著《香港人權法案條例》的生效取得了較大的突破，香港法院捍衛人權的慣例也從那個時候確立，該法案的出台前後，各界圍繞著一些主要問題展開了激烈的討論。在過渡期，香港司法保障人權的主要法例（成文法）已經確立；多數保障香港居民人權的機構也已經設立。人權立法和人權保障機構基本都過渡到了 1997 年後，只有個別法律條例由於《香港基本法》的生效而失效或者作出了相應的調整。香港法治與人權的發展進步與各方的努力相關，香港特別行政區政府與中央政府都為香港法治與人權的發展與進步做出了各種努力，學界以及民間社會也是香港法治與人權發展的重要力量。

第二章

香港特別行政區法院保障人權的基礎制度

不錯，上帝的確賦予陛下極其豐富的知識和無與倫比的天賦；但是，陛下對於英格蘭王國的法律並不精通。法官要處理的案件動輒涉及臣民的生命、繼承、動產或不動產，只有自然理性是不可能處理好的，更需要人工理性。法律是一門藝術，在一個人能夠獲得對它的認識之前，需要長期的學習和實踐。

—— 愛德華 · 柯克（SIR EDWARD COKE）[*]

* England and Wales High Court (King's Bench Division) Decisions, Prohibitions, Case of [1607] EWHC KB J23.

　　香港設立了眾多保障人權的機構來落實人權保障的法案，既有獨立的司法機關通過個案審判的方式來救濟與保障人權，監督《香港基本法》以及各項人權法例是否被違反，也有相關的政府機構來監督政府的侵權行為，如平等機會委員會、申訴專員公署以及個人資料隱私專員公署等機構，為權利受到侵害的當事人提供救濟。為了實現人權保障與救濟，充分保障訴權，香港特別行政區政府還設立了法律援助制度。此外，香港的民間人權非政府組織也是保障與實現人權的重要組織，通過各種方式推進香港的人權發展與進步。而香港特別行政區法院保障人權制度無疑是香港人權保障制度中最重要的制度。本部分重點關注香港特別行政區法院保障人權的各項基礎制度，對香港特別行政區法院保障人權的具體法律、法規進行梳理，對《香港基本法》、《香港人權法案條例》等涉及本研究主題的法條、內容進行規範分析，闡釋其準確的內涵和外延，對香港特別行政區的司法制度、司法保障人權的運作制度進行剖析。

第一節 香港特別行政區法院保障人權的法律淵源

根據《香港基本法》第十八條的規定，在香港特別行政區實行的法律為《香港基本法》以及《香港基本法》第八條規定的香港原有法律和香港特別行政區立法機關制定的法律。那麼，哪些是香港原有的法律呢？根據《香港基本法》第八條的規定："香港原有法律，即普通法、衡平法、條例、附屬立法和習慣法，除同本法相抵觸或經香港特別行政區的立法機關作出修改者外，予以保留。"因此，香港特別行政區的人權法淵源主要有以下幾種。

一、《香港基本法》是首要淵源

作為全國性的法律，《香港基本法》在香港不僅具有憲法性地位，而且具有至高的地位，是香港人權法的首要淵源。《香港基本法》第四條規定："香港特別行政區須依法保障香港特別行政區居民和其他人的權利和自由。"《香港基本法》所保證的各種自由和權利包括：（a）法律面前人人平等；（b）言論、新聞、出版的自由，結社、集會、遊行、示威的自由，組織和參加工會、罷工的權利和自由；（c）人身自由、免遭酷刑的自由，不受任意或非法逮捕、拘留、監禁的自由，身體不受任意或非法搜查的自由，以及生命不受任意或非法剝奪的權利；（d）任何人的住宅和其他房屋不受任意或非法搜查、侵入的自由；（e）通訊自由和通訊私隱；（f）在香港特別行政區境內遷徙的自由、移居其他國家和地區的自由，以及旅行和出入境的自由；（g）信仰自由、宗教信仰自由，以及公開傳教和舉行、參加宗教活動的自由；（h）選擇職業的自由；（i）進行學術研究、文學藝術創作和其他文化活動的自由；（j）得到保密法律諮詢、向法院提出訴訟、選擇律師及時保護自己的合法權益或在法庭上為其代表、獲得司法補救的權利，以及對行政部門及其人員的行為向法院提出訴訟的權利；（k）依法享受社會福利的權利；和（l）婚姻自由和自願生育的權利。

在香港特別行政區境內的非香港居民，依法享有一如香港居民按《香港基本法》第三章規定可享有的各項權利和自由。此外，香港特別行政區永久性居民依法享有選舉權和被選舉權。《香港基本法》第四條規定了香港居民享有的實體性權利。

《香港基本法》第三十九條規定："《公民權利和政治權利國際公約》、《經濟、社會與文化權利的國際公約》和國際勞工公約適用於香港的有關規定繼續有效，通過香港特別行政區的法律予以實施。香港居民享有的權利和自由，除依法規定外不得限制，此種限制不得與本條第一款規定抵觸。"

《香港基本法》首先運用列舉的方式規定了香港居民及非香港居民享有的各項權利；同時規定了香港參加的國際人權公約在香港繼續有效，通過香港的法律予以實施。

二、香港特別行政區涉及人權保障的成文法

（一）《香港人權法案條例》

基於《香港基本法》與《香港人權法案條例》在香港的重要法律地位，這裏有必要澄清二者的關係。

　　首先，《香港基本法》是中華人民共和國最高立法機關制定的法律，它不僅是一部全國性的法律，也是香港特別行政區的憲制性文件，在香港擁有最高的法律地位。而《香港人權法案條例》屬於香港立法局通過的地方性法律，其效力低於《香港基本法》。《香港基本法》第九章規定了香港回歸時原有法律除由人大常委會宣佈為與《香港基本法》抵觸者外，將採用為香港特別行政區法律。1997 年 2 月 23 日全國人大常委會通過了關於處理香港原有法律的決定，即《關於根據香港基本法第一百六十條處理香港原有法律的決定》。該決定附件二明確指出《香港人權法案條例》第二條第三款有關該條例的解釋及應用目的的規定、[1] 第三條有關 "對先前條例的影響"[2] 和第四條有關 "日後的法例的釋義" 的規定，[3] 抵觸《香港基本法》而無效，[4] 則表明《香港人權法案條例》的效力低於《香港基本法》，其不符合《香港基本法》的部分條款無效。

　　其次，《香港人權法案條例》實際上是根據《香港基本法》第三十九條制定的。第三十九條明確規定 "《公民權利和政治權利國際公約》、《經濟、社會與文化權利的國際公約》以及國際勞工公約適用於香港的有關規定繼續有效，通過香港特別行政區的法律予以實施"。那麼，第三十九條第一款《公民權利和政治權利國際公約》等

1　1991 年版的《香港人權法案條例》第二條第三款規定 " 在解釋及應用本條例時，須考慮本條例的目的是將《公民權利和政治權利國際公約》中適用於香港的規定收納入香港法律，並對附帶及有關連的事項作出規定 "。將國際公約歸入香港法律，這和《香港基本法》第三十九條關於兩個國際人權公約 " 通過香港特別行政區法律予以實施 " 的規定相抵觸。

2　1991 年版的《香港人權法案條例》第三條規定，所有現存的香港法律凡與人權法在解釋上有抵觸的予以廢除，即賦予《香港人權法案條例》凌駕性的地位。

3　1991 年版的《香港人權法案條例》第四條規定，以後制定的香港法律必須解釋成符合國際人權公約，也就是說擁有解釋權的法院，可以把不能解釋成符合國際公約的法律予以廢除。

4　中華人民共和國外交部駐香港特別行政區特派員公署："全國人民代表大會常務委員會關於根據《中華人民共和國香港特別行政區基本法》第一百六十條處理香港原有法律的決定"，http:// www.fmprc.gov.cn/ce/cohk/chn/ckzl/tyflsw/sg jbflwj/t54851.htm，最後訪問時間：2016 年 2 月 20 日。

國際性條約不能在香港直接地生效與實施，需要轉化立法，通過香港特別行政區的法律予以實施，而《香港人權法案條例》則實現了《公民權利和政治權利國際公約》保障人權條款的本土化；而三十九條第二款則載明"香港居民享有的權利和自由，除依法規定外不得限制，此種限制不得與本條第一款相抵觸。"這意味著香港居民享有的權利和自由只能夠依法進行限制，如果依法作出限制，既不得抵觸《公民權利和政治權利國際公約》等國際性人權公約適用於香港的相關規定，也不得抵觸其在香港本地的轉換立法 ——《香港人權法案條例》。那麼，《香港基本法》則通過第三十九條賦予了《香港人權法案條例》高於其他一般法律的地位。這裏還需要補充的是，《香港人權法案條例》第 II 部受制於該條例第 III 部的例外情況：第一，《香港人權法案條例》第十一條訂定了一個例外情況，就是該條例不影響任何用以管限無權進入及停留於香港的人進入、逗留於及離開香港的出入境法例及其應用情況；[5] 第二，另一個例外情況的例子是《香港人權法案條例》第九條，"負責香港外交事務的政府的武裝部隊成員和在這些部隊服務的人，以及在任何性質的懲治機構內受合法拘禁的人，受到為維持部隊紀律及囚禁紀律而不時由法律批准施加的限制所規限。"

再次，在保障人權方面，《香港基本法》與《香港人權法案條例》共同構成香港社會最重要的人權保障基礎，二者相互補充。《香港基本法》第三章規定的是香港居民的基本權利和義務，其規定的基本權利範疇與《香港人權法案條例》中規定的內容存在一定的差異。《香港基本法》規定了一些經濟類的權利，而《香港人權法案條例》中則沒有相關的規定，如香港居民的擇業自由、社會福利權；與此同時，《香港人權法案條例》中規定的一些人權條款如"不得使充奴隸或奴工"、"被剝奪自由的人的權利"、受到公正審判的權利、參與公共事

5　*Ubamaka v Secretary for Security* (2012) 15 HKCFAR 743; FACV 15/2011.

務的權利、兒童的權利、少數人的權利等，《香港基本法》中並未明確規定。此外，還有一些權利，兩者的關係是相互補充與印證，如《香港基本法》第二十九條規定了香港居民的住宅和其他房屋不受侵犯，第三十條規定了香港居民的通訊自由和通訊秘密受法律的保護等自由，而《香港人權法案》第十四條則規定了隱私權，這與《香港基本法》第二十九條和第三十條相互補充和印證，共同保障人權。

最後，儘管《香港基本法》中有人權保障的條款，但需要得以落實，還需要更加具體的人權立法，也需要規定相應的實施機制，這是《香港人權法案條例》存在的重要原因。《香港人權法案條例》於1991年6月生效，後經過修訂，該條例與《公民權利和政治權利國際公約》中規定的內容大致相同。其對《香港基本法》的相關內容進行了補充，現為香港法例第三百八十三章。

基於其對人權保障的重要地位與作用，本書有必要分析該條例的主要內容。《香港人權法案條例》由導言七條、正文二十三條，例外及保留條文六條等組成。第 I 部分為導言，中有解釋性條款、對先前法例的影響、不採用特別行政區的法律、緊急狀態，有關違反條例時的補救措施、條例對政府及所有公共主管當局的約束力；第 II 部分為實體部分，對香港居民所享有的各項權利進行了較為詳細的規定：包括生存權、禁止酷刑、禁止奴役、人身自由與安全、平等權、言論自由、公平審判權、宗教信仰自由等權利和自由，與《公民權利和政治權利國際公約》的條文大致相同。第 III 部分為例外及保留條文，第十四條規定了該條例的凍結期。

《香港人權法案條例》中既有具體的權利條款，又有監督和實施條款，《香港人權法案條例》第六條規定人權遭侵犯時的補救："法院或審裁處可以審理在其管轄範圍內的侵犯人權的訴訟，給予公正和適當的補助、救濟或命令；法院或審裁處不得以案件與人權有關係而裁判超出管轄範圍。"這一條進一步確立了法院在人權保障中的重要地位和作用，為香港的人權保障和救濟提供了規範基礎。

（二）《個人資料（私隱）條例》

涉及到隱私方面的立法，主要是《個人資料（私隱）條例》，該法案於 1996 年 12 月生效。該法案共分十個部分，第一部分"導言"對該條例的生效、釋義、適用範圍、保障原則等進行了規定；第二部分"執行"對個人資料私隱專員職位的設立、個人資料諮詢委員會的設立等進行了規定；第三部分規定實務守則；第四部分規定資料使用者申報表及資料使用者登記手冊；第五部分規定個人資料的查閱和更正；第六部分規定在直接促銷中使用個人資料及提供個人資料以供用於直接促銷；第七部分規定視察、投訴和調查；第八部分規定豁免；第九部分規定罪行及補償；第十部分規定雜項條文。該法案對個人資料隱私予以特別的保護，規定了個人資料隱私專員的職位等，個人資料如何合法使用，監督侵犯個人資料的方法、罪行和補償等，還規定了豁免的情形。

（三）反歧視立法

香港反歧視的立法主要由以下幾部組成：《性別歧視條例》（Sex Discrimination Ordinance）、《殘疾歧視條例》（Disability Discrimination Ordinance）、《家庭崗位歧視條例》（Family Status Discrimination Ordinance）和《種族歧視條例》（Race Discrimination Ordinance），可以看出反性別歧視、反對對殘疾人的歧視、反對就業方面的歧視以及反對種族歧視構成了香港反歧視立法的主要內容。

首先，來看《性別歧視條例》的主要內容。《性別歧視條例》為香港法例第四百八十六章，共分九個部分，由九十一個條文、八個附表組成。第一部分為導言，第二部分規定該條例適用的歧視包括"對女性的歧視、對男性的歧視、對已婚等人士的歧視、對懷孕女性的歧視；使人受害的歧視；其他"；第三部分規定僱傭中的歧視和性騷擾；第四部分規定其他範圍的歧視和性騷擾；第五部分規定其他違法行為；第六部分規定第三到五部分歧視的例外情況；第七部分規定平等機會委員會，包括了該委員會的設立、職能和權力；第八部分規定執行；第九部分規定雜項條款。該法於 2014 年經過修訂。

其次，來看《殘疾歧視條例》的主要內容。《殘疾歧視條例》為香港法例第四百八十七章，共九部，由八十八個條文、六個附表組成。第一部分為導言；第二部分規定本條例適用的歧視；第三部分規定在僱傭範圍內的歧視及騷擾；第四部分規定在其他範圍的歧視和騷擾；第五部分規定其他違法行為；第六部分規定第三至五部歧視的例外情況；第七部分規定平等機會委員會；第八部分規定執行；第九部分規定雜項條文。

再次，來解讀《家庭崗位歧視條例》的主要內容。該法案於 1997 年 6 月 26 日制定，11 月開始執行，屬於香港法例第五百二十七章，共九部，由六十九個條文、三個附表組成。第一部分為導言；第二部分規定條例的適用範圍；第三部分規定在僱傭範圍的歧視；第四部分規定其他範圍的歧視；第五部分規定其他違法行為；第六部分規定第三至五部分歧視的例外情形；第七部分規定平等機會委員會；第八部分規定執行；第九部分規定其他雜項條款。

最後，來聚焦《種族歧視條例》的主要內容。香港《種族歧視條例》於 2008 年制定，屬於香港法例第六百零二章，該條例由九個部分組成，共八十四個條文，包含五個附表。該條例將基於種族的歧視、騷擾以及中傷定為違法作為。該法擴大了平等機會委員會的管轄範圍，授予平等機會委員會消除基於種族的歧視、騷擾及中傷以及促進不同種族人士之間的平等與和諧的職能。該法案對其適用的範圍，對種族、基於種族的歧視、種族群體的涵義等進行了規定；對在僱傭範疇的歧視和騷擾，教育、貨品、設施以及服務場所的種族歧視、騷擾以及中傷行為均進行了規定。該法例的出台使得香港的反歧視法擴大到了種族歧視領域，彌補了以往反歧視立法的不足。

（四）法律援助服務立法

香港的法律援助服務法律是香港人權法制的重要組成部分。《法律援助條例》、《法律援助服務局條例》是香港法律援助服務的重要法律。法律援助制度主要針對在獲得律師的法律服務方面有經濟困難的群體。《法律援助條例》屬於香港法例第九十一章，該法案分六部，由二十三個條文、三個附表組成。第一部分為導言；第二部分規定法律援助的範圍；第三部分規定法律援助的申請及證書的發給；第四部分規定訴費及分擔費用；第五部分為雜項規定；第六部分為與法律援助輔助計劃有關的條文。《法律援助服務局條例》主要規定了法援局的設立、職能、權力、成員、職員等。

以上僅列舉了保障香港居民人權的主要成文法，並未窮盡所有涉及人權的成文法。

三、香港法制中保障人權的國際法淵源

香港在 1997 年 7 月 1 日回歸中國前，已經參加了許多國際公約，大多數公約在回歸後繼續適用，也有些國際公約是 1997 年 7 月 1 日後在香港適用的。涉及到人權的國際公約主要有：《禁止販賣白奴國際協定》、《禁止販賣白奴國際公約》、《禁止販賣婦孺國際公約》、《禁奴公約》、《婦女參政權公約》、《關於無國籍人地位的公約》、《廢止奴隸制、奴隸販賣及類似奴隸制之制度與習俗補充公約》、《關於婚姻之同意、結婚最低年齡及婚姻登記之公約》、《關於婚姻之同意、結婚最低年齡及婚姻登記之公約》、《消除一切形式種族歧視國際公約》、《經濟、社會與文化權利的國際公約》、《公民權利和政治權利國際公約》、《消除對婦女一切形式歧視公約》、《禁止酷刑和其他殘忍、不人道或有辱人格的待遇或處罰公約》、《兒童權利公約》、《兒童權利公約關於兒童捲入武裝衝突問題的任擇議定書》、《殘疾人權利公約》等。關於香港政府加入的國際人權公約，參見附錄三。由於英國與香港以"二元"方式處理國際法及國內法的關係，在立法機關未以成文法例方式引入上述各人權公約的情況下，香港法院一概不可在審判案件時直接適用有關公約的條文。國際公約需要在香港轉化成香港法例才能適用。但如已訂立本地法例以實施有關條約，香港法院除執行此法例外，亦可以依照該條約來詮釋此法例的條文；除非立法的規定中顯示相反用意，否則法院會推定該法例旨在實施有關國際法義務。[6] 儘管國際條約在立法施行之前，不算是香港本地法律的一部分，但仍可影響普通法的發展。

四、保障人權的普通法和衡平法

在對香港法影響巨大的英國，自十五世紀以來，法官判詞的記錄已經逐步建立起一些詳細的法律原則，規範公民與國家以及公民之間的關係。在普通法系，有關言論自由、集會自由及免受任意逮捕或監禁的權利，已在三百多年前判定的案例中列明。這些權利在《香港基本法》制定的過程中得以保障。1991 年後，香港法院通過《香港人權法案條例》進行判案，在之後的十多年又形成了有關人權法的眾多判例，這些判例形成了一些新的法律原則，是香港人權法的重要組成

6　*Waddington v Miah* [1974] 1 W. L. R. 683; *Garland v British Rail Eng'g Ltd.* [1983] 2 A. C. 751.

部分。有學者通過對終審法院審理涉及基本權利的案件進行研究，發現終審法院在設立之初審理的人權類案件並不多，但在之後的十多年法院在審理涉及居留權、平等權、表達自由、遷徙自由的案件中形成了許多新的規則。[7] 普通法最獨特的地方，在於其所依據的司法判例制度，在該司法審判制度下，案例可以引自所有普通法適用地區，而並不限於某一司法管轄區的判決。《香港基本法》第八十四條規定，香港特別行政區法院可參考其他普通法適用地區的司法判例。香港終審法院引用其他區域的人權法判例進行審判的情況，參見表 1。其他普通法系的案例也成為香港法院判案的重要參考，這都為香港人權法注入新鮮的血液與動力。終審法院自 1997 年 7 月 1 日至 2017 年 6 月 30 日間的人權法判例請參見附錄一。

表1　香港終審法院引用判例統計[8]

	所有判決	多數判決	同意判決	異見判決
引用數量	1064	812	89	163
香港終審法院決定	11%	12%	7%	11%
香港非終審法院決定	14%	15%	12%	6%
英國	48%	48%	43%	55%
非香港及英國管轄	27%	24%	38%	28%
澳大利亞與新西蘭	7%	7%	6%	4%
加拿大與美國	9%	8%	20%	9%
亞洲太平洋	0.4%	0.3%	2%	0%
其他國家法院	2%	1%	3%	7%
國際法院、法庭	8%	8%	7%	9%

7　Simon N M Young, "Constitutional Rights in Hong Kong's Court of Final Appeal", *Chinese (Taiwan) Yearbook of International Law and Affairs*, Vol. 27 (2011), p. 93.

8　Simon N M Young, "Constitutional Rights in Hong Kong's Court of Final Appeal", *Chinese (Taiwan) Yearbook of International Law and Affairs*, Vol. 27 (2011), p. 82.

　　由於普通法機制的存在，香港加入的一些國際人權公約也對香港的人權法制發揮了積極的促進作用，發展迅速的國際慣例法相關規定，也納入到普通法內了。

　　而根據《香港基本法》第八十四條的規定："香港特別行政區法院依照本法第十八條所規定的適用於香港特別行政區的法律審判案件，其他普通法適用地區的司法判例可作參考。"一些國際以及區域性司法機構的人權判例成為了香港法院審理案件的重要參考。陳弘毅教授研究了香港法院在 1991 年至 2009 年間引用的國際判例的情況，見表 2。

表2　香港法院引用國際判例統計表（1991–2009年）[9]

公約判例	件數
《公民權利和政治權利國際公約》	255
《公民權利和政治權利國際公約》轄下的聯合國人權委員會文件的判例	46
《世界人權宣言》的判例	13
《經濟、社會與文化權利的國際公約》的判例	41
《歐洲人權公約》的判例	150
《加拿大人權及自由憲章》的判例	61

　　由上可見，歐洲人權法院依據《歐洲人權公約》做出的判例成為香港法院引用較多的判例，對香港法院的判決產生了重要的影響。究其原因大致有：首先，歐洲人權法院的判決對於英國的法制發展產生了重要的影響，而香港法制的發展受到英國的巨大影響；其次，歐洲人權法院使用英法文為官方語言，便於香港法官獲得英文文獻；再次，歐洲人權法院人權判例在數量上和有關法理的發展水準上均勝於

9　陳弘毅：《公法和國際人權法的互動 —— 香港特別行政區的個案》，《中外法學》，2011 年第 1 期，第 56–80 頁。

其他區域。除了以《歐洲人權公約》為依據的判例外，香港法院在審理人權案件時，亦不時參考其他國際法及比較法的文獻，如一些知名學者的書籍。

五、中國習慣法中的傳統權益

根據《香港基本法》第八條的規定，香港原有的習慣法，除同基本法相抵觸或經香港特別行政區立法機關作出修改者外，予以保留，則部分中國習慣法適用於香港。舉例來說，根據《新界條例》（第九十七章）第十三條，法庭可以認可並執行與新界土地有關的中國習俗或傳統權益。新界居民權利分為六大項內容：（1）交換土地政策和收地賠償；（2）在丁屋政策下男丁有建丁屋的權利；（3）葬禮及墓地的傳統；（4）為村屋而設的免於差餉的政策；（5）鄉村土地象徵式的租金；（6）鄉議局作為一個官方的諮詢團體。仔細分析，這些權利實際上是新界地區居民享有的特權。關於男丁享有的丁屋權是否構成性別歧視？社會各界對此問題存在著一定的爭議。一種觀點認為雖然《香港基本法》第四十條規定了保障新界原居民的"合法傳統權益"，但由於這種傳男不傳女的風俗習慣在 1997 年前已遭廢除，因而不再是"合法"權益；而另一種觀點認為《香港基本法》第四十條是一條特別的條款，明文保障了新界原居民的合法傳統權利，因而凌駕於《香港基本法》內有關男女平等的規定。[10] 在《婚生地位條例》（第一百八十四章）中也規定了中國法律和習俗需得到承認。這裏需要指出的是，習慣法中的傳統權益必須可以追溯到 1898 年英政府佔領新界之時，若這些權益是在 1898 年後才獲得，則不屬於傳統權益。[11]

---

10 陳弘毅等主編：《香港基本法概論》（第三版），香港：三聯書店（香港）有限公司，2017 年，第 46 頁。

11 *Secretary for Justice v Chan Wah* (2000) 3 HKCFAR 459.

第二節　香港特別行政區獨立的司法權與司法機構

　　香港的司法機構以高質素、獨立、尊崇法治而聞名。《香港基本法》第十九條規定了香港特別行政區享有獨立的司法權和終審權。香港特別行政區法院除繼續保持香港原有法律制度和原則對法院審判權所作的限制外，對香港特別行政區所有的案件均有審判權。香港特別行政區法院對國防、外交等國家行為無管轄權。司法獨立是香港法治與人權保障的重要基礎。除了終審法院以及競爭事務審裁處，香港各層級的法院及其司法管轄權均在香港回歸中國前得以確立，在香港回歸中國後得以沿襲。

　　《香港人權法案條例》第六條規定了人權遭違法時的補救："法院或審裁處可以審理在其管轄範圍內的侵犯人權的訴訟，給予公正和適當的補助、救濟或命令；法院或審裁處不得以案件與人權有關係而裁判超出管轄範圍。"則各級法院包括審裁處均可以審理涉及人權遭受侵犯的案例，只要在其管轄範圍之內。那麼，就有必要分析香港特別行政區法院的層級結構及其法官構成。

一、香港特別行政區法院層級結構

　　香港特別行政區司法機構負責香港的司法工作，各級法庭聆訊一切檢控案件和民事訴訟，包括個人與政府之間的訴訟。香港特別行政區法院由終審法院、高等法院（分為上訴法庭與原訟法庭）、競爭事務審裁處、區域法院（包括家事法庭）、土地審裁處、裁判法院（包括少年法庭）、死因裁判法庭、勞資審裁處、小額錢債審裁處和淫褻物品審裁處組成。司法機構的首長是終審法院首席法官，他在執行行政職務時，由司法機構政務長予以協助。以下將對各級法院的基本情況及司法管轄權進行簡單的介紹。

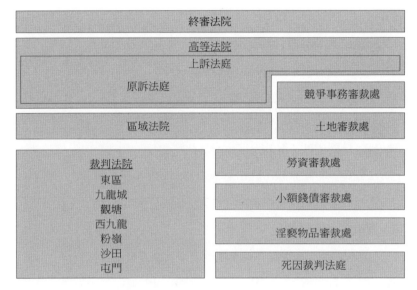

圖1 香港特別行政區法院結構[12]

（一）終審法院及其管轄權

終審法院（Court of Final Appeal）於 1997 年 7 月 1 日依據《香港終審法院條例》（香港法例第四百八十四章）成立。1997 年 6 月 30 日後，終審法院取代了倫敦樞密院的司法委員會，成為香港最高

12　本圖來自香港司法機構網，https://www.judiciary.hk/zh/about_us/courtchart.html，最後訪問時間：2019 年 10 月 1 日。

法院。根據《香港終審法院條例》及其他法例所賦予的權力，終審法院處理針對高等法院（上訴法庭及原訟法庭）各類判決而作出的上訴及有關事項。根據《香港終審法院條例》第十七條的規定，終審法院既可確認、推翻、或更改上訴所針對的法院的判決，又可附上指引意見，將有關事項發還該法院處理，又可對有關事項作出它認為適當的其他命令。針對所有民事事項，終審法院或上訴法庭可酌情決定是否受理有關上訴；針對刑事方面的上訴，終審法院可酌情決定是否受理：（1）上訴法庭的最終決定；（2）原訟法庭的最終決定（不包括陪審團的裁定或決定），而就此項決定是不能向上訴法庭提出上訴的。

（二）高等法院及其管轄權

高等法院（High Court）由上訴法庭和原訟法庭組成。高等法院上訴法庭負責聆訊原訟法庭和區域法院移交的各類上訴案件，以及土地審裁處的上訴案件；同時就其他較低級別法院所提交的各種法律問題作出裁決。

高等法院原訟法庭可以審理任何民事和刑事案件。此外，該法庭亦有權審裁有關海事、破產、公司清盤、家事、領養、遺囑認證及精神健康等案件。該法庭還負責聆訊裁判法院及勞資審裁處、小額錢債審裁處、淫褻物品審裁處及小額薪酬索償仲裁處的上訴案件。而對於最嚴重的刑事案件，如謀殺、誤殺、強姦、持械行劫、複雜商業騙案和涉及大量毒品的案件，均由原訟法庭法官會同陪審員審訊。陪審團人數通常為七人，但法官可頒令組成一個九人的陪審團。

（三）區域法院及其管轄權

區域法院（District Court）於 1953 年設立，在處理民事和刑事案件方面，權力有限。

由 2018 年 12 月 3 日起，區域法院在民事案件方面有權審裁涉及款項三百萬元或以下的索償案件，以及年租或應課差餉租值不超過三十二萬元的收地訴訟。區域法院可審理僱員賠償、平等機會申索和婚姻事宜，包括離婚、管養權、贍養費和領養，以及就印花稅評稅而提出的上訴。

在刑事案件方面，可審理較為嚴重的罪行，但謀殺、誤殺和強姦等案件除外。區域法院所判監禁刑期不得超過七年。

家事法庭是區域法院的一部分，現時共有十個法庭，負責聆訊關於離婚和分居的申請，以及其他相關的家事及婚姻訴訟事宜。有別於區域法院的一般民事司法管轄權，家事法庭處理的申索的款額並無上限。根據家庭暴力法例及《財產繼承（供養遺屬及受養人）條例》所提出的申請，也在家事法庭處理。除了有抗辯的離婚案件及申請強制執行判決的訴訟外，家事法庭大部分聆訊均以非公開形式進行。

（四）裁判法院及其管轄權

裁判法院（Magistrates' Courts）原稱裁判司署，是初級刑事法院，一切刑事案件都必須先經此法庭受理，作初級審訊。裁判官對多種刑事罪行均具有審裁權。判罰權方面，一般限於每項罪行判監兩年或罰款十萬元，但個別條例賦予裁判官權力，最高可判處三年監禁和罰款五百萬元。所有可公訴罪行的訴訟程序皆始於裁判法院。律政司司長可視案情的嚴重性而申請將其轉介區域法院或高等法院原訟法庭審訊。

裁判法院裏設有少年法庭，該法庭負責聆訊兒童（十四歲以下）及青少年（十四至十六歲）被控的案件，殺人控罪則除外。年齡未滿十歲的兒童，獲豁免刑事責任。凡年齡在十八歲或以下的青少年，如在成長中並未獲得應有的輔導或照料，有關人士可向少年法庭申請保護及監管令，加以督促。現有的少年法庭設於東區、九龍城、西九龍、粉嶺及屯門裁判法院。

（五）專門法庭

此外，香港還設有專門法院和法庭，審理一些專門事宜，包括競爭事務審裁處、死因裁判法庭、土地審裁處、勞資審裁處、小額錢債審裁處以及淫褻物品審裁處。

1. 競爭事務審裁處及其管轄權

競爭事務審裁處於 2015 年 12 月成立，主要聆訊及裁定與競爭有關的案件。所有高等法院原訟法庭的法官均是競爭事務審裁處的成員，而高等法院司法常務官、高等法院高級副司法常務官和高等法院副司法常務官亦在競爭事務審裁處擔任相應的職位。

2. 死因裁判法庭及其管轄權

死因裁判官有權就在香港及在外地發生（而屍體被運入香港）的突然、非自然或可疑死亡事件，進行死因研訊。除有人在受官方看管時死亡，或律政司司長作出要求外，死因裁判官有權決定是否進行死因研訊，或是否需要陪審團一同研訊。如屬在受官方看管時死亡，則必須會同陪審團研訊。進行死因研訊的主要目的，在於找出死亡事件的原因及有關情況。死因裁判官或陪審團可在適當時候作出建議，以防止類似的死亡事件再發生。

3. 土地審裁處及其管轄權

土地審裁處的其中一項重要職能是裁決業主根據《業主與租客（綜合）條例》（香港法例第七章）或普通法而提出收回處所的申請。審裁處另一項經常行使的司法管轄權是裁決與物業管理有關的爭議，例如對《物業管理條例》（香港法例第三百四十四章）及公契的解釋和執行、管理委員會的委任和解散、召開業主大會及委任管理人。任何人士，其土地因公共發展而被強制收回或減值，審裁處有權裁決政府應對其作出補償的金額。物業的多數份數擁有人亦可根據《土地（為重新發展而強制售賣）條例》（香港法例第五百四十五章）向審裁處申請頒令售賣土地以作重新發展用途。土地審裁處亦有上訴管轄權，處理（1）不服差餉物業估價署署長根據《差餉條例》（香港法例第一百一十六章）所作的決定而提出的上訴；（2）不服地政總署署長根據《地租（評估及徵收）條例》（香港法例第五百一十五章）所作的決定而提出的上訴及（3）不服房屋署署長根據《房屋條例》（香港法例第二百八十三章）所作的決定而提出的上訴。在行使其司法管轄權時，審裁處具有與高等法院原訟法庭同等的權力去判予補救和濟助，訴訟當事人可以由大律師或律師代表，亦可親自出庭應訊。審裁處以一名由高等法院法官出任的土地審裁處庭長為首，並有數名由區域法院法官出任的土地審裁處法官，以及其他可能是資深專業測量師的土地審裁處成員。

4. 勞資審裁處及其管轄權

勞資審裁處於 1973 年設立，其提供快捷、方便及不拘形式的程序，以解決勞資糾紛，審理因違反僱傭合約或因抵觸《僱傭條例》、《最低工資條例》或《學徒制度條例》的有關規定所引起的索償。其聆訊通常由一位審裁官主持。訴訟雙方不得由律師代表。任何一方如不服裁決，可就法律觀點向原訟法庭提出上訴。

5. 小額錢債審裁處及其管轄權

小額錢債審裁處於 1976 年設立，專門處理因合約問題或侵權行為引起的金錢申索，涉及的款額不超過七萬五千元。聆訊不拘形式，通常以粵語進行。訴訟雙方不得聘用律師出庭。任何一方如不服裁決，可就法律觀點向原訟法庭提出上訴。

6. 淫褻物品審裁處及其管轄權

淫褻物品審裁處是根據《淫褻及不雅物品管制條例》（1987 年實施）而設立的。淫褻物品審裁處的職責和管轄權主要分兩方面：一、將獲授權的公職人員、作者、印刷商、製造商、出版人、發行商或版權所有人等提交的物品審裁分類；二、在任何民事或刑事訴訟中，若出現淫褻或不雅的爭議，審裁處具專有審裁權。

二、香港特別行政區法官構成

各界比較關注香港法院 "外籍法官" 的數量及其對香港司法審判的影響。本部分有必要從各級香港法院法官的構成來分析並回答這一問題。無論是《香港基本法》還是任何香港本地的法律均沒有對 "外籍法官" 的內涵作出明確的規定。根據《香港基本法》第八十八條的規定，行政長官根據當地法官和法律界及其他方面知名人士組成的司法人員推薦委員會的推薦，委任法官及司法人員。該委員會為一個獨立的法定組織，由法官、法律界專業人士及其他方面的知名人士組成。而根據《香港基本法》第九十二條的規定：法官及司法人員的委任均根據其本人的司法和專業才能選用，並可從其他普通法適用地區聘用。關於 "外籍法官" 的規定，《香港基本法》以及其他成文法並未有明確的規定。香港本地司法機構人員協會（Local Judicial Officers' Association in Hong Kong）會章規定：任何法官，只要是以本地待遇招聘的，又或是與香港有密切聯繫的，不論其國籍，都被視為 "本地法官"。[13] 林峰教授認為：凡與香港有實質聯繫的法官都被視為 "本地法官"，所謂實質聯繫應指在香港享有《香港基本法》第二十四條所規定的永久居留權。其他與香港沒有實質聯繫的法官則被

13　S. Y. Yue et al., "Judiciary 'Faces State of Crisis'", *South China Morning Post*, 29 June 1993.

視為"外籍法官"。[14] 本書認同此種觀點。那麼，各級法院法官的構成情況如何？其在個案審判中扮演了什麼樣的角色？

香港"外籍法官"的存在是歷史的產物，也是與香港普通法傳統緊密相關。香港"外籍法官"在香港歷史上發揮了重要的作用，香港回歸前，"外籍法官"在香港的司法機構擔當著中流砥柱的角色。香港法官的本土化政策始於 1945 年，而直到香港回歸後首十五年中，香港司法機構內，特別是較高級別的法院，"外籍法官"的比例仍比"本地法官"高。直至近年來，有評論認為司法機構於 2018 年 8 月委任二十三名幾乎全能講中文的法官和裁判官，標誌著香港司法機構全面當地語系化的局面已經來臨。[15] 下面來解剖各級法院法官的構成。

（一）終審法院的法官構成

根據《香港基本法》及《香港終審法院條例》，終審法院法官須根據司法人員推薦委員會推薦，由行政長官任命。行政長官就終審法院法官的任命或免職，須徵得立法會同意，以及報全國人大常委會備案。

根據《香港基本法》第八十二條以及《香港終審法院條例》第五條關於終審法院組成的規定，終審法院可根據需要邀請其他普通法適用地區的法官參加審判。終審法院在聆訊案件時會由五位法官審理，通常包括終審法院首席法官、常任法官、非常任香港法官或其他普通法適用地區的法官；如終審法院首席法官未能出庭，則三位常任法官的其中一位擔任庭長，並加入一位非常任香港法官參加審判。如任何

14　林鋒：《"一國兩制"下香港"外籍法官"的角色演變》，《中外法學》，2016 年第 5 期，第 1149 頁。

15　Malcolm Merry, "Not Entirely Legal-Part 55", *Lexis Hong Kong Blog*, 11 October 2012, http://law.lexisnexis.com/webcenters/hk/Blogs Analysis/Not-Entirely-Legal Part-55, accessed on 29 May 2015.

一位常任法官未能出庭，則由一位非常任香港法官代替他參加審判。目前共有四位非常任香港本地法官和十五位來自其他普通法適用地區的非常任法官。

表3 終審法院的常任法官、香港本地非常任法官和海外非常任法官人數（1997–2018年）[16]

年份	常任法官	香港本地非常任法官	海外非常任法官
1997	3	11	6
1998	3	11	6
1999	3	11	6
2000	3	12	9
2001	3	12	9
2002	3	12	8
2003	3	8	10
2004	3	8	9
2005	3	8	9
2006	3	8	11
2007	3	6	10
2008	3	6	10
2009	3	6	13
2010	3	6	11
2011	3	6	13
2012	3	7	14

---

16 1997–2017 年的資料是根據香港司法年度報告得出的，詳見 Hong Kong Judiciary Annual Reports，https://www.judiciary.hk/zh/publications/publications.html#annu_report，最後訪問時間：2017 年 12 月 31 日；2018 年的統計資料根據香港司法機構網得出，詳見 " 法官和司法人員名單（截至 2019 年 1 月 14 日）"，https://www.judiciary.hk/zh_cn/about_us/judges.html，最後訪問時間：2019 年 1 月 15 日。

年份	常任法官	香港本地非常任法官	海外非常任法官
2013	3	6	22
2014	3	6	12
2015[17]	3	5	13
2016	3	4	10
2017	3	3	12
2018	3	4	14

　　從以上資料來看，海外非常任法官的確在終審法院法官的構成中佔據了極大的比例，遠遠超過香港本地常任法官的數量，但是從終審法院審判案件的機制來看，終審法院審判庭的本地常任法官和海外非常任法官的比例通常為 4:1。這決定了本地常任法官的判決才是案件最後結果的關鍵。有學者在查閱了從 1997 年回歸至 2015 年底為止的所有海外非常任法官參與審理的終審法院的案件後發現，只有一個海外非常任法官在一個案件中作出過異議判決（Dissenting Judgment）。除此之外，在所有其他案件中，海外非常任法官都同意終審法院多數法官的判決。[18]

　　綜上，儘管終審法院非常任法官中有許多"外籍法官"，但終審法院的審判模式決定了"外籍法官"對終審法院判決的影響是較小的。

17　馬天敏法官（GBS）以及梅師賢爵士（GBM）任期截止到 2015 年 7 月 27 日，而烈顯倫法官（GBM）任期截止至 2015 年 9 月 13 日，而高禮哲爵士於 2015 年 5 月逝世。詳情請參閱 Hong Kong Judiciary Annual Report-2015，https://www.judiciary.hk/en/publications/annu_rept_2015/smp/list_of_judge.html，最後訪問時間：2017 年 12 月 31 日。

18　林鋒：《"一國兩制"下香港"外籍法官"的角色演變》，《中外法學》，2016 年第 5 期，第 1153 頁。

（二）高等法院法官構成

即使僅依據國籍來統計，也可以發現：高等法院中國籍法官的比例早已超過 75%。高等法院上訴法庭的編制包括高等法院首席法官和十三位上訴法庭法官。高等法院原訟法庭的編制共有三十七位法官。截至 2019 年 1 月 14 日，除了高等法院首席法官張舉能 [19] 之外，香港上訴法庭的十三位法官中有十位中國籍的法官，中國籍的法官比例為 76.9%；原訟法庭的三十七位法官中，有二十八位為中國籍的法官，中國籍的法官的比例為 75.7%。[20]

（三）區域法院法官構成

區域法院以首席區域法院法官為首，並由主任家事法庭法官協助，截至 2019 年 1 月 14 日，除了首席法官，還有三十九位區域法院法官，他們亦會在家事法庭及土地審裁處聽審。區域法院登記處由司法常務官主管，並由副司法常務官協助，負責處理關於非正審和訟費評定的事宜。區域法院三十九位法官中，有三十一位中國籍法官，中國籍的法官所佔比例為 79.5%。[21]

19　張舉能法官任期至 2018 年 10 月 24 日止。

20　以上統計數據均根據 2018 年高等法院法官的數量、人員等信息計算而得出。高等法院法官詳細的信息請參見附錄二，或參見香港司法機構，https://www.judiciary.hk/en/about_us/judges.html，最後訪問時間：2019 年 1 月 14 日。

21　以上統計數據均根據 2018 年區域法院法官的數量、人員等信息計算而得出。區域法院法官詳細的信息請參見附錄二，或參見香港司法機構，https://www.judiciary.hk/en/about_us/judges.html，最後訪問時間：2019 年 1 月 14 日。

（四）裁判法院法官和其他審裁處法官的構成

截至 2019 年 1 月 14 日，裁判法院共有六十三名全職裁判官，分駐東區、九龍城、觀塘、西九龍、沙田、粉嶺和屯門共七個裁判法院及各審裁處。每個裁判法院由一位主任裁判官主管，而所有裁判法院及各審裁處均由駐於西九龍裁判法院的總裁判官負責管理。

土地審裁處有兩名裁判官，勞資審裁處現有四位全職審裁官，包括一位主任審裁官。小額錢債審裁處現有六位全職審裁官，包括一位主任審裁官。淫褻物品審裁處由一位全職裁判官及不少於二位的審裁委員組成，審裁委員來自社會各階層。

從司法機關的官網上統計，截至 2019 年 1 月 14 日，共有七十位法官及裁判官，其中中國籍的法官和裁判官的數量是六十九位，中國籍法官和裁判官的數量佔總法官和裁判官的數量高達 98.6%。[22]

以上資料表明，香港基層法院已實現了法官的本土化。

三、香港特別行政區的上訴機制

香港特別行政區建立了較為完善的上訴機制，民眾的上訴權得到了較好的保障。上訴機制是香港法律制度的重要一環，上級法院可藉此覆核下級法院的判決。上訴制度旨在確保任何據稱在法庭聆訊或甚至調查過程中出現的失誤，或與法庭聆訊有關的失誤，都可通過向上級法院上訴而得以糾正。這種內部的糾錯機制在一定程度上也有助於司法公正、維護司法權威。當然，當事人的上訴均需得到相應上訴法庭和法院的批准。

22　以上統計數據均根據 2018 年裁判法院及其他審裁處法官的數量、人員等信息計算而得出。裁判法院及其他審裁處法官詳細的信息請參見附錄二，或參見香港司法機構，https://www.judiciary.hk/en/about_us/judges.html，最後訪問時間：2019 年 1 月 5 日。

（一）向高等法院上訴法庭的上訴機制

當事人不服區域法院和土地審裁處的判決時，可將案件上訴到高等法院上訴法庭；而當事人對高等法院的原訟法庭、競爭事務審裁處的判決不服時，亦可將案件上訴到高等法院上訴法庭；任何一方如不服上訴法庭的判決，可以申請向終審法院上訴的許可，即可最終將該案上訴至終審法院。高等法院、競爭事務審裁處、區域法院及土地審裁處的上訴機制如圖2。

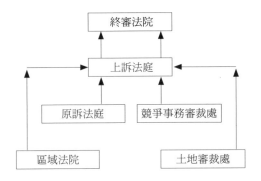

圖2　高等法院、競爭事務審裁處、區域法院及土地審裁處的上訴機制

上訴法庭可通過審閱呈交的文件或在進行聆訊後決定拒絕給予或給予上訴許可。其後，由兩名或三名上訴法庭法官組成的上訴法庭可以口頭宣告上訴駁回或上訴得直，及／或另定日期發下或宣讀判決書。在刑事上訴案件中，關乎刑罰的上訴如果成功，刑期可獲縮減；但如上訴失敗，則上訴法庭可以提高刑罰，或下令上訴人的羈押時間不得計算在刑期之內。民事和刑事案件的上訴程序有一定的區別。上訴可以採用中文或英文這兩種法定語言的其中一種。

（二）向高等法院原訟法庭的上訴機制

當事人不服裁判法院及審裁處的判決時，可向高等法院原訟法庭提出上訴，如不服原訟法庭的判決，則可將案件進一步上訴到高等法院上訴法庭，甚至最終訴訟至終審法院。上訴許可申請會由原訟法庭法官處理，一般，只有涉及法律觀點的案件才會獲得上訴許可。原訟法庭法官拒絕給予上訴許可的決定是最終的決定。不服聆案官的決定的人亦有權向原訟法庭法官提出上訴。從裁判法院上訴的案件和從審裁處上訴的案件的程序也存在不同的地方。當事人不服裁判法院及審裁處判決的上訴程序如圖3。

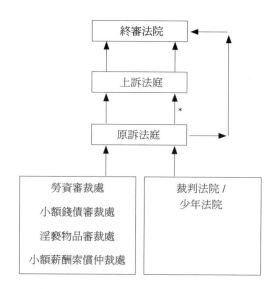

圖3　裁判法院及審裁處判決的上訴程序

第三節　香港特別行政區法院保障人權的運行制度

一、人權訴訟制度

　　根據普通法的規則，法官可以運用良心來審判。在傳統普通法系中，一般沒有區分直接的人權訴訟。普通法系的法院可以審理國家和公民以及公民之間的糾紛，人權訴訟是隱含在普通訴訟中，香港特別行政區沒有獨立的人權法院、憲法法院。普通法院可以審理人權類的案件。1991 年的《香港人權法案條例》以制定法的形式肯定了或者說進一步確立了香港的人權訴訟。該法案第六條 "人權法案遭違反時的補救" 規定："（1）法院或審裁處 ——（a）在就觸犯本條例的事件而採取的法律行動所引起的訴訟中，而該訴訟是屬其司法管轄權範圍內者；及（b）在涉及觸犯、違反或威脅違反人權法案的事件而屬其司法管轄權範圍內的其他訴訟中，可就該項觸犯、違反或威脅違反事件，頒發它有權在該等訴訟中頒發而認為在該情況下屬適當及公正的補救、濟助或命令。（2）任何訴訟，不得以它是與人權法案有關為理由而被裁定是超出任何法院或審裁處的司法管轄權範圍。" 該條規定了香港的人權訴訟，法院對案件的受理和補救，以及不得拒絕對人權訴訟的審理與救濟等內容。《香港人權法案條例》第七條規定："（1）本條例只對以下各方面具有約束力 ——（a）政府及所有公共主管當局；及（b）代表政府或公共主管當局行事的任何人。" 根據這一條的規定，香港的人權訴訟也就只限於私人主體針對政府及所有公共主管當局以及代表政府或公共主管當局行事的任何人的控告，不包括私人之間的權利糾紛。

那麼，這裏提及的香港特別行政區人權訴訟制度指的就是個人、組織就香港政府及所有公共主管當局以及代表政府或公共主管當局行事的任何人侵犯《香港基本法》、《香港人權法案條例》等人權法案所保障基本權利的行為或決定，向香港各級法院提起訴訟，香港特別行政區法院根據其管轄權對此類訴訟進行審查、受理並裁判的制度。判斷一個訴訟是否屬於人權訴訟，主要看（1）該案中是否涉及公權力主體與私人主體的法律關係；（2）該案中是否涉及公權力主體對私人主體基本權利的侵犯。

從香港特別行政區法院審理和接受的人權訴訟來分析，主要涉及的權利包括：居留權、表達自由、平等權、免受酷刑即不人道對待的權利、人身自由與安全權、公平審判權、受無罪推定的權利、遷徙自由、通訊自由、隱私權等。從終審法院審理的案例來看，涉及《香港基本法》以及《香港人權法案條例》的許多條款。涉及的權利、對應的法律條文，所涉及的案例數量統計如表 4。

表4 終審法院人權訴訟分類統計表（1997.7.1–2017.6.30）[23]

人權分類	《香港基本法》條款	《香港人權法案》條款	案例數量
居留權	24		13
平等權	25	22	4
免受酷刑及不人道對待的權利		3	2
信仰自由	32	15（1）	1
表達自由	27	16（2）、17	7

23　本表的製作是以附錄一中的案例為基礎的，有些案件不僅涉及到一種權利的保障。

遷徙自由	31	8（2）	2
通訊自由	30	14	2
隱私權		19（1）	1
財產權及財產受剝奪之補償權	105		3
公正審判權	82、35、87	10、11、12	39
人身自由與安全權	28、39	5（1）	8
工作權	33		5
適當生活水準權	36		2
環境權益			2
結婚權利	37	19	1

　　而在許多涉及人權的訴訟中，"權利受害人"往往會同時提出司法覆核的申請，香港特別行政區法院則會根據相關規定開啟司法覆核機制。這裏需要強調的並不是所有的人權訴訟類案件中均涉及司法覆核事宜，"權利被侵害者"也並非均在訴訟程序中都會提出司法覆核，民眾只可以依據《高等法院條例》[24]及《高等法院規則》[25]向高等法院提出司法覆核。

二、司法覆核制度

　　司法覆核或稱司法審查（Judicial Review）。在不同國家的憲法

24　《高等法院條例》（《香港法例》第四章）第二十一Ｋ條"申請司法覆核"規定："（1）向原訟法庭要求批予以下一種或多於一種濟助的申請——（a）履行義務令、禁制令或移審令；（b）根據第 21J 條授予禁制一名無權擔當該條所適用的職位的人擔當該職位的強制令，須按照法院規則以一項稱為申請司法覆核的程序作出。"

25　《高等法院規則》（《香港法例》第四Ａ章）第 53 號命令條"申請司法覆核"規定："（1）在以下情況下，必須提出司法覆核申請——（a）申請人尋求一項履行義務令、禁止令或移審令；或（b）申請人尋求一項根據本條例第 21J 條授予的、禁制某人擔當他無權擔任的職位的強制令。"

文化背景下，司法審查和違憲審查的內容是有所不同的。"在香港，人們習慣於將對行政行為不服提請法院審查稱為司法覆核，即司法審查，將司法覆核中涉及到的相關法律，法令等是否違反憲法或憲法性文件的審查稱為違憲審查。"[26] 香港法院的司法實踐也證實了香港特別行政區的司法覆核既包括法院在個案中對任何行使或拒絕行使任何公共決策權力的決定或行為作出覆核，通常情況下，民眾可以基於某項行政決定或行為（a）不合法（Illegality），（b）不合理（Irrationality），及（c）程序不當（Procedural Impropriety）等理由提出司法覆核；[27] 也包括對相關法律、法令等是否違反《香港基本法》等憲制性法律進行覆核，進而宣佈該法律無效。第二種司法覆核就是香港學者所稱的"違憲審查權"。

1991 年的冼有明案 [28] 開啟了香港的"違憲審查"制度，確立了《香港人權法案條例》在香港的重要地位。在該案中，上訴法庭認為《危險藥品條例》的部分條款因違反了《香港人權法案條例》和《公民權利和政治權利國際公約》中的無罪推定條款而無效。雖然沒有涉及到香港殖民時期的"憲法"——《英皇制誥》，但該案為香港法院"違憲審查"制度的建立奠定了基礎。其後，在 *The Queen v Lum Wai-Ming* 案 [29] 中，上訴法院審查了修訂後《危險藥品條例》的部分條款（1992 年 6 月 26 日生效）的"合憲性"。在 1994 年 *Chan Chak Fan v R* 案 [30] 中，法院又進一步發展了司法覆核的原則，指出：《英皇制誥》禁止立法機關制定違反《公民權利和政治權利國際公約》在香港適用

26　湛中樂、陳聰：《論香港的司法審查制度 —— 香港"居留權"案件透視》，《比較法研究》，2001 年第 2 期，第 35 頁。

27　香港律政司：《司法覆核概論 —— 給政府機關行政人員的指南（第三版）》，2019 年，第 4–5 頁。

28　*R v Sin Yau-ming* [1992] 1 HKCLR 127.

29　*The Queen v Lum Wai-Ming* [1991] 1 HKPLR 292; [1993] 1 HKCLR 51; HCCC 75/1991.

30　*Chan Chak Fan v R* [1994] HKCA 153; [1994] 3 HKC 145; CACC 328/1993.

的法律，而《香港人權法案條例》是該公約在香港適用的產物。法院作為人民憲法權利的保護者，應推翻任何因違反《香港人權法案條例》而"違憲"的立法。並且，"違憲審查"的標準與《香港人權法案條例》審查的標準一致。《香港人權法案條例》生效後，香港法院通過宣佈與該法案衝突的法例無效的方式，確定了《香港人權法案條例》的重要地位。

1997年香港回歸後，《香港基本法》取代了《英皇制誥》，成為了香港的最高法。該法是香港的立法基礎和標準，香港法院的司法覆核權也由審查法律是否與《英皇制誥》相抵觸轉變成是否與《香港基本法》相抵觸。而《香港基本法》多項條款規定了香港民眾的基本權利與自由。香港回歸後的第一起憲制性訴訟 —— 馬維騉案，在該案中香港特別行政區法院行使了審查特別行政區的立法是否與《香港基本法》相抵觸的"違憲審查權"。而之後典型的案例即是吳嘉玲等人訴香港入境事務處處長案，[31] 在該案中終審法院行使其"違憲審查權"，在判決中指出：香港高等法院原訟法庭及上訴法庭皆判決"單程證"制度基於《香港基本法》第二十二條第四款之規定而"合憲"；終審法院最終推翻兩個下級法院的判決，認定"單程證"制度不能限制港人內地所生子女的居留權，他們只要符合《香港基本法》第二十四條第二款規定即可來港實現居留權，不必獲得內地公安機關頒發的"單程證"，即宣告"單程證"制度違反《香港基本法》。同樣具有代表性的案例是香港特別行政區訴吳恭劭等人一案，終審法院在判決中肯定了香港特別行政區法院有權審查香港特別行政區的立法行為和公權力主體的行政行為是否違背了《香港基本法》，以及《香港基本法》第三十九條所確認的《公民權利和政治權利國際公約》的規定。該案中，終審法院認為《國旗條例》及《區旗條例》的侮辱國旗

31　*Ng Ka Ling & Others v Director of Immigration* (1999) 2 HKCFAR 4; FACV 14, 15&16/1998.

區旗罪並不構成對《香港基本法》以及其所確認的《公民權利和政治權利國際公約》中表達自由的限制。該案從判例法的角度進一步確認了《香港基本法》的憲法性法律地位，再次肯定了《香港人權法案條例》也是香港特別行政區法院進行司法覆核的重要依據。

關於香港特別行政區法院"違憲審查"的討論很多。本書重點關注"違憲審查"的人權保障功能。"違憲審查"至少包含兩個方面，一方面是涉及基本權利方面的覆核，即行政相對人挑戰行政機關的行為或決定，以該行為或決定侵犯憲法性法律所保障的基本權利，來獲得對該項基本權利的救濟與保障；另一方面則是違反性覆核，即利益相關人認為涉及的立法違反憲法性法律。[32] 人權訴訟中首先涉及第一方面的司法覆核。由於《香港基本法》、《香港人權法案條例》規定了民眾的基本權利，則香港特別行政區法院通過宣告香港政府及所有公共主管當局以及代表政府或公共主管當局行事的任何人的行為或決定因侵犯民眾的基本權利而無效；民眾也可以在涉及基本權利被侵犯的案件中同時針對香港法例違反《香港基本法》及《香港人權法案條例》等憲法性法律而申請司法覆核。在司法覆核程序中，香港特別行政區法院通過宣告侵害民眾基本權利的行政行為或決定無效的方式，實現對個案中被侵害的基本權利的救濟；在個案救濟的同時，法院也可以通過宣佈涉及的香港法令因違反《香港基本法》以及《香港人權法案條例》等憲法性法律而無效等方式對香港特別行政區的立法進行矯正，以實現更廣泛的人權救濟。

當然，司法覆核的案件也不必然涉及基本權利事宜。*Yau Wai Ching v Chief Executive of HKSAR* [33] 一案中，行政長官及律政司司長（政

32　Lawrence Y K Ma, *Hong Kong Basic Law: Principles and controversies* (Hong Kong: Hong Kong Legal Exchange Foundation, 2018), p. 75.

33　*Yau Wai Ching and Anor v Chief Executive of HKSAR* (2017) 20 HKCFAR 390；FAMV 7, 8, 9 & 10/2017.

府）以司法覆核形式及根據《立法會條例》（香港法例第五百四十二章）第七十三條提出法律程序，理據為指稱立法會候任議員游蕙禎及梁頌恆於立法會宣誓時違反《香港基本法》。行政長官及律政司司長尋求司法濟助，以撤銷立法會主席於 2016 年 10 月 18 日所作之決定，並宣佈不能再為梁游二人監誓。行政長官及律政司認為立法會主席於 2016 年 10 月 18 日所作出的給予梁游二人宣誓的決定是違反《香港基本法》規定的。在 *Cheung Yick Hung v The Law Society of Hong Kong*[34] 一案中，《法律執業者條例》（香港法例第一百五十九章）第六條（5）（e）並未列明就已發出的執業證書行使修訂權力的情況，亦沒有規定此權力受任何先決條件的約束。然而，《執業證書（特別條件）規則》（香港法例第一百五十九 Y 章）第七條（2）（a）規定，香港律師會透過施加條件來修訂現行執業證書的權力，僅在律師在其現有執業證書的有效期內任何時間申請執業證書的情況下，才可予以行使。香港高等法院上訴法庭裁定，由於《執業證書（特別條件）規則》（香港法例第一百五十九 Y 章）第七條（2）（a）在主體法例賦予香港律師會行使一般權力上施加了本條件，因此它與《法律執業者條例》第六條（5）（e）不一致，是為越權。

香港的司法覆核制度在香港特別行政區法院二十多年的司法實踐中不斷發展完善，形成了較為健全的制度規則。這些制度規則涉及司法覆核的適用範圍、司法覆核的程序、司法覆核的原則、司法覆核的限制等。[35]

34　*Cheung Yick Hung v The Law Society of Hong Kong* [2016] 5 HKLRD 466；HCMP 1304/2016.

35　參見陳弘毅等主編：《香港基本法概論》（第三版），香港：三聯書店（香港）有限公司，2017 年，第 185–207 頁；另參見香港律政司：《司法覆核概論——給政府機關行政人員的指南（第三版）》，2019 年。

小結

綜上，香港特別行政區保障居民基本權利的法律淵源十分豐富。首先，《香港基本法》構成香港人權法的首要淵源；其次，以《香港人權法案條例》、《性別歧視條例》、《殘疾歧視條例》、《家庭崗位歧視條例》和《種族歧視條例》等法案，構成香港保障人權的成文法；香港法院在審理涉及人權類案件的過程中形成和發展著香港的判例法；此外，香港特別行政區還參加了許多國際人權公約，香港的一些習慣法中存在的傳統權益仍得到了現有法律的承認。這些都是香港特別行政區法院保障人權的重要法律淵源，構成了香港特別行政區法院保障人權的規範和制度基礎。

香港特別行政區並沒有專門的人權法院以及行政法庭，香港特別行政區各級法院均發揮著保障人權的功能。當個人基本權利受到侵害時，可以將相關的案件訴訟至法院。當然，高等法院和終審法院審理涉及人權的訴訟較多。"外籍法官"在香港司法審判的歷史中發揮了重要的作用，產生了重要的影響。香港司法人員本土化亦是一個歷史過程。基層法院已經完成了司法人員的本土化進程；近年來，"外籍法官"在高等法院的法官比例也逐步下降，僅佔少數；儘管終審法院仍存在大量的"外籍法官"，但終審法院的審判模式決定了"外籍法官"對終審法院判決結果的影響不大。

香港特別行政區法院在保障人權方面發揮了重要的作用，通過直接的人權訴訟制度與司法審查制度保障著民眾的權利與自由，成為香港特別行政區人權保障最重要的機制。人權訴訟制度使得個人、團體、非政府組織可以對香港的公權力機構侵犯其人權的行為進行訴訟，以尋求司法機關的救濟。香港特別行政區法院可通過司法覆核制度宣告香港特別行政區立法機關違反《香港基本法》以及《香港人權法案條例》等憲法性法律的立法無效，或裁定香港特別行政區政府及所有公共主管當局以及代表政府或公共主管當局行事的任何不合法、非常不合理以及程序不當的行政行為或決定無效，從而對被侵害的權利和受影響的權利予以救濟。

第三章

終審法院保障公民權利和政治權利的展開

人人生而自由，在尊嚴和權利上一律平等。

——《世界人權宣言》第一條

香港特別行政區的法院發揮著適用法律、解決社會糾紛、創造法律的功能。香港特別行政區的各級法院均通過受理和審理涉及人權的訴訟，通過司法覆核制度保障香港民眾的人權。香港自回歸中國以來，香港特別行政區各級法院審理了大量涉及人權的訴訟，由於多數影響大、情況複雜的案件最終會上訴到終審法院，第三、四章將重點考察終審法院從 1997 年 7 月 1 日至 2017 年 6 月 30 日涉及人權的訴訟（詳見附錄一），這幾乎涉及到《香港基本法》與《香港人權法案條例》規定的各項基本權利。

從學理上講，第一代、第二代人權劃分的理論由來已久。第一代人權通常被稱為消極權利（Negative Rights），主要涉及自由權利和參與政治生活的權利。它們本質上是公民和政治性質的，具有強烈的個體主義特性，它們為保護個人免受國家干預行為而起到消極的作用。第一代人權主要包括表達自由、公平審判權、財產權和選舉權等，以《公民權利和政治權利國際公約》為依據。第二代人權又被稱為積極權利（Positive Rights），要求政府有義務尊重和促進這些權利的實現，但這取決於能否獲得相應的資源。這些權利本質上具有經濟、社會和文化性質。它們保障社會的不同成員享有平等的條件和待遇。第二代人權包括工作權、住房權、健康權以及社會保障權等。第二代人權主要以《經濟、社會與文化權利的國際公約》為基礎。本章將進一步聚焦終審法院二十年來審理的涉及公民權利和政治權利的案例，來分析終審法院保障公民權利和政治權利的思路和規律。而第四章則聚焦終審法院二十年來審理的涉及經濟、社會與文化權利的案例，來分析終審法院保障經濟、社會文化權利的思路和規律。

終審法院審理的涉及第一代人權案例中，以涉及公平審判權（39件）、居留權（13件）、人身自由與安全（8件）、表達自由（7件）、平等權（4件）的案例為最多。下文將對終審法院二十年來審理的涉及公民權利和政治權利的案件類型進行進一步的統計分析，這些案件所涉及的具體權利、對應的法律條文及案件數量如表5。當然有些案件不只涉及一項權利，而是涉及多項權利。平等權往往和其他權利相聯繫。

表5　終審法院審理的涉及第一代人權判例統計（1997.7.1–2017.6.30）[1]

第一代人權	《香港基本法》條款	《香港人權法案》條款	案例數量
公平審判權	82、35、87	10、11、12	39
居留權	24		13
人身自由與安全	28、39	5（1）	8
表達自由	27	16（2）、17	7
平等權	25	22	4
財產權及財產受剝奪之補償權	105		3
免受酷刑及不人道的對待的權利		3	2
遷徙自由	31	8（2）	2
通訊自由	30	14	2
選舉權	26	21（a）	1
結婚的權利		19（1）	1
信仰自由	32	15（1）	1

1　本表的製作以附錄一中的案例為基礎。

從統計資料的結果來看，涉及公正審判權、居留權、人身自由與安全、表達自由、平等權的判例排列為前五，而信仰自由、結婚的權利居最後位。具體排列順序見圖4。

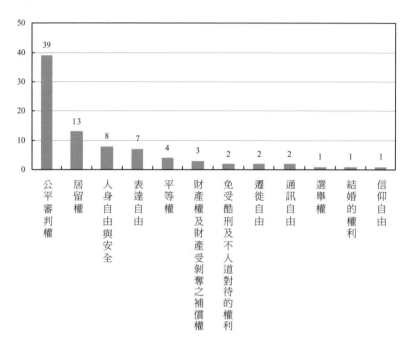

圖4　第一代人權權利類型排列

那麼在這些涉及第一代人權的判例中，各項具體權利中具體涉及哪些問題？終審法院如何解釋並保障人權呢？以下將結合典型的判例進行深入的分析。

第一節　終審法院對公平審判權的保障

公正審判權（The Right to a Fair Justice），是指由一系列與公正審判有關的、具體的權利組合而成的權利群或權利集合。該項權利在普通法世界被喻為刑事司法系統的核心支柱，[2] 是法治的基本要求。[3] 儘管學界對於該項權利的內涵與外延存在一定的爭議，但該項權利已經成為一項國際習慣法，並得到了許多國際性人權公約的確認。《世界人權宣言》第十條規定了該項權利，之後通過的《公民權利和政治權利國際公約》第十四條和第十六條也確認了該項權利。該公約第十四條規定了公民基本的公正審判權，第十四條第二款規定了無罪推定原則，第十四條第三款規定了刑事程序上最低程度的公正審判權，第十四條第五款規定了被定罪的人擁有上訴權，第十四條第七款規定了禁止雙重歸罪原則。《歐洲人權公約》第五至七條及第七議定書的第二至四條，《非洲人權與民族權憲章》第三、七、二十六條，《美洲人權公約》第三條，第八至十條均對該項權利進行了確認。《香港基本法》第三十五條、第八十二條和第八十七條，《香港人權法案》第十至十一條對公正審判權進行了規定。公正審判權的含義較廣，主要包括當事人在法庭面前平等的權利、接受公正無私獨立的審判機關進行公開公平審判的權利、受無罪推定的權利、不自證其罪的權利、詰問證人的權利、獲得便利準備自我辯罪的權利、及時受到審判

---

2 *Dietrich v The Queen* (1992) 177 CLR 292, p. 298 (Mason CJ and McHugh J).

3 Tom Bingham, *The Rule of Law* (London: Penguin UK, 2011), chap. 9.

的權利、上訴權、禁止雙重歸罪的權利、有權在法庭獲得法律代表的權利、接近司法權等。那麼，香港法院如何保障與詮釋公正審判權呢？

從 1997 年 7 月 1 日至 2017 年 6 月 30 日終審法院審理的涉及人權判例的統計資料來看（詳見附錄一），終審法院二十年來共審理了三十九件涉及公正審判權的案例，約佔據總判例 42.4% 的比重。從這些涉及公正審判權的判例來看，涉及到該項權利方方面面的解釋。可以發現，這三十九個判例主要涉及到受無罪推定的權利（Right to Be Presumed Innocent）、接受公正法庭審訊權（Right to a Hearing before an Impartial Tribunal）、有權秘密諮詢律師（法律專業特權）（Legal Professional Privilege）、不自證其罪的權利（Right not to Be Compelled to Testify against Oneself or Confess Guilt）、上訴權（Right to Appeal）、禁止雙重歸罪（Freedom from Double Jeopardy）、獲得律師代理權（Right to Legal Representation）、有權訴訟至法院（Right to Access to the Courts）、知曉控罪及其案由權（The Right to Be Informed the Nature and Cause of the Accusation）以及沉默權（Right of Silence）等。終審法院在二十年的審判實踐中，審理的涉及公正審判權中具體權利的案件及其對應的法律條文、案件數量統計如表 6。當然有些案件不只涉及到一項具體權利，而是涉及公正審判權的諸多方面，而表 6 的統計以該案中最直接、最相關聯的權利為主，將其歸類到最適合和對應的類別下。

從涉及公正審判權的三十九件判例來看，涉及受無罪推定權、接受公正法庭審訊權的判例最多，分別為十二件和八件；涉及秘密諮詢律師權（法律專業特權）的有五件；涉及不自證其罪權的判例為四件；涉及上訴權的有三件；獲得律師代理權和禁止雙重歸罪原則的判例各為二件；涉及有權訴訟至法院、知曉控罪及其案由權以及沉默權的判例較少，各為一件。

表6 終審法院涉及公正審判權判例的分類統計（1997.7.1–2017.6.30）[4]

權利	《香港基本法》條款	《香港人權法案》條款	案例數量
公正審判權	35、82、87	10、11	39
受無罪推定權	87	11（1）	12
接受公正法庭審訊權	87	10	8
秘密諮詢律師權（法律專業特權）	35		5
不自證其罪權		11（2）(g)	4
上訴權	87	11（4）	3
獲得律師代理權	35	11（2）(d)	2
禁止雙重歸罪		11（6）	2
有權訴訟至法院	35		1
知曉控罪及其案由權		11（2）(a)	1
沉默權		援引ICCPR 14（3）(g)	1

　　那麼，終審法院在案件的審判過程中是如何解釋公正審判權的？公正審判權在香港判例法中呈現何種樣態？以下將結合典型的判例進行深入的分析。

一、受無罪推定權

　　《香港基本法》第八十七條以及《香港人權法案》第十一條（一）規定了無罪推定原則，民眾據此獲受無罪推定權。那麼終審法院是如何解釋和保障民眾受無罪推定權的？

4　本表的製作以附錄一中的案例為基礎，有些案件不僅涉及到一種權利的保障。

Lau Cheong & Another v HKSAR 案[5]便是一起涉及無罪推定的典型判例。其主要案情如下：第一上訴人和第二上訴人持刀共同搶劫被害人，在掙扎中，被害人和第二上訴人均受刀傷。隨後發現被害人死亡，頸部、腕部和腿部均縛有繩索，其死因不是刀傷，而是頸部被繩索捆綁至窒息而死。第一上訴人承認搶劫罪，同時也承認為防止被害人逃走以及復仇，遂以繩索捆綁被害人，但不承認其具有殺死被害人或對其造成嚴重傷害是故意的。第一上訴人同時作證稱第二上訴人在當時已暈厥，並沒有參與捆綁被害人。雖然第二上訴人否認搶劫和殺人罪，但證據顯示，他身上藏有被害人財物，及經法醫鑒定，從第二上訴人身上發現被害人的血跡及被害人衣服的纖維，這些證據均證明第二上訴人參與了上述搶劫行為。在審訊中，第二上訴人選擇不出庭作供，只依賴第一上訴人對其有利的供詞。最終陪審團裁定兩名上訴人謀殺罪成立。按照香港法律，謀殺罪只有強制性終身監禁一種判罰，因此，法官判處兩名上訴人終身監禁，同時因搶劫罪分別判處六年和九年監禁。兩名上訴人不服，將該案上訴到上訴法庭。在向上訴庭的上訴中，兩名上訴人提出了兩個和憲法性權利相關的上訴理由。

第一個上訴理由是，普通法下，在認定謀殺罪時，並不需要加害人有殺死被害人的主觀故意，而只需要有對被害人施加嚴重肉體傷害的主觀意圖，且客觀上造成了被害人的死亡，則可構成謀殺罪（以下簡稱"嚴重傷害規則"）。兩名上訴人認為"嚴重傷害規則"違反了《香港基本法》第二十八條和第八十七條，以及《香港人權法案》第五條、第十條和第十一條。《香港基本法》第二十八條規定："香港居民不受任意或非法逮捕、拘留、監禁。禁止任意或非法搜查居民的身體、剝奪或限制居民的人身自由。"《香港人權法案》第五條（一）亦有類似規定。《香港人權法案》第十條和第十一條分別是關於法律

---

5   *Lau Cheong & Another v HKSAR* (2002) 5 HKCFAR 415; FACC 6/2001.

面前人人平等的權利、公正審判和無罪推定的原則。兩名上訴人的第二個上訴理由是關於"強制性終身監禁"的判刑。香港法律規定對謀殺罪的判罰是"強制性終身監禁",亦即對謀殺罪只有終身監禁一種判罰。上訴人認為該法例違反《香港基本法》第二十八條給予香港居民的不受"任意或非法"拘禁的保障。同時,根據《刑事訴訟程序條例》(香港法例第二百二十一章)第八十三 G 條規定,除法定判刑控罪外,其他任何被判有罪的人可對其判刑向上訴法庭上訴。申請人認為《刑事訴訟程序條例》第八十三 G 條違反了《香港人權法案》第十一條(四)的規定,任何經判定犯罪者有權就判刑向上級法院申請覆核判刑。

在犯罪的主觀方面,上訴法庭援引 *HKSAR v Coady*[6] 一案,認為上訴法庭在該案中已經裁決"嚴重傷害規則"並未違反《香港人權法案》第五條(一)、第十條和第十一條,而上訴人亦承認上訴法庭受該判決約束。在量刑方面,上訴法庭援引 *HKSAR v Pun Ganga Chandra and Others*[7] 一案,認為該案已經就"強制性終身監禁"判罰做出裁決,認為其不違反《香港人權法案》第五條(一)以及《香港基本法》第二十五條"香港居民在法律面前一律平等"和第二十八條的規定,上訴法庭受該判決約束。針對申請人主張《刑事訴訟程序條例》第八十三 G 條"違憲"的部分,上訴法庭認為香港已經設立委員會,覆核在押犯的情況,以確定他們能否被提早釋放。對於被判"強制性終身監禁"的罪犯,在其服刑後五年就可得到覆核,以後至少每兩年一次。在覆核中當事人會被告知所有委員會會考慮的因素,並有機會為自己做出陳述。因此即使被判強制性終身監禁,當事人仍然享有《香港人權法案》第十一(四)條下的向更高層組織覆核的權利。因

6　*HKSAR v Coady* [2002] 2 HKLRD 195.

7　*HKSAR v Pun Ganga Chandra and Others* [2001] HKCA 114; [2001] 3 HKLRD 851; CACC 309/1999.

此，《刑事訴訟程序條例》第八十三 G 條並不"違憲"。兩名上訴人的上訴被駁回。該案最終上訴至終審法院。終審法院對該案件進行審理後，最終駁回上訴。

本案涉及兩個重要的問題。第一個重要問題是，普通法歷史發展出的"嚴重傷害規則"是否違反《香港人權法案》第十一條的無罪推定原則，是否違反《香港基本法》第二十五條法律面前一律平等，《香港基本法》第二十八條、《香港人權法案》第五條關於香港居民的人身自由不受侵犯，香港居民不受任意或非法逮捕、拘留、監禁的規定。第二個重要問題涉及"強制性終身監禁"是否違反《香港基本法》的相關規定。終審法院在審理案件的過程中，首先回顧了謀殺罪的主觀要素，指出在普通法的歷史發展中，對"嚴重傷害規則"確實存在爭議，但是在多年來的判決和立法中，經反覆辯論和考慮後，仍得以保留。終審法院認為該"嚴重傷害規則"並未假設當事人有意殺人或者假定其犯有謀殺罪，所以並不違反無罪推定原則，它僅為一項主觀要件的判斷標準，其本身以及構成犯罪的其他要素均需要證據證明。對於《香港基本法》第二十八條和《香港人權法案》第五條（一）的部分，終審法院指出，第五條（一）的行文只包含逮捕和拘禁，而《香港基本法》第二十八條的規定則擴展到包括監禁，而監禁從字面上則包含了經法庭定罪而被合法剝奪自由的情況，當然，第二十八條的目的不是用於保護經合法判決有罪的罪犯。然而，第二十八條的規定是香港居民不受"任意或非法"的拘禁，因此，除非法外，如果是合法但任意的監禁，亦屬法律所排斥的情形。因此，如果實體法律中包涵了任意的成份，亦可能抵觸第二十八條而無效。終審法院還援引新西蘭上訴法庭在 *Neilsen v Attorney-General*[8] 一案中的意見，認為判定是否"任意"拘禁的標準在於拘禁是否"反覆無常的、無原因的，

8　*Neilsen v Attorney-General* [2001] 3 NZLR 433.

缺乏合理理由的"。終審法院認為，對於"嚴重傷害規則"而言，行為人具有造成他人身體上嚴重傷害的主觀故意且最終造成他人死亡，從法律角度看這種行為屬於謀殺，決不是"反覆無常的"或"無理由的"。所以"嚴重傷害規則"並未違反《香港基本法》第二十八條。對於"嚴重傷害規則"違反《香港基本法》第二十五條的"法律面前人人平等"的主張，終審法院認為這樣的主張不可能獨立於"不得任意拘禁"的規定。針對"強制性終身監禁"是否違反《香港基本法》的問題，終審法院首先回顧了普通法及香港法律對謀殺罪判刑的發展，指出在 1993 年之前，對謀殺罪的唯一判罰是死刑，經過激烈的討論後，判罰從死刑轉為"強制性終身監禁"。因此，"強制性終身監禁"的法律規定，是經過反覆討論並平衡了各種社會利益後的結果。對本案而言，在考慮"強制性終身監禁"是否"違憲"的問題上，焦點在於其是否"顯而易見地不合比例"。對於按照法律規定作出的判罰，必須是明顯的不合比例，才能推斷它依據的法律是"反覆無常的、無原因的，缺乏合理理由的"。上訴人主張，謀殺罪具有各種各樣的情形，從以對兒童性侵犯為目的的殘暴殺害、造成多人死亡的恐怖主義行為，到為解除無法治癒的愛人的痛苦而實施的安樂死，這些行為具有不同的罪責度（Culpability），對其適用相同的"終身監禁"判罰，這意味著"任意"實施拘禁。然而，終審法院認為，在考慮是否"顯而易見地不合比例"時，罪責度並不是唯一考慮的因素，除了犯罪行為本身的實質和嚴重程度以外，也需考慮對公眾的保護、防治其他犯罪及社會譴責等問題。因此，不能因為不同的謀殺個案存在不同的罪責度而認定"強制性終身監禁"的判罰不合比例。故上訴人的申請理由亦被駁回。

當然，本案也涉及到人身自由與安全的保障，但從終審法院的推理與判決來看，主要涉及公正審判權的問題，涉及無罪推定問題，還包括了法官對罪刑相適應原則的運用問題，也同樣涉及普通法下一些原則的"違憲審查"問題。

　　謝梅珍訴香港特別行政區案（*Tse Mui Chun v HKSAR*）[9]也是一起涉及無罪推定的重要判例，謝梅珍在未經版權所有人的特許下，於香港新界葵涌華星街 1-7 號美華工業大廈三樓 C-D 室星光科技有限公司生產 155,000 張光碟。2002 年 5 月 12 日，這些被集裝成箱的光碟從生產地運往油麻地公眾貨物裝卸區時，被海關人員發現。同日，海關人員突擊檢查生產地，搜查出四張模片。經檢查，前述光碟中涉及七部卡通影片及一曲由 Celine Dion 女士主唱的 *My Heart Will Go On* 的聲音記錄的版權，涉嫌觸犯香港法例第五百二十八章《版權條例》第一百一十八條（1）（a）以及第一百一十九條（1）的規定（原審第二項控罪）；前述四張模片中，有兩張模片是《阿拉丁和大盜之王》的碟片的 A 及 B 面壓模，由於該物品是經特定設計或改裝以供製作某版權作品的複製品，並且是用作或擬用作製作版權作品的侵犯版權複製品，以供出售或出租或用於交易或業務的目的，因此涉嫌觸犯香港法例第五百二十八章《版權條例》第一百一十八條（4）（d）以及第一百一十九條（2）的規定（原審第三項控罪）。後來，謝梅珍被起訴至區域法院（即原審法院），就控罪書上的四項控罪接受法官審訊。需要注意的是，這四項控罪當中，第二項控罪是第一項與第四項的交替控罪，因此原審法院主要圍繞第二項與第三項控罪進行審訊。2001 年 11 月 29 日，原審法官作出判決，裁定謝梅珍罪名成立（第二項與第三項），判處謝梅珍監禁二十八個月（方式是就第二項及第三項控罪分別判處監禁二十四個月及二十八個月，然後下令該兩項刑罰同期執行），並承擔訴訟費用。謝梅珍不服原審法官判決，向上訴法庭提出上訴。2002 年 11 月 7 日，上訴法庭作出判決，裁定維持上訴人的各項定罪判決（即維持原審判決）。謝美珍不服，針對其各項

9　*Tse Mui Chun v HKSAR* (2003) 6 HKCFAR 601; FACC 4/2003.

定罪上訴至終審法院。

　　該案涉及的主要問題有：第一，《版權條例》第一百二十一條所指的誓章可否載有傳聞證據？傳聞證據能否能作為判決的依據？第二，如果《版權條例》第一百二十一條所指的誓章准許傳聞證據，那麼這項規定是否違反《香港基本法》第三十九條和第八十七條的規定？是否因此而違反無罪推定原則，進而侵犯上訴人即謝梅珍的公正審判權？第三，這兩項誓章的形式是否符合《版權條例》第一百二十一條的規定？終審法院法官經過詳細論述，依據法律、判例、著作，得出以下結論：第一，《版權條例》第一百二十一條所指的誓章可載有傳聞證據，傳聞證據可以作為判決依據；第二，原審程序沒有違反無罪推定原則，也沒有侵犯上訴人的公正審判權。因此，《版權條例》第一百二十一條符合《香港基本法》以及《香港人權法案》的相關規定；第三，有關誓章的形式，純屬技術性問題，但並非空洞無物。由於林先生與曾小姐提交的誓章沒有遵從《版權條例》第一百二十一條（1）（b）所述的"該作品作者的姓名、居籍、住處或所具有的的的居留權"的要求，因此這兩項言詞證據存有欠妥之處，不應被接納為證據。該案涉及的核心問題之一便是傳聞證據的採用是否違背無罪推定原則，是否侵犯了當事人受無罪推定的權利。

　　此外，*HKSAR v Lam Kwong Wai & Another*、[10]*HKSAR v Hung Chan Wa & Another*[11] 等案件均涉及當事人受無罪推定的權利。

　　法官在涉及無罪推定的判例中，在對《香港人權法案》第十一條（一）適用時，也同時提及《香港人權法案》第十條的內容。無罪推定的判例均發生在刑事案件中，一些案件還涉及到普通法上的罪名或一些刑事法律是否違反《香港人權法案》第十一條的無罪推定原則，是否與《香港基本法》等憲法性法律相違背，這些案件中往往會涉及

10　*HKSAR v Lam Kwong Wai & Another* (2006) 9 HKCFAR 574; FACC 4/2005.

11　*HKSAR v Hung Chan Wa & Another* (2006) 9 HKCFAR 614; FACC 1/2006.

"違憲審查"的問題。當然，一些案件也涉及到香港居民的其他基本權利。

二、接受公正法庭審訊權

接受公正法庭審訊權在香港居民公正審判權的判例中也佔據較大的比例，在三十九件涉香港居民受公正審判權的判例中，有八件主要涉及到"公正法庭審訊權"的問題。這主要涉及對《香港人權法案》第十條[12]的解釋和適用。

香港聯合交易有限公司訴新世界發展有限公司及另四人案（*The Stock Exchange of Hong Kong v New World Development Co Ltd and Others*）[13]案是一起涉及接受公正法庭審訊權的典型判例。本案的主要案情如下：新世界發展有限公司（第一答辯人，以下簡稱新世界）因股價資訊被提前披露，被疑存在內幕交易行為。香港聯合交易有限公司（以下簡稱聯交所）上市科指出新世界董事違反承諾，並未採取適當管制措施防止股價相關資訊被洩露，但是相關董事否認該項指控。上市科依據證監會在調查涉嫌內幕交易個案中取得的陳述書和材料，向新世界董事會表示該公司及有關董事被疑違反了對港交所的某些義務，並說明上市科有意向他們展開紀律程序。答辯人其後發出信件，反駁上述指稱但是沒有成功。上市科向上市委員會提交詳細報告，認為答辯

---

12 《香港人權法案》第十條"在法院前平等及接受公正公開審問的權利"規定："人人在法院或法庭之前，悉屬平等。任何人受刑事控告或因其權利義務涉訟須予判定時，應有權受獨立無私之法定管轄法庭公正公開審問。法院得因民主社會之風化、公共秩序或國家安全關係，或於保護當事人私生活有此必要時，或因情形特殊公開審判勢必影響司法而在其認為絕對必要之限度內，禁止新聞界及公眾旁聽審判程序之全部或一部；但除保護少年有此必要，或事關婚姻爭執或子女監護問題外，刑事民事之判決應一律公開宣示。"

13 *The Stock Exchange of Hong Kong v New World Development Co Ltd and Others* (2006) 9 HKCFAR 234; FACV 22/2005.

人已經違反某些規則，並建議以公開遣責的方式向他們施加制裁。其後上市科邀請紀律委員會對新世界另外施加補救性措施，目的是防止將來再有股價敏感資料被洩露。紀律委員會主席就聆訊向各方發出有關指示，徵詢他們的意見，指出按照紀律程序所訂立的慣常做法，限制法律顧問在聆訊中的功能，不允許這些顧問向委員會陳詞。上市科表示如果傳召證人，所有證人可由律師詢問和盤問，但此時應當交由上市委員會決定。有關指示在聆訊開始前發出，聆訊因此被擱置。答辯人聲稱有權委托律師在紀律聆訊中擔任其法定代理人，負責詢問和盤問證人，以及作出口頭陳詞。答辯人提起司法覆核程序，質疑有關規定可以剝奪（或在有關情況下必然剝奪）答辯人接受公正聆訊及得到應有法律代表的權利，違反《香港基本法》第三十五條、《香港人權法案》第十條的自然公義規則，原訟法庭判決有關規定沒有違反《香港人權法案》第十條或普通法下的公平原則，駁回答辯人的申請。上訴法庭裁定有關指示侵犯了第十條規定並批准答辯人所尋求的所有救濟。聯交所不服，將該案上訴到終審法院，終審法院法官經審理，判決上訴人上訴得直，駁回了答辯人的司法覆核申請。

　　本案主要涉及到《香港基本法》第三十五條、《香港人權法案》第十條的規定以及普通法的自然公正原則。本案圍繞著以下問題展開。第一，紀律委員會是否屬第三十五條所指的法院或法庭？《香港基本法》第三十五條規定："香港居民有權得到秘密法律諮詢、向法院提起訴訟、選擇律師及時保護自己的合法權益或在法庭上為其代理和獲得司法補救。香港居民有權對行政部門和行政人員的行為向法院提起訴訟。"終審法院認為，紀律委員會是否屬於上述條款中所指的"法庭"，這首先是一個關乎"憲法"詮釋的問題。結合香港的司法體制和司法權的特點，終審法院認為紀律委員會不屬於《香港基本法》第三十五條規定的法院或法庭。就本上訴而言，第三十五條規定享有的憲法性權利，不一定與法院程序有關。紀律委員會既然不是法院，因此也並非第三十五條所指的法院或法庭。第二，普通法下的程序公平原則提供適當的框架來處理各方的爭議。假設答辯人成功確立紀律委員會屬於第三十五條的"法庭"，他們將仍須處理在特定情況下限制法律代表或屬相稱的問題，這相當於按照普通法而進行的探究。另外，本案的情況並不涉及答辯人在法律代表方面受到的禁制，相反，正如《紀律程序》條文顯示，出席的人士可在聆訊之前和進行期間，尋求法律協助和意見。由於程序主要以書面陳詞方式進行，有關人士的代表律師便可以提前為他們準備陳詞。在聆訊的任何階段，他們的代表律師都可以陪同並可以同他們商議，律師也可以向紀律委員會要求，澄清或闡述其當事人所作的任何回答。在作最後陳詞之前，當事人也可以和律師商議，律師也無疑會準備所要提出的陳詞。本案的爭議點涉及在聆訊中應予准許的法律代表的確切形式以及程度。這個問題的答案必定取決於何謂公平和相稱，而這要運用普通法的處理方式來決定。既然要確定普通法下的公平原則的適用範圍，便沒有必要同時探究第十條是否適用。第十條對於紀律程序的適用性和範圍，並非毫無問題。但是即使假設第十條適用，訴訟各方均同意該條文對於普通法下的程序公平規則並沒有起補充作用。本案件試圖釐清《香港人權法案》第十條的適用範圍，公平審判權不適用於紀律委員會等非司法機關。終審法院駁回各名答辯人的司法覆核申請。在該案中，法官解釋了《香港人權法案條例》第十條規定的"法庭和法院"[14]，指出：當《香港基本法》在該等條文中提述法院或法庭時，它指司法法院，即受託負責在香港特別行政區行使司法權並構成香港特別行政區司法體制的機關。上述條文的目的是為該以法院為中心的司法體制建立憲制架構、把該體制與內地的司法體制分開、確保先前與

---

14 《香港基本法》第三十五條規定："香港居民有權得到秘密法律諮詢、向法院提起訴訟、選擇律師及時保護自己的合法權益或在法庭上為其代理和獲得司法補救。香港居民有權對行政部門和行政人員的行為向法院提起訴訟。"

現行體制的延續性，以及保障司法機關的獨立性。紀律委員會顯然不行使《香港基本法》所授予香港特別行政區的司法權。因此，儘管該機構可以履行若干審判職責，但上文法院的相關條文對它不適用。

　　然而，在 *Lam Siu Po v Commisioner of Police*[15] 一案中，終審法院推翻了上訴法庭關於"《香港人權法案》第十條不適用於警察紀律處分程序的裁決"。終審法院常任法官包致金在判詞中主張："《香港人權法案》第十條的'公正審問'條款，保證它所適用的聆訊必須公正。它是否適用於紀律處分程序，取決於該等程序是否就第十條所指的'權利義務涉訟須予判定'。紀律處分程序，不管那是關乎專業、紀律部隊還是任何行業，都是就第十條所指的'權利義務涉訟須予判定'，因此，第十條適用於紀律處分程序。"那麼，這一判決就將公正審判擴展到了非司法機關，只要關乎"權利義務的判定"均需要符合公正審判的要求，便須程序正當。

　　而在 *Wong Hon Sun v HKSAR*[16] 一案中，法官將香港居民享有的"接受公正公開審訊權"進行解釋，認為法官在審判時雖擁有酌情權，但法官在行使該權力時，必須不偏不倚，公平公正地行使該項權力。

　　可見，接受公正公開審判權判例主要涉及程序正義，強調的是對權利受到侵害人的公正公開救濟，終審法院通過 *Lam Siu Po v Commisioner of Police* 案將接受公正公開審判權擴大到非司法機關，以"權利義務的判定"為中心。這實際上也是一種擴大解釋，再次體現了香港法院"以保障人權"為目的的審判理念和原則。

15　*Lam Siu Po v Commisioner of Police* (2009) 12 HKCFAR 237; FACV 9/2008.

16　*Wong Hon Sun v HKSAR* (2009) 12 HKCFAR 877; FACC 1/2009.

三、秘密諮詢律師權（法律專業特權）

秘密諮詢律師權，又稱法律專業特權，是普通法上長期存在的一項基本權利，它指的是任何人均有必然的權利獲得關於法律的專業意見，並因享有該項權利而不擔心她／他陳述於律師的事實將來予以披露而對其造成不利。誠如英國上訴法院民事庭庭長 Denning 勳爵強調，"法律專業特權不是律師的特權，而是其當事人的特權"[17]，是當事人與律師之間的通訊受到保護，免於在對當事人不利及違反其意願的情況下披露而由此特權構成的規則。下面將通過兩個典型的判例來描繪法律專業特權在香港判例法中受嚴格保護及對該原則的合理限制情形。

Secretary for Justice v Florence Tsang Chiu Wing and Others[18] 一案體現了終審法院對法律專業特權的嚴格保障。該案主要涉及一對富有夫妻的離婚問題，法庭在有關的婚姻法律程序中須裁定丈夫有何資產可作分配。妻子在披露文件的過程中強迫丈夫交出某些文件。丈夫提出抗議，聲稱部分文件享有法律專業保密權，該項保密權保障律師與其當事人之間的通訊無須強制披露。然而，原訟法庭裁定，由於有關文件涉及犯罪，因此這項規則並不適用。法官由於在經濟給養的法律程序中裁斷丈夫和父親犯了偽證、偽造和企圖妨礙司法公正等罪名，因此將案件轉交律政司司長處理。律政司司長向法庭申請取閱與指稱的罪行有關的文件。妻子意欲將她所管有的文件交給律政司司長，以協助調查。由於在文件披露的過程中收取的文件受制於只能在它們被披露的法律程序中使用的承諾，因此，妻子向法庭申請解除該項承諾。原訟法庭批准律政司司長取閱有關文件及解除妻子的承諾。上訴法庭將

17　*Attorney General v Mulholland* [1963] 2 QB 477, p. 489.

18　*Secretary for Justice v Florence Tsang Chiu Wing and Others* (2014) 17 HKCFAR 73; FACV 5/2014.

該項批准律政司司長取閱有關文件的命令作廢，理由是部分文件可能受法律專業保密權保障；並要求律政司司長首先獨立地證明由於該等文件涉及指稱的罪行而屬例外情況，因此法律專業保密權並不適用。儘管律政司司長可能在其待決的申請中不能直接從丈夫或父親手上取得有關文件，上訴法庭仍維持原訟法庭准許妻子將有關文件交給律政司司長的命令。該案最終上訴到終審法院，終審法院指出，除非有特別情況，以及必須不會對交出有關文件的人造成不公平，否則不應解除某一方的承諾。在這一案件中終審法院的法官再次強調了法律專業特權，並認為該項權利是一項被《香港基本法》第三十五條確認和保障的絕對權利，而律政司司長尚未證明這項保密不適用於本案，他必須在待決的申請中證明有關的文件因涉及犯罪而不受法律專業特權保障，才應獲准取閱該等文件，律政司司長不得只申請向妻子取得該等文件而規避該項程序。該案體現了香港法院對法律專業特權的嚴格保護原則，也同時指出，能夠證明相關人士之相關資訊涉及犯罪的情形不受法律專業特權的保障。

此外，*A Solicitor v The Law Society of Hong Kong* 案 [19] 則指明了對法律專業特權限制的另外一種情形。上訴人是一名執業律師，被指控曾作出不合乎律師身份的行為。具體來說，該指控稱他違反香港法例第一百五十九章《香港法律執業者條例》第八 AA 條，香港律師會理事會根據該條文委任的各名調查員要求該律師出示若干文件，但他沒有照辦。他試圖為不出示有關文件辯護，主要但非唯一的辯護理據是該等文件受法律專業特權涵蓋，而他指其當事人不願意放棄該特權。在該案中該名律師直接挑戰的是《香港法律執業者條例》第八 B 條（2

19　*A Solicitor v The Law Society of Hong Kong* (2006) 9 HKCFAR 175; FACV 23/2005.

的規定，[20] 他主張該項條文因《香港基本法》第三十五條所保證的香港居民享有獲得秘密法律諮詢的權利相抵觸而 "違憲"。《香港法律執業者條例》第八 B 條（2）規定，按該條文出示的特權文件，只可為根據《法律執業者條例》而進行研訊或調查的目的而使用，該律師辯稱，《香港法律執業者條例》第八 B 條（2）對法律專業特權的保障不足，而對該權利的侵犯亦缺乏充分理由支持。終審法院的法官經審理認為，根據《香港法律執業者條例》第八 B 條（2）規定而出示或交付文件，有助於促進一項極為重要的目的，即維持法律專業中事務律師界別的優秀專業水準。由於第八 B 條（2）本身已對法律專業特權提供了相關保障，加上要有香港律師會理事會的指示以及有需要把已出示或交付的文件絕對保密，因此終審法院的法官不認為第八 B 條（2）的規定與為達致有關目的而所需者不相稱。最終認為第八 B 條（2）下關於出示或交付文件的規定是與關乎秘密法律諮詢的條文相容，第八 B 條（2）亦屬 "合憲"。

　　法律專業特權在香港司法實踐中佔據重要的地位。該規則既理性且務實，其存在合乎公眾利益，並涉及一項屬於當事人的重要權利。該項原則最早是在 *R v Derby Magistrates' Court* [21] 一案中確立，該項權利被視為一項隱私權規定在《歐洲人權公約》第八條下，該項權利也被歐盟法院確認，為歐盟法律的一部分。該項權利被《香港基本法》第三十五條確認，即當事人秘密諮詢律師的權利獲保障。在香港，法律專業特權是一項絕對的權利，不僅被認為是個人的一般隱私權，還是公正審判權的重要內容。

---

20 《香港法律執業者條例》第 8B 條（2）規定："儘管有任何律師與當事人間特權的聲稱，理事會根據第 8A 條或調查員根據第 8AA 條所要求的文件，均必須出示或交付，但受律師與當事人間特權規限的文件，只可為根據本條例而進行研訊或調查的目的而使用。"

21 *R v Derby Magistrates' Court* ExpB [1996] AC 487.

四、不自證其罪權

香港特別行政區訴李明治及另一人案（*HKSAR v Lee Ming Tee & Another*）[22] 是涉及不自證其罪的典型判例。主要案情如下：聯合集團有限公司（下稱 AGL）、聯合東榮有限公司（下稱 ATWL）及聯合地產（香港）有限公司（下稱 APL），這三家公司均於聯交所上市，第一答辯人於 AGL 持有控制性權益，並在關鍵時間擔任 AGL 及 APL 的主席及董事兼 ATWL 的董事。第二答辯人是 AGL 的董事，並以 AGL 及聯合集團旗下其他公司的財務總監身份行事。證券及期貨事務監察委員會（以下簡稱證監會）主席於收到投訴並作出調查後，其主席於 1992 年 6 月 11 日致函財政司，表示懷疑第一答辯人及與其有聯繫的人士干犯失當行為，並建議委任公司審查員對聯合集團的事務進行更廣泛的調查。財政司接納上述建議，並於 1992 年 8 月初決定委任一名審查員。審查員的工作將由一個督導小組監察，該小組的主席由副金融事務司譚榮邦先生（下稱譚先生）代表財政司擔任，成員包括律政署及證監會的代表。在調查的首兩個月期間，審查員取得並審視聯合集團公司的文件，發現該公司存在欺詐的行為，並告知督導小組。督導小組把有關懷疑的內容通知了警方。警方即對該公司進行搜查，發現違法行為，以欺詐罪和虛報帳目報表罪對該公司進行控告。原審法院彭法官認為審查員超越職權向警方提供材料，使得被告一方失去免使自己入罪的特權；其次認為提起刑事程序時，通過記者會公佈審查員的報告，特意安排該公佈與警方對聯合集團的處所進行連串高姿態的突擊搜查行動的同時舉行，使得兩名答辯人遭受巨大損失，得不到公平的審訊，於是裁定將有關法律程序擱置。特區政府遂對法庭批予永久擱置檢控的決定提出上訴。終審法院判決特區

22　*HKSAR v Lee Ming Tee & Another* [2001] HKCFA 32; [2001] 1 HKLRD 599; (2001) 4 HKCFAR 133; FACC 8/2000.

政府上訴得直，將彭法官作出的永久擱置程序令作廢，並將有關事宜發還原訟法庭，使兩名答辯人須在另一位法官席前接受審訊。

　　該案爭議點非常多且複雜，包括擱置刑事法律程序的司法管轄權、有關檢控是否因使用得自審查的材料而變成濫用法律程序、是否由於官員在關乎司法覆核申請的情況下行為不當而令有關檢控變成濫用程序、以公佈具損害性作為擱置程序的理由等問題。本案討論的內容廣泛，引用判例非常多，但本部分重點關注有關涉及公正審判權的保障問題，重點關注《香港人權法案》第十條的規定、[23] 第十一條（二）的規定，[24]《香港基本法》第三十九條，《公民權利和政治權利國際公約》第十四條第三款（乙）[25] 的解釋與適用問題。首先，《香港人權法案》第十一條（二）（g）所賦予公民的權利，即不得強迫被告自供或認罪。兩位答辯人和原審法官都認為審查員的權利超越職權，所搜集的證據導致被強迫自供和認罪。雖然《香港人權法案條例》此項權利的適用範圍廣泛，針對任何提問而對每個人提供保障，但《公司（清盤及雜項條文）條例》第一百四十五條（3A）[26] 規定，任何人不得以答案可能會導致其入罪為理由而免回答審查員根據本條向其提出的問題，但如該人在回答該問題前聲稱答案可能會導致其入罪，則在刑事法律程序中〔（與本案無關）的法律程序除外〕，該問題及答案均不得接納為針對該人的證據。前述權利被該條所撤銷，此為一種法定撤銷。另一方面，第十一條（二）（g）只適用於面對刑事控罪的人，而其賦予的豁免只是作供豁免權，即"不得強迫自供或認罪"的

23　《香港人權法案條例》第十條規定："在法院前平等及接受公正公開審問的權利。人人在法院或法庭之前，悉屬平等。"

24　《香港人權法案條例》第十一條（二）："審判被控刑事罪時，被告一律有權平等享受下列最低限度之保障 —— 給予充分之時間及便利，準備答辯並與其選任之辯護人聯絡。"

25　《公民權利和政治權力國際公約》第十四條第三款（乙）："審判被控刑事罪時，被告一律有權平等享受下列最低限度之保障 —— 給予充分之時間及便利，準備答辯並與其選任之辯護人聯絡。"

26　已由 2012 年第 28 號條例即《公司條例》第九百一十二及九百二十條廢除。

權利。因此，該項豁免權的範圍遠比對普通法下的免使自己入罪的特權狹窄，而由於兩名答辯人在公司調查進行期間均未被控以任何罪行，因此該項豁免對他們並不適用。其次，《香港人權法案》第十條及十一條（一）賦予公民接受公正審判的權利及無罪推定的權利。該條背後理念之一，是保障被控人免受有關機關不恰當的強迫，從而有助於避免出現司法不公的情況。兩名答辯人認為在所進行的刑事程序中，控方直接使用審查員所收集的相關資料和證據，使自己接受公正審判的權利和假定無罪的權利被侵犯，從而得出自己有派生使用豁免權。終審法院認為香港《公司條例》第一百四十五條（3A）下的"禁止直接使用"規定已經把控方對強制取得的證供所作的用途豁除，反駁了答辯人的主張。最後，控方直接使用強制得來的證據是否公平？終審法院認為，為了保障公眾免受欺詐，為了保障公眾利益，原則上強烈要求該調查成果應當供適當的公共機關取閱，審查員所獲得的有關資料和證據通報給警方當然也是合理的。抗衡這項公眾利益的是另一項重要的權益，即確保被控人獲得公正的審訊。在權衡這兩項利益下，《公司（清盤及雜項條文）條例》第一百四十五條（3A）所採納的解決方法看來完全可以接受，並且與《香港人權法案》第十條以及第十一條（一）的目的相符。立法機關已取得平衡，容許審查員撤銷該項特權，但同時禁止直接使用所取得的證據，而按推論准許派生使用該等證據。欠缺派生使用豁免既不意味被控人不會獲得公正審訊，亦不損害香港居民不自證其罪權以及符合無罪推定原則。在本案中，終審法院本質上在兩種利益之間進行了權衡，即被控人不自證其罪權和公眾免受欺詐權益的平衡。

在 *Koon Wing Yee & Chan Kin Shing Sonny v Insider Dealing Tribunal & Another*[27] 一案中，終審法院法官也強調了當事人不自證其罪權與無

27　*Koon Wing Yee & Chan Kin Shing Sonny v Insider Dealing Tribunal & Another* [2008] HKCFA 21; [2008] 3 HKLRD 372; (2008) 11 HKCFAR 170; FACV 19&20/2007.

罪推定的聯繫，強調這兩項權利均是為了保障公正審判的實現。

五、其他公正審判權利

　　終審法院的法官也對一些涉及公正審判權的其他具體權利作出了裁決，在 *HKSAR v Li Shuk Woon*[28] 一案中，終審法院認為聯合控罪可有造成不公平情況的潛在風險，因為這種控罪本質上是重疊的，從而挑戰禁止雙重歸罪原則。在 *Chan Tak Ming v HKSAR*[29] 一案中，終審法院解釋認為，公平審訊的權利當然包括在合理的時間內獲得有關控罪詳細資訊的權利。在 *Brian Alfred Hall v HKSAR*[30] 一案中，法院認為控方因未盡到披露義務而被上訴人指稱違反《香港人權法案》第十一條（二）以及《香港基本法》第八十七條的內容。而 *HKSAR v Cheng Chee Tock Theodore* 案[31] 則涉及民眾的上訴權。*Ng Yat Chi v Max Share Ltd & Another* 案[32] 則涉及民眾訴訟到法院的權利保障問題。*Lam Siu Po v Commissioner of Police* 案[33] 也同時涉及到民眾獲得律師代理權。

　　總之，終審法院在二十年的司法審判實踐中，判處了許多涉及公正審判權的案件，這些判例涉及到了公正審判權的方方面面。有些案件也不只涉及到公正審判權，也涉及到其他基本權利，如 *Medical Council of Hong Kong v Helen Chan*[34] 一案中，也涉及到民眾的表達自由問題，而 *Wong Hon Sun v HKSAR*[35] 一案同時涉及到民眾的財產權。而

28　*HKSAR v Li Shuk Woon* [2016] HKCFA 76; (2016) 19 HKCFAR 564; FACC 3/2016.

29　*Chan Tak Ming v HKSAR* (2010) 13 HKCFAR 745; FACC 5/2010.

30　*Brian Alfred Hall v HKSAR* [2009] HKCFA 65; (2009) 12 HKCFAR 562; FACC 12/2008.

31　*HKSAR v Cheng Chee Tock Theodore* (2015) 18 HKCFAR 292; FACC 7/2014.

32　*Ng Yat Chi v Max Share Ltd & Another* (2005) 8 HKCFAR 1; FACV 5/2004.

33　*Lam Siu Po v Commissioner of Police* (2009) 12 HKCFAR 237; FACV 9/2008.

34　*Medical Council of Hong Kong v Helen Chan* (2010) 13 HKCFAR 248; FACV 13/2009.

35　*Wong Hon Sun v HKSAR* (2009) 12 HKCFAR 877; FACC 1/2009.

即使是在純粹涉及到公正審判權的判例中，法官在對公正審判權的解釋中多引用涉及公正審判權的多個條文進行綜合解釋。法官在許多案件的審理過程中多使用《香港基本法》第三十五條、第八十七條，以及《香港人權法案》第十條和第十一條進行相互支撐，展開說理和論證，如香港特別行政區訴李明治及另一人案（*HKSAR v Lee Ming Tee & Another*）。[36] 當然，終審法院在審判推理過程中，也使用普通法的一些原理，如在 *Lau Wai Wo v HKSAR* [37] 一案中，法官運用普通法的自然公義原則展開論證，論證程序公正是公正審判權的重要方面和要求。在香港聯合交易有限公司訴新世界發展有限公司及另四人案 [38] 中，法院也運用普通法程序公平的原則來解釋公正審判權的內涵。此外，法官也通過《香港基本法》第三十九條的指引，運用《公民權利和政治權利國際公約》第十四條第三款（庚）關於沉默權的規定對 *HKSAR v Ata Asaf* [39] 一案進行裁決，儘管《香港基本法》以及《香港人權法案》中並沒有直接規定沉默權，但法官通過《香港基本法》第三十九條的指引，在該案中直接依據《公民權利和政治權利國際公約》第十四條第三款（庚）進行裁判，將沉默權引入香港法中。

36　*HKSAR v Lee Ming Tee & Another* [2001] HKCFA 32; [2001] 1 HKLRD 599; (2001) 4 HKCFAR 133; FACC 8/2000.

37　*Lau Wai Wo v HKSAR* [2003] HKCFA 13; [2004] 1 HKLRD 372; (2003) 6 HKCFAR 624; FACC 5/2003.

38　*The Stock Exchange of Hong Kong v New World Development Co Ltd* (2006) 9 HKCFAR 234; FACV 22/2005.

39　*HKSAR v Ata Asaf* [2016] HKCFA 31; (2016) 19 HKCFAR 225; [2017] 1 HKC 291; FACC 9/2015.

第二節　終審法院對居留權的保障

居留權（Right to Abode）是香港法院保障的重點人權之一，也是極具香港特色的一項權利，這與香港的歷史、香港與內地的關係以及香港社會發展具有密切的聯繫。從終審法院二十年來審理的案件來看，涉及居留權的判例佔了相當大的比例，有十三起以上的案件涉及居留權，在總判例數中的比重約為 14.1%。居留權主要涉及《香港基本法》第二十二條、第二十四條的解釋，主要涉及內地居民在香港所生子女是否享有在港居留權以及香港居民在香港以外地方所生子女在港的居留權問題。以下將結合最具代表性的判例進行分析。

一、香港居民在香港以外地區所生子女的居留權

（一）子女出生時父或母已是香港居民的情形

在吳嘉玲等人訴入境事務處處長案（*Ng Ka Ling & Others v Director of Immigration*）[40] 中，吳嘉玲及吳丹丹兩人皆屬未成年人士，由父親及起訴監護人吳錫年代表。她們兩人是姊妹，是內地出生的中國籍人士。她倆分別於 1987 年及 1989 年出生，當時她們的父親已是在香港通常居住連續七年以上的中國公民。他在 1976 年來港，而兩名申

40　*Ng Ka Ling & Others v Director of Immigration* (1999) 2 HKCFAR 4; FACV 14,15&16/1998.

請人則於 1997 年 7 月 1 日沒有通過入境管制站而進入香港。1997 年 7 月 4 日她們向入境事務處報到，聲稱依據《香港基本法》第二十四條第二款第三項的規定而擁有居留權，但她們的權利未獲入境事務處處長承認。入境事務處將她們拘捕，其後批准她們領取擔保書外出。該案的原告還包括徐權能先生和張麗華小姐，二人的情況與吳嘉玲、吳丹丹的情況相同。張麗華小姐還屬於非婚生子女。原訟法庭法官祁彥輝在非婚生子女問題上裁定張小姐勝訴，在其他事項上則裁定各申請人均敗訴，並撤銷她們的司法覆核申請。各申請人向上訴法庭提出上訴。就張小姐一案而言，入境事務處處長就非婚生子女問題之判決提出上訴，而張麗華則就司法覆核之判決交相上訴。高等法院首席法官陳兆愷、上訴法庭副庭長黎守律及副庭長馬天敏組成之上訴法庭維持原訟法庭法官之判決。上訴人不服，最終向終審法院提出上訴，由於吳嘉玲、吳丹丹一案與徐權能先生、張麗華小姐的案情類似，終審法院對三宗上訴進行了審理並就每宗案件作出了判決並頒令。

該案涉及到許多重要的問題，涉及到香港特別行政區法院是否擁有司法覆核權、司法覆核權的範圍、《入境條例及規例》的追溯力、非婚生子女、臨時立法會等問題。終審法院最終判決《入境條例及規例》的部分條款無效，並從該條例或規例中刪除。針對吳嘉玲與吳丹丹的上訴，判決吳嘉玲小姐及吳丹丹小姐上訴得直，並判令撤銷入境事務處處長以下幾項決定：（1）約在 1997 年 7 月 4 日扣留申請人的決定，（2）約在 1997 年 7 月 4 日規定申請人須受擔保約束的決定，（3）約在 1997 年 8 月 7 日拒絕讓申請人入境的決定，並宣告兩名申請人乃屬《香港基本法》第二十四條第二款第三項的香港特別行政區永久性居民，她們自 1997 年 7 月 1 日開始便擁有這身份，她們享有居留權。針對徐權能的上訴，判令徐權能先生上訴得直，宣告該申請人屬《香港基本法》第二十四條第二款第三項的香港特別行政區永久性居民，他自 1997 年 7 月 1 日開始便擁有這身份，他享有居留權。在針對張麗華的上訴，終審法院承認了非婚生子女與父母關係的存在，肯定了非婚生子女的地位；判令撤銷入境事務處處長以下的決定：（1）約在 1997 年 7 月 15 日有關申請人不能享有《香港基本法》第二十四條第三款所指的居留權的決定，（2）約在 1997 年 7 月 15 日羈留扣押申請人的決定，（3）約在 1997 年 7 月 19 日規定申請人須受擔保約束的決定，（4）約在 1997 年 8 月 9 日決定申請人必先按照《入境條例》第 1B 部分指定的模式，確立她在該條例附表 1 第 2 段（c）中永久性居民的身份，才有權行使居留權；終審法院宣告申請人乃屬《香港基本法》第二十四條第二款第三項的香港特別行政區永久性居民，她在 1997 年 7 月 1 日開始便擁有這身份，故她享有居留權。從三個案件的判決結果來看，香港特別行政區法院推翻了當時香港法例中存在的相關規定，對《香港基本法》第二十四條，尤其是第二十四條第二款進行了解釋；終審法院同時給了非婚生子女平等的權利。無疑，從保障民眾居留權的角度來分析，終審法院的判決捍衛了民眾的居留權。然而，終審法院的判決也引發了各種爭議，尤其是關於香港特別行政區法院司法審查權及其範圍的爭議。

該案引發了內地以及香港地區關於《香港基本法》第一百五十八條的深入思考與爭論。根據《香港基本法》第一百五十八條，香港特別行政區法院是在“審理案件”時才有權解釋《香港基本法》條款，且香港特別行政區法院在解釋基本法的過程中，即便是“審理案件”的過程中，也要符合許可權的要求。根據《香港基本法》第一百五十八條的規定，香港特別行政區法院對《香港基本法》的解釋也需要限定於（1）屬特區自治範圍內的條款；（2）《香港基本法》的其他條款。在這些“其他條款”內，有兩種屬範圍之外的類別，即涉及（a）中央人民政府管理的事務，或涉及（b）中央和香港特別行政區關係的條款。（a）或（b）條款簡稱為“範圍之外的條款”。根據第一百五十八條，終審法院有權解釋（1）項內的條款，及（2）

項內的其他條款，但不包括"範圍之外的條款"。而屬於以下條款規定的，香港特別行政區法院則有責任提交全國人大常委會來解釋：（1）當有關的《香港基本法》條款（a）關乎中央人民政府管理的事務，或（b）關乎中央和特區的關係，即為"範圍之外的條款"。（2）當終審法院在審理案件時，有需要解釋這些條款（即"範圍之外的條款"），而這些條款的解釋將會影響案件的判決。以下簡稱此條件為"有需要條件"。如果終審法院認為該"範圍之外的條款"已符合上述兩項條件，便必須請全國人大常委會解釋有關之條款。該案件也使得《香港基本法》第一百五十八條的內容更加清晰，落實了《香港基本法》第一百五十八條的兩項主要目的，即賦予"人大常委會"有權解釋《香港基本法》，尤其是"範圍之外的條款"，並同時授權特區法院解釋"非範圍之外的條款"，特別是屬自治範圍內的條款，特區法院可"自行"解釋。《香港基本法》第一百五十八條規定只在解釋"範圍之外的條款"時，才須提交"全國人大常委會"。當多條條款（包括"範圍之外的條款"）與解決案中涉及的問題有關時，法院須請"全國人大常委會"作出解釋。

　　而法官在該案中的判詞一改高等法院在馬維錕案中的態度，首席法官李國能認為香港特別行政區法院有權審核全國人民代表大會及其常委會的立法，並認為特區法院有責任在發現有抵觸時，宣佈此等行為無效。判決公佈後，引發內地法律專家的激烈批評。[41]

41　1999 年 2 月 7 日，四位曾任基本法起草委員會委員的著名法律學者在媒體發表了猛烈的批評，質疑香港法院是否把自己置於國家最高權力機關之上，否定中國對香港的主權，把香港變成獨立的政治實體。參見陳弘毅著：《一國兩制下香港的法治探索》（增訂版），香港：中華書局（香港）有限公司，2014 年，第 49 頁。

（二）子女出生後父母才取得香港居留權的情形

在陳錦雅等八十一人訴入境事務處處長案（*Chan Kam Nga & Others v Director of Immigration*）[42] 中，陳錦雅及其餘八十人中，六十九名是由起訴監護人代表的未成年人，其餘十二人則是以正常方式起訴的成年人。八十一名上訴人全部來自內地，部分上訴人持雙程證來港，獲准有限期留港，但卻逾期逗留。其他上訴人則在未獲授權下被帶入境。第四十六、四十八及五十八名上訴人於 1997 年 7 月 1 日後抵港，其餘七十八人則在該日期前抵港。不管怎樣，這批上訴人在訴訟時全部身在香港，亦一律被入境事務處處長下令遣返內地。他們全部聲稱享有香港居留權，因此抗拒被遣返內地。高等法院原訟法庭法官祁彥輝於 1998 年 1 月 26 日判各名上訴人勝訴；但上訴法庭（由高等法院首席法官陳兆愷、副庭長黎守律及副庭長馬天敏組成）在1998 年 5 月 20 日的判決中推翻祁彥輝法官的裁決，裁定上訴人不享有香港居留權，並判入境事務處處長勝訴。陳錦雅等不服這一判決，最終向終審法院提出上訴。終審法院經審理，最終作出如下判決：（1）每一名上訴人均可憑藉其父或母屬《香港基本法》第二十四條第二款下的香港永久性居民的身份而成為第二十四條第三款下的香港永久性居民，不管其父或母是在有關上訴人出生之前或之後取得該身份；（2）《入境條例》（香港法例第一百一十五章）附表 1（該附表由《1997 年入境（修訂）（第 2 號）條例》引入）第 2 段（c）所載的"而在該子女出生時，其父親或母親已享有香港居留權"一句違反《香港基本法》第二十四條，因而"違憲"及無效。

本案爭議的主要問題是：一名兒童的父或母即使是在該名兒童出生之後而非僅限於在其出生之前取得《香港基本法》第二十四條第二

42　*Chan Kam Nga & Others v Director of Immigration* (1999) 2 HKCFAR 82; FACV 13/1999.

款下的香港永久性居民身份，該名兒童是否仍能憑藉其父或母的身份而成為第二十四條第三款下的香港永久性居民？本上訴的審判結果關係到基本法第二十四條第四款的事實，會使得本案上訴人以至其他身處同樣情況的人士不能成為第三款下的香港永久性居民。上訴人一方辯稱，香港永久性居民的子女是由香港永久性居民所生的子女，不管有關的父或母是在其子女出生之前還是之後成為香港永久性居民。而入境事務處處長一方則辯稱，除非有關的父或母在其子女出生之前已成為香港永久性居民，否則其子女不屬由香港永久性居民所生的子女。在上訴法庭的判詞中，高等法院首席法官說"重點肯定在於出生"。副庭長黎守律認為："永久性居民'所生'的準則，毫不猶疑且理所當然地指向出生時間"。副庭長馬天敏則表示，第二十四條的用語"針對出生時間、父母的身份、出生地方及出生本身"。終審法院審理認為，第二款第三項必須使用"所生"一詞，因為這個類別包括在香港以外出生的人士。"所生"一詞不管涵蓋或不涵蓋何等其他事宜，都必定涵蓋所生子女。本案八十一名上訴人全部都是由其身為香港永久性居民的父或母所生的子女，而各名上訴人所依賴的便是其父或母的香港永久性居民身份。第二十四條透過一名享有香港居留權的父或母賦予其子女同樣權利，藉以達致以下目的：使有關子女能夠來港與其父或母一起，從而使家庭得以團聚。假如需要有進一步基礎以支援上述目的之存在，則可參看《香港人權法案》第十九條（一）的規定。這項條文逐字復述《公民權利和政治權利國際公約》第二十三條第一款，規定："家庭為社會之自然基本團體單位，應受社會及國家之保護"。《香港基本法》第三十九條則規定《公民權利和政治權利國際公約》適用於香港的有關規定繼續有效。就此人道目的而言，有關的父或母是在其子女出生前或出生後取得本港居留權並不重要。香港高等法院考慮了人口因素，但香港人口透過一代又一代的人在此出生和長大而增長的模式，正是世界各地人口增長的典型模式。

在本案的審理中，法院對《香港基本法》第二十四條以及立法原意又進行了合理的解釋，維護了民眾的居留權，並確認《入境（修訂）（第 2 號）條例》、《入境（修訂）（第 3 號）條例》部分 "違憲" 而無效，再次發揮了香港特別行政區法院的司法審查權。

（三）全國人大就居留權釋法及其影響

在入境事務處處長訴劉港榕及另外十六人 [43] 一案中，以劉港榕為代表的十七名申請人是在內地出生的中國公民。這十七人中，有些是以非法途徑進入香港，有些則是持雙程證進入，而其中一名是從外國回國途中停留。十七人中有五名在他們出生時，其父母至少一方已擁有香港永久性居民身份，其他十二人則是在其出生後，父母其中一方才拿到香港永久性居民身份。他們全在 1999 年 1 月 29 日前進入香港，即終審法院下達吳嘉玲等人訴入境事務處處長案（*Ng Ka Ling & Others v Director of Immigration*）的判決書前。這批申請人聲稱他們基於其父母至少其中一方是香港永久性居民，憑藉血緣擁有香港居留權。所有申請人均違反處長施加的逗留條件，在香港逾期逗留。入境事務處處長於 1999 年 2 月的不同日期對本案十七名申請人發出遣送離境令。於是申請人起訴到高等法院原訟法庭，請求撤銷遣送離境令，但作出相關遣送離境令的決定獲原訟法庭支持。劉港榕等提出上訴，上訴法庭撤銷有關的遣送離境令，裁定入境事務處處長於 1999 年 2 月非法地行使其遣送離境的權力。入境事務處處長不服，遂將該案上訴到終審法院。及後，全國人大常委會在 1999 年 6 月 26

43　*Director of Immigration v Lau Kong Yung & Others* (1999) 2 HKCFAR 300; FACV 10&11/1999.

日頒佈了對《香港基本法》第二十二條第四款[44]和第二十四條第二款第三項的解釋。[45]而全國人大常委會的釋法直接影響了本案的判決結果。1999 年 12 月 3 日，終審法院對本案作出了判決，法院在本案中確認全國人大常委會有權對《香港基本法》作出解釋，而且該解釋對香港的法院有約束力。由此，終審法院在上述兩個案件對《香港基本法》第二十二條第四款和第二十四條第二款第三項的解釋，被完全推翻。終審法院最後以多數批准執行對申請人的遣送離境令。

本案涉及到一些爭議的問題如下：

第一個問題是全國人大常委會是否可以主動釋法。資深大律師張健利先生認為全國人大常務委員會無權作出本案中的該項解釋，因為根據《香港基本法》第一百五十八條的正確詮釋，除非法院作出司法提請（其內容只能與範圍之外的條款有關），否則全國人大常務委員會不能解釋《香港基本法》。張先生辯稱，第一百五十八條對全國人大常務委員會的權力施加憲制約束，此舉符合由全國人大通過的《香

44　相關解釋為：《中華人民共和國香港特別行政區基本法》第二十二條第四款關於 " 中國其他地區的人進入香港特別行政區須辦理批准手續 " 的規定，是指各省、自治區、直轄市的人，包括香港永久性居民在內地所生的中國籍子女，不論以何種事由要求進入香港特別行政區，均須依照國家有關法律、行政法規的規定，向其所在地區的有關機關申請辦理批准手續，並須持有有關機關制發的有效證件方能進入香港特別行政區。各省、自治區、直轄市的人，包括香港永久性居民在內地所生的中國籍子女，進入香港特別行政區，如未按國家有關法律、行政法規的規定辦理相應的批准手續，是不合法的。

45　相關解釋為：《中華人民共和國香港特別行政區基本法》第二十四條第二款前三項規定：" 香港特別行政區永久性居民為：（一）在香港特別行政區成立以前或以後在香港出生的中國公民；（二）在香港特別行政區成立以前或以後在香港通常居住連續七年以上的中國公民；（三）第（一）、（二）兩項所列居民在香港以外所生的中國籍子女 "。其中第（三）項關於 " 第（一）、（二）兩項所列居民在香港以外所生的中國籍子女 " 的規定，是指無論本人是在香港特別行政區成立以前或以後出生，在其出生時，其父母雙方或一方須是符合《中華人民共和國香港特別行政區基本法》第二十四條第二款第（一）項或第（二）項規定條件。本解釋所闡明的立法原意以及《中華人民共和國香港特別行政區基本法》第二十四條第二款其他各項的立法原意，已體現在 1996 年 8 月10 日全國人民代表大會香港特別行政區籌備委員會第四次全體會議通過的《關於實施〈中華人民共和國香港特別行政區基本法〉第二十四條第二款的意見》中。

港基本法》所給予特區的高度自治權，包括終審權。終審法院則認為，全國人大常務委員會顯然有權作出該項解釋。此項權力來自《中華人民共和國憲法》第六十七條第四款，並載於《香港基本法》本身第一百五十八條第一款。由第一百五十八條第一款賦予的解釋《香港基本法》的權力，是一般性和不受約制的權力。終審法院的判決中也承認了全國人大常委會對《香港基本法》的釋法權。

第二個問題是全國人大常委會在 1999 年 6 月 26 日解釋的效果問題。根據人大常委會的本次釋法，憑藉血緣成為永久性居民的人士必須向內地有關機關取得出境批准及持有單證，才能進入香港。因此，該項解釋顯然將第二十二條第四款和第二十四條聯繫起來。該項解釋的效果是令憑藉血緣成為永久性居民的人士受第二十二條第四款第二句涵蓋。該項解釋將 "中國其他地區的人"（當中有前來定居的人）解釋為包括憑藉血緣成為永久性居民的人士，其作用是令此等人士受第二句涵蓋，從而使他們受制於該項配額制度。

第三個問題是該解釋的時間效力問題。該解釋何時起開始適用？是否會對解釋出台前的案件產生影響？該項解釋既然是關於《香港基本法》條款的解釋，自可追溯至 1997 年 7 月 1 日，即《香港基本法》開始生效之日。它申明有關條款一直以來的涵義。然而該解釋明確指出：本解釋公佈之後，香港特別行政區法院在引用《香港基本法》有關條款時，應以本解釋為準。本解釋不影響香港特別行政區終審法院 1999 年 1 月 29 日對有關案件判決的有關訴訟當事人所獲得的香港特別行政區居留權。[46] 此外，其他任何人是否符合《香港基本法》第二十四條第二款第三項規定的條件，均須以本解釋為準。

46　即本解釋對吳嘉玲案以及陳錦雅案不具有追溯力。

二、內地居民在香港所生子女的居留權

在入境事務處處長訴莊豐源（*Director of Immigration v Chong Fung Yuen*）[47] 一案中，莊豐源是一名中國公民，屬未成年人士，由祖父及起訴監護人莊曜誠代表。莊豐源在 1997 年 9 月 29 日於香港出生，亦即是在香港特別行政區成立以後出生，當時，他的父母只是持雙程證來港的中國公民，在答辯人出生及以後的時間，父母任何一方都沒有在香港定居或享有居留權。莊豐源聲稱他屬《香港基本法》第二十四條第二款第一項所指的永久性居民，並享有居留權。雖然入境事務處處長接納莊豐源是在特區成立後於香港出生的中國公民，但否決其聲稱。處長認為，香港法例第一百一十五章《入境條例》附表 1 第 2 段（a）規定，"在香港出生的中國公民若要成為永久性居民，則在其出生時或其後任何時間，其父母的任何一方必須已在香港定居或已享有香港居留權。" 而按《香港基本法》第二十四條第二款第一項的正確解釋，該條款並不賦予非法入境、逾期居留或在香港臨時居留的人在香港所生的中國公民居留權。故此，處長認為第 2 段（a）與《香港基本法》相符。又因答辯人的父母在其出生時或其後任何時間，均沒有在香港定居或享有香港居留權，所以他不符《香港基本法》第二十四條第二款第一項的規定。

莊豐源將案件起訴到高等法院原訟法庭，聲稱其屬於《香港基本法》第二十四條第二款第一項所指的永久性居民，並享有居留權。並要求法庭對《入境條例》附表 1 第 2 段（a）的規定進行司法審查。而原訟法庭的法官批准答辯人司法覆核的申請，並裁定第 2 段（a）有關父母的規定與《香港基本法》第二十四條第二款第一項相抵觸，同時宣告答辯人為香港特別行政區的永久性居民，享有香港特別行政

47　*Director of Immigration v Chong Fung Yuen* (2001) 4 HKCFAR 211; FACV 26/2000.

區居留權。上訴法庭維持原訟法官的命令，駁回處長的上訴。入境事務處處長不服，遂將該案上訴到終審法院。

在考慮了不同的學術意見後，終審法院認為《香港基本法》第二十四條第二款第一項並不滿足終審法院在吳嘉玲及其他人士對入境事務處處長一案中所闡述的 "類別條件"，即有關的《香港基本法》條款不關乎中央人民政府管理的事務，亦不關乎中央和特區的關係，因此無需根據《香港基本法》第一百五十八條第三款就《香港基本法》第二十四條第二款第一項的解釋向全國人大常委會作出司法提請。終審法院亦認為在體現 "一國兩制" 前提下，應該以普通法的原則去解釋《香港基本法》，即 "對所用字句，以及賦予這些字句含義的用語傳統及慣用方法必須加以尊重"。終審法院最後認定，在全國人大常委會沒有作出具約束力的解釋下，法院必須按照普通法處理法律釋義。法院參照了有關條款的背景及目的來詮釋文本字句，一旦斷定文本字句確是含義清晰後，便須落實這些字句的清晰含義。法院不會基於任何外來資料而偏離這些字句的清晰含義，賦予其所不能包含的意思。《香港基本法》第二十四條第二款第一項的含義清晰，沒有任何歧義，其意思是指在 1997 年 7 月 1 日之前或之後在香港出生的中國公民，皆擁有香港特別行政區永久性居民身份。因此，終審法院在 2001 年 7 月 20 日駁回入境事務處處長的上訴，判決政府敗訴。特區政府表示對判決失望，但是會尊重判決及採取適當措施執行判決。

本案涉及的核心問題為，是否所有在香港出生的中國公民均具居留權？終審法院在審理案件的過程中，對《香港基本法》第二十四條第二款第一項的含義進行了解讀，同時對《香港基本法》第一百五十八條第三款進行了解釋。該案的判決再次引發爭議，並形成了大量內地人士赴港生育子女的風潮。由 2003 年實施自由行開始，越來越多來自內地的孕婦赴香港產子，"雙非孕婦" 及 "雙非嬰兒" 在香港引起的問題逐漸惡化。雙非案的人數影響遠多於吳嘉玲案，而且也呈現逐年上升的趨勢，雙非嬰兒佔活產嬰兒的比率由 2001 年的 1.3% 上升至 2011 年的 37.4%；政府自 2013 年實施丈夫為非香港居民的內地孕婦在港分娩服務的零配額政策後，相關比率大幅回落，每年的雙非嬰兒數目不足一千名。

表7　內地女性在香港生產的嬰兒數目（2001–2016）[48]

統計 期間	活產嬰 兒數目	其中由內地女性在香港所生的活產嬰兒數目			
		其配偶為香港 永久性居民	其配偶為非香港 永久性居民[1]	其他[2]	小計
2001	48,219	7,190	620	N.A.	7,810
2002	48,209	7,256	1,250	N.A.	8,506
2003	46,965	7,962	2,070	96	10,128
2004	49,796	8,896	4,102	211	13,209
2005	57,098	9,879	9,273	386	19,538
2006	65,626	9,438	16,044	650	26,132
2007	70,875	7,989	18,816	769	27,574
2008	78,822	7,228	25,269	1,068	33,565
2009	82,095	6,213	29,766	1,274	37,253
2010	88,584	6,169	32,653	1,826	40,648
2011	95,451	6,110	35,736	2,136	43,982
2012	91,558	4,698	26,715	1,786	33,199
2013	51,587	4,670	790	37	5,497
2014	62,305	5,179	823	22	6,024
2015	59,878	4,775	775	16	5,566
2016	60,843#	4,370	606	3	4,979

註：
（1）包括香港非永久性居民（來港少於七年的內地人士包括在這類別）及非香港居民。
（2）在出生登記時，內地母親並沒有提供嬰兒父親居民身份的資料。
　# 為臨時數字

48　香港特別行政區政府統計處：《香港人口趨勢 1986–2016》，2017 年，第 20 頁。

本案還涉及的核心問題是，許多人士認為終審法院應就《香港基本法》第二十四條第二款第一項的內容提請全國人大常委會釋法，而香港特別行政區法院並沒有將該事項提請全國人大常委會釋法。

三、非中國籍人士申請永久性居民身份的要求

香港自二十世紀六十年代躋身亞洲四小龍，其作為亞洲最具魅力的城市之一，不僅吸引著中國內地居民，也吸引著亞洲其他國家的居民。那麼，來香港發展的非中國籍人士也同樣面臨著居留權的問題。

在 Prem Singh 訴入境事務處處長 [49] 一案中，一名非中國籍人士的印度國民，1988 年 1 月首次以訪客身份來到香港，前後多次申請延期，最後獲准留港的期限為 1998 年 9 月 27 日起計兩個星期後（即 1998 年 10 月 12 日）屆滿。他於 1998 年 10 月 24 日，向入境事務處提出申請，要求獲准逗留。在逗留香港期間曾多次惹上官司，在 1999 年 5 月 3 日，他被裁定犯了猥褻侵犯罪，被判監禁兩個星期。入境事務處處長得知後，再加上考慮到包括上訴人的早前刑事定罪紀錄等其他因素，遂決定拒絕上訴人於 1998 年 10 月 24 日提出的申請，並藉一封日期注明為 1999 年 6 月 4 日的信函而將該決定通知上訴人。上訴人之後再三申請延期留港均獲得准許。1999 年 8 月 24 日，上訴人要求處長重新考慮其先前被駁回的無條件逗留申請。處長於同年 10 月 9 日維持其較早前駁回該申請的決定。上訴人的代表律師遂於 2000 年 5 月 30 日致函處長，聲稱上訴人享有永久性居民身份，並要求處長核實該身份。處長於同年 6 月 14 日拒絕該要求，理由是上訴人並不符合取得該身份的資格。後上訴人不服，將入境事務處處長告到高等法院原訟法庭，原訟法庭上訴人的司法覆核申請於

49　*Prem Singh v Director of Immigration* (2003) 6 HKCFAR 26; FACV 7/2002.

2000 年 12 月 4 日被原訟法庭法官張澤佑駁回，他提出的上訴亦於 2001 年 12 月 7 日被上訴法庭駁回。Prem Singh 不服判決，最終將該案上訴到終審法院。

終審法院在 2003 年 2 月 11 日作出以下判決：《入境條例》附表 1 第 3 段（1）（c）"定居"的規定，抵觸《香港基本法》第二十四條第二款第四項的理解。而其 "違憲" 範圍在於，該段與附表 1 第 1 段（5）（b）合併規定某人在作出聲明以香港為永久居住地〔見附表 1 第 3 段（1）（b）〕或申請核實其在《香港基本法》第二十四條第二款第四項下所述的香港特別行政區永久性居民身份時，不得受任何逗留期限的限制。並判決入境事務處處長被指示須根據有關判決，決定該案上訴人就核實其香港永久性居民身份而提出的申請。李義法官在判決書第六十四段指出，《香港基本法》第二十四條第二款第四項所指的 "永久居住地的規定"（即以香港為永久居住地），使申請人必須令處長信任其在港建立永久家園的意圖，並且已付諸實行。換言之，申請人必須證明自己在港居住，不僅是把香港視作通常居住的地方，而且有意並已為此採取行動，以香港作為唯一的永久居住地。把 "以香港為某人的永久居住地" 和純粹通常居於香港作比較，便可明白永久居住地規定的性質。終審法院最終承認了該上訴人的請求，承認其居留權，並且對《入境條例》的部分條款作出了 "違憲審查"。

本案主要涉及到對第二十四條第二款第四項的理解，涉及到《入境條例》第二條（4）（b）規定，《入境條例》附表 1 第 3 段（1）的規定以及《入境條例》附表 1 第 1 段（5）（b）的規定是否違反《香港基本法》。具體來看，本案涉及到的幾個主要法律問題是：

第一，獲得居留權的規定。《香港基本法》第二十四條第二款第四項規定了一個取得香港永久性居民身份的方法。取得該身份的人士亦得享本地居留權，其條件是在香港通常居住連續七年以上並以香港為永久居住地。他們以香港為其永久居住地，意指在香港通常居住滿所需年期，並無限期而非有限期地視香港為其家。他們接著只須聲稱享有永久性居民身份並申請該身份，其所倚賴的基礎是他們在緊接提出該申請之前已經以上述方式居於香港。其聲稱一經核實，他們便可享有永久性居民身份。持有效旅行證件進入香港的非中國籍人士能夠取得香港永久性居民身份並因而取得居留權，需滿足：（a）持有效旅行證件進入香港（"進入的規定"）；（b）在香港通常居住連續七年以上（"住滿七年的規定"）；（c）在香港特別行政區成立以前或以後以香港為其永久居住地（"永久居住地的規定"）。是否享有永久性居民身份的法律問題，純屬《香港基本法》的範疇，一般法例如《入境條例》在此法律問題上不起任何作用，只限於提供一個用以核實關鍵事實的適當機制，負責人行使的是一種行政酌情權。

第二，關於申請時間的爭議。應該遵循實質重於形式的標準來確定提出永久性居民身份申請的時間，應於有關申請提出之時判斷，符合資格所需的時期是緊接上述申請之前的七年，本案中 1998 年 10 月 24 日申請符合這條件。如果所需的符合資格的期間並無被任何監禁期打斷，如上訴人其後被監禁的一段或多段時期，即 1999 年 5 月 3 日後的監禁，對他是否有權獲得永久性居民身份並無影響。

第三，關於"瑣碎"原則的爭議。這是取決於事實和程度的問題。一般情況下，《入境條例》第二條（4）（b）規定："……任何人在下述期間內不得被視為通常居於香港 —— 在本條例生效之前或之後的任何期間內，依據法院判處或命令被監禁或羈留"。將監禁期、教導所或勞教中心中被監禁或羈留一段相當長的期間豁除於符合通常居住資格的期間之外，並非取決於該等監禁期是否很長或是否佔去符合資格所需的七年期的一大部分，而是取決於監禁的性質。如果所涉的監禁反映相關刑事行為的嚴重性足以支持法庭判處實時監禁刑罰，則不屬通常居住。"法律不問瑣事"原則仍可適用於某些情況，例如某人因一時盛怒而作出藐視法庭行為，因而被送進囚室數小時或甚至過夜，讓他有機會冷靜下來為其藐視行為贖罪。

第四，居留權的申請是否以"無條件逗留"為要件。除了必須證明其有意以香港為其永久居住地外，是否必須獲准在香港無條件逗留？按照《香港基本法》第二十四條第二款第四項的正確詮釋，該項無條件逗留的規定乃屬"違憲"，第二十四條默許申請人在仍受逗留期限限制期間仍可符合永久居住地的規定。即使申請人在申請核實其永久性居民身份之前仍受到逗留期限的限制，該人仍可以於提出該申請當日之前符合上述規定。

終審法院的判決出台後，對香港的立法以及非中國籍人士申請永久性居民身份產生了許多影響。自終審法院作出上述判決後，為了與該判決一致，非中國籍人士申請永久性居民身份時，無須事先取得無條件限制逗留的身份。申請人現時只須向入境事務處作出聲明和證明自己有意以香港作為唯一的永久居住地，並且已付諸行動。申請人必須在申請表上填報若干基本數據，如通常居於香港的日子、家庭成員的居住地點和持續不在香港的日子。除此之外，申請人可自行決定是否向入境事務處申報任何其他有關資料，以支持其申請。新程序已於2003年6月16日生效。為釋除外籍人士的疑慮，在香港擁有物業或在香港有家庭，並不是符合永久居住地的規定的先決條件。此外，短暫離開香港或在其他地方擁有物業，亦不一定表示有關人士並非通常居於香港或並非以香港為唯一的永久居住地。入境事務處會審慎和合理地考慮個案涉及的所有相關因素，才作決定。在審核有關申請時，沒有任何一個因素特別具決定性。申請人如對入境事務處的決定有所不滿，可根據《入境條例》的法定反對程序提出反對，或向法庭尋求司法覆核。

通過對終審法院涉及居留權判例的研究，可以發現香港特別行政區法院居留權的判例主要涉及《香港基本法》第二十二條、第二十四條的內容。涉及的主要問題有：何謂"永久居住地"，何謂"通常居住地"，代表性的案例如入境事務處處長訴劉芳案；[50] 何謂中國其他地區的人；在中國內地出生的無戶籍、非港人婚生子女可否申請居留權；子女是否必須是婚生子女，子女是否包括繼子女和養子女；子女在香港以外出生時父母身份的要求；是否所有在香港出生的中國公民都有居留權；連續居住七年後是否自動擁有居留權，代表性的案例如 Fateh Muhammad 訴人事登記處處長及人事登記審裁處；[51] 人大常委釋法的效力，釋法後的影響，代表性的案例如 *Ng Siu Tung & Others v Director of Immigration*[52] 等等。

而法院在審判過程中，常常涉及司法覆核問題，而關於司法覆核以及司法覆核的範圍等問題又常會引發許多爭議。從居留權的案例來看，終審法院有效地適用了《香港基本法》涉及居留權的條款，而且對這些條款進行了解釋，解決了許多現實問題；不僅如此，這些判例還豐富了《香港基本法》涉及居留權的內容。當然，香港特別行政區法院的一些判決也引起了廣泛的爭論，也存在許多推翻先例的判決。

50　*The Director of Immigration v Lau Fong* (2004) 7 HKCFAR 56; FACV 10/2003.

51　*Fateh Muhammad v Commissioner of Registration* (2001) 4 HKCFAR 278; FACV 24/2000.

52　*Ng Siu Tung & Others v Director of Immigration* (2002) 5 HKCFAR 1; FACV 1,2&3/2001.

第三節　終審法院對表達自由的保障

　　表達自由包括言論自由、結社自由、集會自由、示威自由。《香港基本法》第二十七條，《香港人權法案》第十五條、第十六條、第十七條分別規定了良心自由、言論自由、集會自由等。終審法院有大量的案例涉及到表達自由，主要圍繞著表達自由及其限制展開，本部分僅通過一些經典的案例來分析表達自由在現實中呈現的一些突出問題。從判例法的統計資料來看，涉及表達自由的案例共七個，在總判例的比重是 7.6%。

　　表達自由是香港特別行政區法院捍衛和保障的重要權利，但表達自由這項權利並非不受限制。他人的名譽以及公共秩序均是對表達自由的限制，香港特別行政區法院在保障個人的表達自由與維護公共利益之間尋求平衡。

一、表達自由與行業聲譽

　　A Solicitor v The Law Society of Hong Kong and Another [53] 一案是一起涉及表達自由與行業聲譽的判例。上訴人是一名在香港執業的律師。因為在小巴、報章廣告等媒體中自稱為離婚專家，讓雜誌訪問並拍攝全裸或半裸露照片及與同業比較收費等宣傳行為，香港律師會認為其行

53　*A Solicitor v The Law Society of Hong Kong and Another* [2003] HKCFA 14; (2003) 6 HKCFAR 570; [2004] 1 HKLRD 214; FACV 7/2003.

為違反了《香港律師會專業守則》（The Hong Kong Solicitors Guide to Professional Conduct）。該律師被控（1）不恰當的執業宣傳；（2）行為損害法律界聲譽；（3）行為顯示他不適宜當律師。經過十七天的紀律聆訊，律師紀律審裁處最後裁定上訴人面對的八項指控全部成立，需接受罰款和停業的處分。上訴人不服，遂向上訴法庭提起上訴。根據其上訴理由，上訴人認為紀律審裁處不但採納了錯誤的舉證標準，還忽略了《香港基本法》和《香港人權法案》對公民自由表達的保護，當中包括宣傳的自由。

關於民眾擁有自由表達權利的論點，上訴法庭重申律師在秉承公義的過程中扮演著一個很重要的角色，雖然執業宣傳或廣告推廣必然能向公眾提供更多的資訊，但是，這些宣傳不能沒有限制，而律師的守則正好提供一個扼要、清晰的指引。法庭亦說明，指控針對的不是上訴人的言論，而是其發表言論的方法。上訴人所採用的方式，毫無疑問會給正直的同行和公眾有一種低俗的感覺。另一方面，法庭在考慮某種限制是否合理的時候，必須綜觀整件事件的情況，不能斷章取義。專業守則的作用，不止是規管成員的操守，還能清楚讓大眾知悉該專業人士能給予的合理期待與信心。

在本案中，上訴人身為司法人員以及一個受公眾尊重的專業成員，卻大量發佈其裸露照片，從而廣泛宣傳其專業身份，這絕不能稱為一種純粹私人的舉動。法庭接受公眾的容忍度會隨著時間改變，但法庭不能相信公眾對律師行業的嚴肅態度會與日下降。法庭認為上訴人既然選擇成為一名律師，就應當明白他需要遵守其屬會的守則。其屬會規則對他的限制不僅適當、而且合理，並沒有剝削該名律師的表達自由。因此，該規則並沒有違反《香港基本法》或《香港人權法案》關於表達自由的規定。據此，該律師關於《香港基本法》論據一概被上訴法庭否決。該律師不服，又將該案上訴到終審法院，終審法院經審理支持了上訴法庭的判決，駁回該律師的上訴。當然本案還涉及到許多其他問題，但不是本部分關注的重點。

二、表達自由與公共秩序

（一）公共秩序是什麼

香港特別行政區訴吳恭劭及另一人案（*HKSAR v Ng Kung Siu & Another*）[54] 是涉及表達自由與公共秩序的典型判例。主要案情如下：1998 年 1 月 1 日，吳恭劭、利建潤參與遊行，期間他們手持並展示塗污了的國旗及區旗，在遊行結束時把塗污了的國旗及區旗縛在欄杆上。二人其後被控兩項控罪。第一項控罪是侮辱國旗罪，指他們違反《國旗及國徽條例》第七條，公開及故意以玷污的方式侮辱國旗。第二項控罪是侮辱區旗罪，指他們違反《區旗及區徽條例》第七條，公開及故意以玷污的方式侮辱區旗。對於該指控，吳恭劭、利建潤認為是他們是在行使表達自由，而當局限制他們發表言論自由的權利，並質疑《國旗及國徽條例》、《區旗及區徽條例》第七條的內容違反了《香港基本法》第二十七條所保障香港居民表達自由，[55] 違反了《香港人權法案》第十六條以及《公民權利和政治權利國際公約》第十九條的規定。[56] 然而，此辯護理由並未為裁判官所接納，法院認為，雖然《國旗及國徽條例》第七條及《區旗及區徽條例》第七條均限制了該

---

54 *HKSAR v Ng Kung Siu & Another* [1999] HKCFA 10; [1999] 3 HKLRD 907; (1999) 2 HKCFAR 442; [2000] 1 HKC 117; FACC 4/1999.

55 《香港基本法》保證 "香港居民享有言論、新聞、出版的自由，結社、集會、遊行、示威的自由，組織和參加工會、罷工的權利和自由。"

56 《公民權利和政治權利國際公約》第十九條規定："（一）人人有保持意見不受干預之權利。（二）人人有發表自由之權利；此種權利包括以語言、文字或出版物、藝術或自己選擇之其他方式，不分國界，尋求、接受及傳播各種消息及思想之自由。（三）本條第（二）項所載權利之行使，附有特別責任及義務，故得予以某種限制，但此種限制以經法律規定，且為下列各項所必要者為限：（甲）尊重他人權利或名譽；或（乙）保障國家安全或公共秩序，或公共衛生或風化。"

公約第十九條所保障的權利，但根據該公約第十九條第三款，為了保障公共秩序，該限制是必要的，故具有充分理據支持，因此並非"違憲"，最後二人均被裁定罪名成立。他們遂上訴至上訴法庭。上訴法庭考慮了其他普通法系國家並沒有將污損國旗刑事化，認為該法條並不能依靠該公約第十九條第三款加以合理化，因此接受答辯人的理據，並將其定罪撤銷。控方於是向終審法院提出上訴。

終審法院同意關乎如表達自由或言論自由的憲法性問題時，法院應該採納較寬鬆的解釋。因此，這種自由應包括發表令人反感或討厭的思想，及對政府機關和官員行為的批評。終審法院引述了"錫拉庫扎原則"（The Siracusa Principles）和美洲人權法院的意見以解釋"公共秩序（Public Order 或 Ordre Public）"一詞，同意這概念並不能非常清晰地界定，並認為它包含為保障大眾福祉或為符合集體利益所必須採取的措施，包括制定法規以維持社會安寧及良好秩序，安全、公共衛生、美學及道德層面的考慮，以及經濟秩序（消費者權益的保障等）；而此概念亦會隨著時間、地點及環境的改變而改變。終審法院亦認為《國旗及國徽條例》及《區旗及區徽條例》對發表自由的限制是有限度的而並非廣泛的。為保護作為國家獨有象徵的國旗，以及作為香港特別行政區獨有象徵的區旗，該限制是必要的，而且並沒有超乎相關的範圍或程度。事實上，有一些《公民權利和政治權利國際公約》的締約國，如意大利和德國，也把侮辱國旗列為刑事罪行。據此，終審法院裁定上述兩項條文並不"違憲"，控方上訴得直。

該案涉及到的主要問題是：第一，把侮辱國旗和區旗的行為列為刑事罪行的法定條文，是否與發表自由的保障相抵觸？第二，《國旗及國徽條例》第七條及《區旗及區徽條例》第七條是否違反《香港基本法》以及《香港人權法案》？本案最關鍵的問題即是關於表達自由的限制問題，以及對公共秩序的解讀問題，對國旗和區旗的保障是否屬於公共秩序的範疇？針對這些問題，終審法院與上訴法庭作出了不同的判決。實際上，各地區對"公共秩序"的認識是存在一定爭議的，各個區域的判決也存在不同，而終審法院法官在判決中引述了"錫拉庫扎原則"和美洲人權法院的意見以解釋"公共秩序"一詞，並受到德國和意大利立法的影響。

Wong Yeung Ng v The Secretary for Justice [57] 一案也涉及法院對公共秩序的解釋。主要案情如下：東方報業集團有限公司以及 Wong Yeung Ng 等對於一宗關於淫穢物品審裁處的裁定和一宗與《蘋果日報》的訴訟的裁決感到不滿，遂針對相關審理的高等法院上訴法庭法官進行"狗仔隊"式二十四小時跟蹤採訪，並發表大量批評文章，甚至侮辱司法機關和法官。律政司司長遂以藐視法庭罪中醜化司法機關罪行，起訴相關報社、編輯及其主要負責人。在審訊過程中，東方報業集團有限公司提出普通法的"醜化法庭罪"，違反了《香港基本法》第二十七條有關言論自由的規定，以及抵觸了《香港人權法案》。然而，初審法庭認為該條規定的言論自由並非絕對，《香港基本法》第二十七條中"居民的基本權利和義務"，應被視為《香港基本法》所要保障的一系列基本權利和自由，但並不表示不能制定法律對這些權利和自由進行限制。《香港基本法》第三十九條的作用，正是確保這些限制權利和自由的法律，並不違反各個國際公約的規定。最後，法庭裁定報社的行為構成普通法定義下的醜化法庭罪，判處報社罰款港幣五百萬和該社編輯、即第六被告人 Wong Yeung Ng，即時入獄四個月。被告人對判罪與判刑皆提出上訴。東方報業集團有限公司等認為除非其行為對法院秉承公義的責任引起實質、嚴重和即時的影響，東方報業集團有限公司等言論和出版自由並不應該受到限制，而其在本案中的行為並不構成這種危險。上訴庭同意原訟法官的看法，同意上訴人的行為會降低公眾對司法機關執行公義的信心，認定此等明顯

57　*Wong Yeung Ng v The Secretary for Justice* [1999] HKCFA 51; [1999] 3 HKC 143; FAMC 8/1999.

的行為極其嚴重，目的只是希望將來在法庭的審理中得到優待，以所謂的公眾輿論要脅法庭。上訴庭進一步指出，如果為了達到一個合法的目的，比如彰顯公義，《香港基本法》第二十七條及《香港人權法案》第十六條所賦予的言論和出版自由是可以受到限制的。據此，該上訴被駁回。Wong Yeung Ng 不服高等法院上訴法庭的判決，將該案上訴到了終審法院。終審法院支持了上訴法庭的判決，駁回了 Wong Yeung Ng 的上訴。

終審法院在判決中指出：《香港基本法》第二十七條及《香港人權法案》第十六條所載的憲定的言論自由權，採用《公民權利和政治權利國際公約》所載的準則，並非絕對權利。《公民權利和政治權利國際公約》第十九條第三款規定，為了保障公共秩序，可以對表達自由進行限制。每個文明社區都有權保護自己免受旨在破壞司法秩序的惡意行為。這是維護法治的一個重要方面。如果申訴人超越了對司法秩序的合理批評，存在一定惡意行為，那麼言論自由的保障不能保護該人免受懲罰。在本案中，終審法院實際上將司法秩序解釋為一種公共秩序。對司法秩序的攻擊、破壞實際上構成對公共秩序的傷害。

（二）警察酌情裁量權的憲制要求

表達自由的判例中往往涉及到警察酌情裁量權的憲制要求這一重要問題。在梁國雄及另二人訴香港特別行政區（*Leung Kwok Hung & Others v HKSAR*）[58] 一案中，2002 年 2 月 10 日（星期日）上午，一群人在遮打花園聚眾準備遊行，以抗議法庭裁定一名活躍的社運分子襲擊和妨礙一名公職人員罪名成立。第二上訴人當時利用揚聲器號令參與遊行人士準備出發，遊行負責人為第一上訴人，即一名著名的活躍

58　梁國雄及另二人訴香港特別行政區 *Leung Kwok Hung & Others v HKSAR* (2005) 8 HKCFAR 229; FACC 1&2/2005.

社運分子梁國雄。在場警察要求第一上訴人按照法定程序通知警方，但他拒絕這樣做。該名警察提醒他在遊行開始前不通知警方的後果。隨後大概四十人的遊行隊伍出發，他們不理會警方的勸說繼續遊行，期間遊行人數增加至九十六人，遊行人士到達警察總部門外，他們在閘門外逗留約一小時且有人發表演說。總裁判官李瀚良先生裁定梁國雄觸犯舉行未經批准的集會的罪行，第二及第三上訴人觸犯協助舉行未經批准的集會的罪行。[59] 梁國雄等向原訟法庭提出上訴，而原訟法庭表示應由上訴法庭審理該上訴。上訴法庭（由高等法院首席法官馬道立、上訴法庭法官楊振權及持不同意見的上訴法庭法官司徒敬組成）維持定罪判決。梁國雄等將該案最終上訴到終審法院。其指出《公安條例》中的相關規定"違憲"，並認為警務處處長被賦予的為維護"公共秩序"而限制和平集會權利的法定酌情權過於廣泛和不確定，這不符合《香港基本法》、《香港人權法案》以及《公民權利和政治權利國際公約》的相關規定。終審法院的法官對上訴人提出的各種問題進行了審理，認為上訴人被裁定有罪並不涉及賦予警務處處長酌情決定權的法定條文，上訴人的罪行源於他們沒有遵從法定的通知要求而遊行，判決他們有罪並不受其他理論的影響。終審法院最終判決駁回上訴。

　　本案涉及到表達自由（尤其是集會自由）及其限度問題。終審法院認為，和平集會自由是一項基本人權，與言論自由這項基本人權有著密切的關係。言論自由與和平集會自由都是民主社會的基石，對社會的穩定和發展十分重要。該權利並非是絕對的，但對於該項權利的限制必須由法律作出規定。而立法需要使民眾知曉具體的規則，還需要運用通熟易懂的語言。這樣公民才能依據有關規定合理調整自己的行為。如果法律賦予公務人員酌情決定權，並且行使這類權力可能會

---

59 《公安條例》第十七A條（3）（b）（i）規定了未經批准的集會罪。

影響公民實現其基本權利時，有關法律就必須提供足夠的警示讓公民知道這些權利的適用範圍，而有關條文的精確程度也必須合理。對於集會自由等表達自由的限制方面，終審法院認同"有必要才限制"的要求以及適用"比例原則"作為準則。具體而言，該準則即有關限制必須與一個或多個合理目的有關聯，且這種關聯要有合理理論證據支撐；因此準則有損和平集會的權利，所以有關限制不能超越有關合理目的的必要範圍。

《公安條例》僅限在公路、大道或公園舉行人數超過三十人的公眾遊行。受此條例規制的公眾遊行必須符合三個條件才可以進行：（1）警務處處長被當事人告知其意欲舉行遊行（"關於通知的要求"）；（2）警務處處長已經通知當事人他不反對舉行遊行或者視作發出不反對其遊行的通知；（3）遵守《公安條例》第十五條的規定。而《公安條例》第十四條（1）賦予了警務處處長酌情決定權，規定處長"如合理地認為，為維護國家安全或公共安全、公共秩序或保護他人的權利和自由而有需要反對舉行某公眾遊行"，便可以反對舉行該公眾遊行。如果警務處處長有合理理由認為通過增加條件就可以達到有關的合法目的，那麼他便不能反對舉行遊行。[60] 警務處處長行使酌情施加條件的權力是須遵守相關準則的，與行使酌情反對舉行遊行的權利時需要遵守的準則相同。如果處長決定施加條件，那麼他必須書面通知主辦單位這個決定並且詳細闡述這個行為的具體原因。[61] 終審法院在審理《公安條例》是否"違憲"時，認為和平集會的權利包括政府積極採取正確的措施使合法的集會、示威可以以和平的方式進行的責任。為了使警方能夠履行此職責，必須要在遊行前通知警方。參照其他國家的規定，在舉行遊行前均需通知相關部門是一項法定要求。終審法院據此裁定，在遊行前通知警務處處長的法定要求是"合

60　詳見《公安條例》第十四條（5）的規定。

61　詳見《公安條例》第十五條（2）的規定。

憲"的。

在關於"對集會自由的限制須由法律規定"的問題上，上訴人辯稱警務處處長為了公共秩序這個目的而限制和平集會的權利，即酌情決定權不符合限制遊行所必須符合的兩項憲制要求：（1）"有關限制須由法律規定"；（2）"有必要才限制"的要求，所持理由是"公共秩序"的概念太廣泛且不確定。在審理《公安條例》是否"違憲"的問題上，終審法院首先考量警務處處長的酌情權是否符合（1）"有關限制須由法律規定"的要求。法官指出，"公共秩序"概念包括"法律與秩序"所指的公共秩序，意為維持治安與防治擾亂公共秩序。這個概念不限於上述意思，因為"公共秩序"是一個不確定且難以描述的概念。由於"憲法"上用較為抽象的言辭表達公共秩序，所以可以作為"憲法"上的規範。但是從法例層面上，處長為了"公共秩序"這個目的而限制和平集會的權利這項酌情決定權明顯沒有提供足夠的提示讓公民知道該項酌情權的適用範圍。"公共秩序"來源於《公民權利和政治權利國際公約》的規定，把它作為行政酌情決定權的理據並不適當。基於此，處長為了"公共秩序"這個目的而限制和平集會的權利這項酌情決定並不符合"有關限制須由法律規定"的憲制要求。終審法院因此裁定，依據《公安條例》第十四條（1）、十四條（5）及十五條（2）所規定的，處長可以為了"公共秩序"這個目的而行使的酌情決定權並不"合憲"。終審法院因此裁定，適當的補救辦法是將"公共秩序"從《公安條例》第十四條（1）、十四條（15）及十五條（2）所指的"公共秩序"分割出來。終審法院考量警務處處長的酌情權是否符合（2）"有必要才限制"的要求時指出，處長為了"公共秩序"而限制和平集會的權利這項酌情決定權，並沒有超越為達到致"憲法"所規定的"公共秩序"這個合理目的所必需的範圍。終審法院裁定該項法定酌情決定權符合"憲法"上"有必要才限制"的要求。在本案的判決中，可以發現終審法院的判決相當細緻。

從以上涉及表達自由的案例來看，終審法院十分注重對民眾表達自由的保障，在對表達自由的維護和捍衛方面，已經超越了許多傳統觀點和判例。在鄭經翰及另一人訴謝偉俊案 [62] 中，終審法院可謂走向了表達自由案判決的最前鋒，終審法院的法官強調 "公允評論" 的客觀標準，而將主觀標準限縮於 "證明被告人並非真正持有其所表達的看法"。這推翻了許多傳統的觀點，更偏向對言論自由的保護。該案實際上超過了沙利文訴紐約時報案 [63] 對公允評論的保護與捍衛。

當然，香港特別行政區法院對表達自由的保障並不是無限的，香港特別行政區法院在權衡個人表達自由時，也注重對公共秩序的維護。香港特別行政區訴吳恭劭、利建潤案 [64] 以及 *Wong Yeung Ng v The Secretary for Justice*[65] 就體現了終審法院對公共秩序的維護，個人表達自由不得損害公共秩序和國家利益。

62　*Albert Cheng & Another v Tse Wai Chun Paul* (2000) 3 HKCFAR 339; FACV 12/2000.

63　*New York Times Co v Sullivan* 376 U.S. 254 (1964).

64　*HKSAR v Ng Kung Siu & Another* (1999) 2 HKCFAR 442; FACC4/1999.

65　*Wong Yeung NG v The Secretary for Justice* [1999] HKCFA 51; [1999] 3 HKC 143; FAMC 8/1999.

第四節　終審法院對人身自由的保障

人身自由有其相當豐富的歷史背景與發展。早在 1215 年《英國大憲章》第三十九條即規定了自由人民之人身自由不容任意侵犯。人身自由的法律保障，一般追溯自 1679 年英國議會所通過的《人身保護令》（Hebeas Corpus Amendment Act），這一法案確保一項古老的程序權利，以人身保護令的方式，使非法的逮捕拘禁得到有效的司法救濟，強調程序的重要性，明示非依法不得逮捕、拘禁，且國民享有接受迅速而公正裁判的自由。此法案對於推動人身自由保障的思潮影響深遠，香港特別行政區法院對人身自由的保障即受到該法案的深刻影響，《香港人權法案》的規定則體現了這種影響。《香港人權法案》第五條（一）作為原則條款規定了人人有權享有身體自由及人身安全；任何人不得無理予以逮捕或拘禁；非依法定理由及程序，不得剝奪任何人之自由；總之即個人免於任意或非法逮捕和拘禁的權利。該條該款（二）則規定了個人如依法逮捕時，應被告知逮捕的原因及被控案由。該款（三）則規定了因刑事罪名而被逮捕或拘禁之人，應迅即解送法官或依法執行司法權力之其他官員，並應於合理期間內審訊或釋放，候訊人通常不得加以羈押。該款（四）規定了任何人因逮捕或拘禁而被剝奪自由時，有權聲請法院提審，以迅速決定其拘禁是否合法，如屬非法，應即令釋放。該條（五）則規定了受非法逮捕或拘禁者，有權要求執行損害賠償。該條文保證了個人不受非法逮捕和拘禁的權利以及依法剝奪自由情形下最大程序的保障以及程序正義。而程序正義的要求，也同時得到《香港人權法案》第十一條的保障與呼應。那麼，香港特別行政區在司法實踐中如何保障民眾的人身自由？其主要的爭點是什麼？下文將結合著香港特別行政區法院審理的典型判例來回答以上問題。

一、免受任意逮捕與拘禁

劉昌等人訴香港特別行政區案（*Lau Cheong & Another v HKSAR*）[66] 是一起涉及人身自由、公正審判權的重要判例，該判例涉及到對《香港基本法》第二十八條和《香港人權法案》第五條（一）"任意 / 無理拘留或監禁的保障" 如何理解，尤其是何為 "任意 / 無理" 的理解，以及這些條文的適用和保障的範圍。該案中上訴人挑戰 "嚴重身體傷害法則" 是否侵犯民眾的 "人身自由"，是否 "違憲" 等問題。劉昌及劉煌為本案的上訴人，二人夥同持刀搶劫受害人紀維香，但受害人極力反抗，期間受害人和第二上訴人均受刀傷。受害人後來被發現死亡，當時其頸部、手腕和腿部均被人用繩子捆綁。其死因被發現並非被刀刺傷，而是被繩子勒頸。原審中，兩人被指控犯搶劫罪和謀殺罪，就謀殺罪被判處強制性終身監禁，至於搶劫罪，第一上訴人被判監禁六年，第二上訴人則被判監禁九年，而這兩項刑期均與上述終身監禁刑罰同期執行。二人不服，提出上訴，被法院駁回。二人再次提出上訴，在本上訴中，兩名上訴人對於謀殺罪其中的導致他人身體嚴重受傷的意圖作為充分的犯罪意圖以及終身監禁作為《侵害人身罪條例》（香港法例第二百一十二章）第二條所指的強制性刑罰的法律效力和憲制效力提出質疑。最終，終審法院駁回了兩名上訴人的上訴。該案涉及到嚴重傷害身體法則、謀殺罪的犯罪意圖、強制性終身

66　*Lau Cheong & Another v HKSAR* (2002) 5 HKCFAR 415; FACC 6/2001.

監禁等問題，涉及到針對任意、無理拘留或監禁的保障，無罪假定、法律面前人人平等等基本權利。該案確立了《香港人權法案》第五條第一款的範圍和效用，以及《香港基本法》第二十八條所給予保障的範圍。

兩名上訴人所稱的受到嚴重身體傷害法則侵害了"憲法"保障的基本權利，包括（1）《香港基本法》第二十八條和《香港人權法案》第五條（一）所指的人人免受任意／無理拘留或監禁的保障，（2）《香港基本法》第二十五條和《香港人權法案》第十條所指的法律面前人人平等，（3）《香港人權法案》第十一條所指的無罪假定。

《香港人權法案》第十一條規定："受刑事控告之人，未經依法確定有罪以前，應假定其無罪。"嚴重身體傷害法則構成謀殺罪的兩項互相獨立的犯罪意圖的其中一項。該法則並無引起任何假定，不論是被控人有意殺人的假定還是該人已干犯謀殺罪的假定。由於證明導致他人身體嚴重受傷的意圖已經足夠，因此無須假定被控人懷有殺人意圖。該法則亦不會產生有罪假定，因為殺人意圖須予以證明，而證明該意圖本身不足以證實被控人已干犯謀殺罪。控方須證明謀殺罪的所有元素。因此，嚴重身體傷害法則是否合憲的問題與無罪假定無關，《香港人權法案》第十一條亦不牽涉在內。

兩名上訴人針對嚴重身體傷害法則而提出的主要"憲法"質疑，重點如下：假如法庭根據該法則（而在沒有提及必要的殺人或危害生命的意圖下）裁定一名罪犯謀殺罪成立，則隨之而來的監禁是否構成任意／無理監禁？上述問題最適宜根據《香港基本法》第二十八條來處理。《香港基本法》第二十八條規定如下："香港居民的人身自由不受侵犯。香港居民不受任意或非法逮捕、拘留、監禁。"《香港人權法案》第五條（一）規定："人人有權享有身體自由及人身安全。任何人不得無理予以逮捕或拘禁。非依法定理由及程序，不得剝奪任何人之自由。"該案涉及下列問題：第一，該項條文的保障是否延伸至被法庭裁定罪行成立後合法地被處以監禁的罪犯；第二，該項條文能否以任意性為理由而令一項法庭據之以裁定某人罪行成立和隨之而判處該人監禁的實質刑法（例如本案所涉的嚴重身體傷害法則）無效。這兩個問題較宜根據《香港基本法》第二十八條作答。《香港基本法》第二十八條的內容與《香港人權法案》第五條（一）有別。第二十八條明確地提供了"憲法"保證涵蓋禁止任意"監禁"，而非僅禁止《香港人權法案條例》第五條（一）所指的無理"逮捕或拘禁"。"監禁"顯然包括法庭作出裁定某人刑事罪名成立後合法地向該人判處的關押刑罰。因此，無論《香港人權法案》第五條（一）的立場為何，就《香港基本法》第二十八條而言，上述第一個問題的答案顯然是肯定的。上述第二個問題的答案亦必然是肯定的。第二十八條並非僅禁止"非法"監禁，而是禁止"任意或非法"監禁。這項條文預期，即使是合法的命令的監禁也可以是"任意"的。因此，這種任意性可存在於令觸犯者被下令監禁的實質刑事法律責任法則之中。經整體考慮謀殺罪行的固有和獨有嚴重性以及強制性終身監禁的整體判刑目的後，法院不贊同強制性終身監禁明顯地不相稱，以致因屬於任意或無理而違反《香港基本法》第二十八條。在顧及謀殺罪的嚴重性後，立法機構斷定，即使考慮到這項罪行可在不同情況下發生，法庭仍須判處終身監禁刑罰。

《香港基本法》第二十五條規定在法律面前平等的權利，述明"香港居民在法律面前一律平等"。同樣地，《香港人權法案》第二十二條的關鍵部分亦規定"人人在法院或法庭之前，悉屬平等……"。就嚴重身體傷害法則及強制性終身監禁而言，兩名上訴人以上述條文作為基礎的論據只反映其以"任意或無理"作為基礎的論據，而並無對之作出補充。除非有關的監禁刑罰被裁定為任意或無理，否則兩名上訴人並無指出任何違反平等保障的情況。當然，本案也涉及到公平審判權的一些問題。

二、自由與法律確定性原則

人身自由主要指人人享有身體活動的自由，不受國家權力的非法侵犯，防止國家的任意或非法逮捕和拘禁，以及加諸於人身上的強制行為。那麼，民眾的人身自由仍可以依法予以限制。香港特別行政區法院在司法實踐中經常處理的是"依法限制"問題，這就不能繞過法律確定性這一原則。

法律確定性是一項重要的法律原則，也是香港法中一項重要的憲制原則。[67]"法律確定性原則要求一項法律必須具備足夠的準確度，讓市民可在有關情況下屬合理的程度上預見某項行為可能引致的後果。"[68] 香港特別行政區法院在一些判例中常常運用法律確定性原則來審視公權力機關是否對民眾人身自由構成侵犯。

在劉惠和訴香港特別行政區（*Lau Wai Wo v HKSAR*）[69] 一案中，劉惠和（上訴人）於 2002 年 6 月 3 日被控在香港沙田新田村 66 至 67 號地下外面襲擊他的胞弟 Lau Hoi Kit，據此被控以普通襲擊罪。原訟法庭裁定上訴人罪名不成立，但基於上訴人本人證供的性質和內容，命令他簽保守行為，若作出有違簽保命令的行為會受到一千元的處罰。裁判官事前並無警告上訴人該情況可能發生，也沒有詢問上訴人他是否有能力獲取一千元。上訴人針對保守行為這項命令向上訴法庭提出上訴，上訴案件於 2003 年 1 月 24 日進行審理，2003 年 3 月 17 日上訴被駁回。上訴人提出申請，請求法庭發出證明書，請

67　Johannes M M Chan SC and C L Lim (eds.), *Law of the Hong Kong Constitution* (2nd ed.) (Hong Kong: Sweet & Maxwell, 2015), sec. 17. pp. 44–52; P Y Lo, *The Judicial Construction of Hong Kong's Basic Law: Courts, Politics and Society after 1997,* (Hong Kong: Hong Kong University Press, 2014), pp. 94–95.

68　*Sunday times v United Kingdom,* (1979) 2 EHRR 245, p. 271.

69　*Lau Wai Wo v HKSAR* [2003] HKCFA 13; [2004] 1 HKLRD 372; (2003) 6 HKCFAR 624; FACC 5/2003.

求證明上訴所作裁決涉及重大而廣泛重要性的法律論點，但該申請於2003 年 3 月 31 日被駁回。上訴人最終向終審法院上訴委員會申請證明書和上訴許可，上訴委員會給予上訴許可。終審法院經審理認為，被簽保守行為命令違反了《香港人權法案》第五條、第十條，以及第十一條（二）的相關規定。[70]

　　本案涉及裁判官下令獲判控罪不成立的被告人簽保守行為[71]的權力，以及裁判官如此行事之前應遵從的程序。第一個問題是，在涉案的具體情況之下，法庭是否有權發出簽保命令？第二個問題是，法庭所採納的程序對於被下令簽保的個人是否公平？那麼本案的核心問題實際上是簽保命令是否符合法律確定性這一準則的問題，也可簡便地視為屬於較寬廣的“有沒有權”的問題。簽保命令必須符合法律確定性準則，才算恪守符合《香港人權法案》的規定。假如簽保命令規定其所針對的人要“遵守法紀”或“保持行為良好”，但沒有額外描述該人必須不做什麼才可避免違反命令，則這可能未能符合法律確定性的要求。法官通過對歐洲人權法院 *Steel v United Kingdom*[72] 等判例的援引，指出按照法律確定性原則，簽保命令必須準確地述明有關人士一定不能做何事，一如人們期望強制令能達到的準確度。那麼涉及到本案，法官認為，假如要命令上訴人簽保，則該命令應規定他簽保遵守法紀和保持行為良好，方法是不得襲擊或威脅襲擊胞弟或做任何事令胞弟合理地恐懼胞兄意圖襲擊他，或載有諸如此類的條款。對於應當

70　《香港人權法案》第十一條（二）規定：“審判被控刑事罪時，被告一律有權平等享受下列最低限度之保障 —— 給予充分之時間及便利，準備答辯並與其選任之辯護人聯絡。”

71　簽保行為令指的是被簽保守行為人保證遵守法紀和該人簽保以保證保持行為良好。簽保命令源於十四世紀時的英格蘭，當時實際上沒有警察當局，眾太平紳士和皇座法庭法官構成了代表英皇維持其國土內部法紀的重要架構。這一制度在香港得以延續，香港有許多法令規定了法院法官和裁判官擁有該項權力。如香港法例第二百二十一章《刑事訴訟程序條例》第一百零九條 I 的規定，香港法例第二百二十七章《裁判官條例》第六十一條的規定。

72　*Steel v United Kingdom* (1998) 5 BHRC 339.

如何表述簽保命令才算可接受，一個指標是：載有同樣條款的強制令會否可以接受。而具體到本案，裁判官單單把簽保命令表述為要求上訴人簽保 "遵守法紀和保持行為良好"。這項條件的用語不但欠缺所需的準確度，而且無甚意義。裁判官沒有說明何謂 "違禁的事情"。法官最終裁定這項簽保命令沒有遵從法律確定性原則。

　　本案涉及的另外一個重要問題是一個在法庭席前的人能否在不同意簽保守行為的情況下被判簽保守行為？上訴人在不同意簽保守行為的情況下被判簽保守行為，該項判決是否侵犯了上訴人依據《香港人權法案》所享有的公正審判權？法官運用公平程序的理論進行裁判。簽保守行為令作為法庭作出的一項判決，是用以約束被告行為的一項命令，被告作為被約束方，其是否同意接受這一命令是判決能否生效的先決條件。因為即使作為被告，他同樣享有法律賦予的公正審判權。並且在該項簽保守行為命令中，並沒有明確上訴人在接受約束的範圍及具體事項，這極有可能造成該約束的濫用，侵犯上訴人的合法權利。終審法院法官認為，提議作出簽保命令的法官或裁判官在定出擔保款額前，務須令自己信納該款額是可合理地預期有關人士有能力支付的。這通常要求法官詢問有關人士的經濟能力，而在本案中，法官沒有將發出簽保守行為命令的意向提前告知，也沒有詢問上訴人是否有能力支付違反簽保守行為命令應支付的罰款，這實則侵害了上訴人的知情權與公平表達個人意願的權力。因此法院所簽的保守行為命令不應成立，侵犯了當事人的公正審判權。在本案中，法官同時運用法律確定性原則和公平程序原理對簽保行為令進行審查。

David Morter v HKSAR[73] 一案也涉及到同樣的問題。法官同時運用法律確定性原則和公平程序原理對簽保行為令進行審查。

73　*David Morter v HKSAR* (2004) 7 HKCFAR 53; FACC 3/2004.

Noise Control Authority & Another v Step in LTD[74] 一案，也是一起關於法律確定性的重要判例。其主要案情如下：尖沙咀諾士佛台是一個消閒娛樂的地方，同時也是住宅區。區內有數家酒吧和餐館，其中一家酒吧名為 "Chasers"，由本案答辯人 Step In Limited 經營。Chasers 位於嘉寶大廈地下，其上各層均為住宅。居住在 Chasers 酒吧上面的住戶向噪音管制監督（Noise Control Authority，以下簡稱監督）投訴 Chasers 發出噪音，同一大廈其他單位的住戶亦就該等噪音作出投訴，稱一些樂隊夜間在 Chasers 奏樂娛賓。監督於 2002 年 4 月 2 日向該經營者送達稱為 "NAN" 的消減噪音通知書。該消減噪音通知書於 2002 年 11 月 28 日作出變更。消減噪音通知書的送達，乃受《噪音管制條例》第十三條[75] 管轄。對於監督向 Chasers 送達消減噪音通知書的權力，與訟各方均不表質疑。該消減噪音通知書說明監督已信任 "包括在 Chasers 彈奏或操作任何樂器或其他器具及播奏經擴音的音樂在內的活動所發出的噪音 …… 對在附近的噪音感應強的地方而言是煩擾的根源"。該消減噪音通知書的送達，指明是以第十三條

74　*Noise Control Authority & Another v Step in LTD* [2005] HKCFA 20; [2005] 1 HKLRD 702; (2005) 8 HKCFAR 113; FACV 11/2004.

75　《噪音管制條例》第十三條的相關規定如下："（1）如監督信納噪音是由除住用處所、公眾地方或建築地盤以外地方發出，並信納不論該噪音是單獨地或連同其他除住用處所、公眾地方或建築地盤以外地方發出的，該噪音 ——（a）對任何人（在發出噪音地方內的人除外）而言是其煩擾的根源，而該人所在的地方，是在根據第 10 條發出的技術備忘錄中被認為是噪音感應強的地方；（b）並不符合為施行本條而訂明的標準或限度；或（c）並不符合根據第 10（1）條不時發出的技術備忘錄所載的標準或限度，則監督可向以下任何一人或所有人送達具訂明格式的消減噪音通知書 ——（i）發出噪音、或促使或准許發出噪音的人；或（ii）發出噪音地方的業主、租戶、佔用人或掌管人。"（2）根據第（1）款就任何地方所發噪音而送達的消減噪音通知書，可規定收件人於通知書所指明的期間內消減噪音和辦妥一切為消減噪音而需要作的事情，可規定收件人 ——（a）確保該地方所發出的噪音不超越通知書所指明的限度或標準；（b）如該地方發出的噪音是因為操作任何裝備、機械、車輛、設備或工序而引致的，則確保該等裝備、機械、車輛、設備或工序均按照通知書上指明的條件操作；及（c）於通知書所指明的期間內，以書面告知監督一切（a）或（b）段所提述的和通知書上所指明的規定已被遵守。（3）監督根據第（2）款指明消減噪音的期限時，須顧及遵守消減噪音通知書上任何規定所涉及性質、困難及複雜之處。"

（1）（a）為理據。隨後的訴訟涉及該消減噪音通知書所指明的各項規定，是第十三條（2）及（3）所管轄的事宜。消減噪音通知書內可訂明的規定，必須針對消減"噪音"，即第十三條（1）所描述的噪音。這噪音就是從特定處所發出並且——就本案而言——對身處嘉寶大廈上層的投訴人而言是其煩擾的根源。第二條將"煩擾"界定為"合理的人不會容忍的煩擾"。該條例容許監督選擇如何表達消減噪音通知書的內容：該通知書可純粹規定將噪音消減，或可規定既將噪音消減且採取行動以"確保該特定地方所發出的噪音不超越通知書所指明的限度或標準"。不遵守有效的消減噪音通知書所載的規定，即屬犯罪。[76] 在本案中，原本的消減噪音通知書規定該經營者將有關投訴所指"於 2002 年 5 月 2 日至 2002 年 6 月 1 日期間"（首尾兩天包括在內）的噪音消減，並"確保自 2002 年 6 月 2 日起的六個月內的任何時間，在該……處所從包括語音、彈奏或操作任何樂器或其他器具及播奏經擴音的音樂等活動發出的噪音，當在以《噪音管制條例》第十三條（2）（a）為根據的附件的表 1 所指明的時段內於評估點被評估時，須符合有關的噪音限度"。該經營者對於以"聽不見"一詞表達為該消減噪音通知書附表所列明的在夜間時分（23:00 時至 07:00 時）的噪音限度的規定的標準不滿。該經營者藉日期為 2002 年 7 月 11 日的經修訂上訴通知書，向噪音管制上訴委員會提出上訴，其所針對的是該消減噪音通知書所訂明的在指定時段的室內噪音限度為"聽不見"的一部分。

---

76 《噪音管制條例》第十三條（6）規定："任何人根據第（1）款獲送達消減噪音通知書，或根據第（4）款獲送達通知書，如不遵守該等通知書所載的任何規定，即屬犯罪。"第十三條（7）規定："任何人犯了第（6）款所訂的罪行——（a）經第一次定罪，可處罰款 \$100,000；（b）經第二次或其後定罪，可處罰款 \$200,000，而無論任何情形，繼續犯罪則可按犯罪期間處罰款每日 \$20,000。"

表8　消滅噪音通知書的附件內容

時段	噪音限度	
	室內	建築物外牆
日間及晚間 （07:00 時至 23:00 時）	不超越 55 分貝（A）	不超越 65 分貝（A）
夜間 （23:00 時至 07:00 時）	聽不見	不適用

　　該經營者認為該項"聽不見"規定"（1）超越《噪音管制條例》的權限及／或（2）不屬該條例第 13（2）（a）條所指的合法 '限度' 及／或（3）過於主觀，從而在性質上或程度上不確定及／或不合理及／或（4）不能獲客觀遵守或達到，故屬無效及不確定"。雙方當事人均向噪音管制上訴委員會提供了一些聲學測量界專家的文章等，最終該委員會多數成員不相信採用以"聽不見"為限度會引入主觀及不確定的元素，從而會令上訴人無法遵守消減噪音通知書的規定。該委員會於 2002 年 7 月 29 日駁回有關上訴，該經營者於是尋求司法覆核該委員會的裁決。高等法院原訟法庭法官朱芬齡裁定該委員會的裁決在法律上沒有錯誤，並駁回該經營者的動議通知書。該經營者提出上訴，獲判得直。上訴法庭三位成員當中，上訴法庭法官袁家寧及原訟法庭法官夏正民裁定上訴得直，上訴法庭法官張澤佑則持異議。上訴法庭許可向終審法院提出上訴。終審法院經審理認為，該經營者以該項"聽不見"規定在其他方面"在性質上或程度上不合理"為理據提出上訴，但該理據並無任何證據支持。在缺乏相反證據下，假如要讓嘉寶大廈的居民有機會在免受干擾下睡眠，則訂立"聽不見"規定不但合理，而且有必要。終審法院裁定上訴得直，並撤銷上訴法庭的命令。

　　本案值得討論的兩個核心問題是：其一純屬法律問題，即訂明該項"聽不見"規定之舉,是否超出監督的權力?其二屬事實兼法律問題,即在顧及所有相關情況下,該項"聽不見"規定是否在性質上或程度上不合理?

首先,來討論訂明該項"聽不見"規定之舉,是否超出監督的權力?《噪音管制條例》第十三條賦權監督訂立該規定,則訂明該項"聽不見"規定之舉並未超出監督的權力。

其次,《噪音管制條例》第十三條儘管賦權監督訂立該規定,但監督根據《噪音管制條例》第十三條而訂明的"聽不見"的行為是否違反了《香港人權法案》第十一條(一)要求的法律的確定性原則?如果訂明該項"聽不見"規定之舉不抵觸《香港人權法案》的話,該項"聽不見"規定是否在性質上或程度上不合理?《噪音管制條例》第十三條(1)(a)授予送達本案所涉的消減噪音通知書方面的法定權力。授予該權力是為消減第十三條(1)(a)所指的噪音,即是對身處嘉寶大廈最接近 Chasers 的單位內的人而言是"煩擾"的噪音。根據第十三條(2)(a)訂立的須"聽不見"噪音的規定,顯然旨在達到第十三條(1)(a)的目的,而該規定獲得遵守,就會產生消減噪音的效果。根據第十三條(1)(a)授予送達消減噪音通知書的權力,目的是消減對一名實在的聽者而言是其煩擾的根源的噪音。即使聽覺敏感度因人而異,該條例並沒有在聽力敏銳的聽者、聽力正常的聽者與聽力受損的聽者之間作出區別。誠然,足以支持行使送達消減噪音通知書的權力的煩擾程度是"合理的人不會容忍的煩擾",但該條例並無說明何謂"合理的人"的聽力。引入聽者的"合理性"這概念,並不能應對指"聽力敏銳度的差異可造成在可聽見的聲音級別方面亦出現若干差異"的論點。"合理的人"也各有不同程度的聽力。不論如何,根據第十三條(1)(a)送達消減噪音通知書的目的,是消減對身處特定的噪音感應強的地方的人而言是其煩擾的根源的噪音,不管該人的聽力如何。該項適用於夜間時分的"聽不見"規定的有效性，毋須依賴上述事實背景來確立。就在這裏，"煩擾"的定義——即"合理的人不會容忍的煩擾"——成為相關考慮因素。由於根據第十三條（2）（a）送達的消減噪音通知書，其目的必須是把構成煩擾從而觸發第十三條（1）（a）下送達該通知書的權力的噪音消減。因此，該通知書的規定必須被解釋為局限於消減對合理的人而言會是煩擾的噪音。按此解釋，該項訂為在夜間時分"聽不見"的準則是絕對確定及合理的。然而，某人如對聲音異常敏感，便須就這種敏感度作出合理通融。"合理的容忍"這個概念，是利用負責發出噪音的人的自由來調整對聽者的保護。而何謂合理的可容忍，須視乎情況而定。容忍這個概念可顧及眾多考慮因素，包括聽力的敏銳度。因此，對於只有聽力異常敏銳的人才聽得見的噪音來說，在決定何謂合理容忍時，亦必須考慮到事實上大多數人聽不見該噪音。就那些對敏感度正常的人來說不會是煩擾的噪音而言，異常敏感的人（不論是基於聽力敏銳或其他原因）對該等噪音不表容忍，可能屬不合理。就此而言，何謂"異常"，須視乎所有情況而定。"合理的人會容忍什麼"這個概念所牽涉的考慮因素，除了投訴人的聽力敏銳度之外，還包括噪音感應強的地方的位置及性質，以及任何其他相關因素。該項"聽不見"規定在應用上雖不產生一致的可量化的測量，但確實產生客觀的標準或限度。該規定禁止於夜間製造可在評估點聽見的噪音。一旦該項"聽不見"規定顯現客觀性，指其不確定的反對理由就不能成立。按此解釋，該項規定顯然受第十三條（2）（a）所授予的權力涵蓋。

就本案而言，從來沒有出現涉案噪音只有異常敏感的人才可聽見的問題，亦沒有出現有關情況可否為發出只有異常敏感的人才可聽見的噪音的人提供辯解的問題。其次，"法律確定性"原則要求法律必須充分確實，讓市民能在有關情況下屬合理的程度上預見某特定行為可帶來的後果。該消減噪音通知書的內容並無違反"法律確定性"原則。該通知書所通知的人，確切地知道被禁止的就是從 Chasers 發出且在其樓上單位聽得見的音樂或其他噪音。該經營者無權進入該單位一事，並不改變該規定本身的精確度和可理解性。該經營者可能難以確切地知道 Chasers 要發出何等響亮的噪音才會違反該消減噪音通知書的規定，且該經營者可能有需要採取較為安全的做法，但關於如何構成違反該通知書的規定並無不確定之處，以不確定及不合常理為由而對法定文書提出的質疑並不能成立；即使該文書在應用上不確定或不合理，或與一般法律相抵觸，只要受質疑的文書並非在內容上甚不確定以至毫無意義，其內容就不應被認為是違反了法律確定性原則。

在 *Mo Yuk Ping v HKSAR* [77] 一案中，涉及的主要問題是 "串謀詐騙罪" 的表述方式是否足夠地明確，使該罪行屬於《香港基本法》第三十九條所指的 "依法規定" 或《香港人權法案》第十一條（一）所指的 "依法"，即串謀詐騙罪是否違反 "法律確定性" 原則。終審法院經審理認為：（1）"不誠實" 是串謀詐騙罪的要素，意思是所協定的手段必須是不誠實的；（2）用以決定 "不誠實" 元素是否存在的驗證標準，是 *Ghosh* 案所闡明的兩階段驗證標準；（3）該罪行涵蓋涉及經濟損失的個案和涉及 "違反公共責任" 的個案；（4）就前述首個類別而言（經濟損失的個案），該罪行的要素是使用不誠實手段，導致另一人蒙受經濟損失，或使另一人的經濟權益承受風險，而儘管有具影響力的條例典據以支持主張該罪行延伸至涉及非經濟損失的個案，但該主張是否正確，尚待最終定奪；及（5）該罪行不延伸至 "違反公共責任" 個案以外的 "違反私人責任" 情況。終審法院認為串謀詐騙罪符合 "法律確定性" 原則。

可見，在涉及法律確定性判例中，常常包含法院對普通法的一些罪行以及政府的一些行政行為的 "違憲審查" 問題，公權力機關常常

77　*Mo Yuk Ping v HKSAR* (2007) 10 HKCFAR 386; FACC 2/2007.

由於違反"法律確定性"原則而被裁定侵犯權利人的人身自由。由於普通法對程序正義的追求與保障，人身自由的判例也常常牽涉到公正審判權。

終審法院強調人身自由是《香港基本法》第二十八條所保障的重要公民權利，而非法拘捕引起的扣留本身就是非法的禁錮。終審法院通過個案對"任意"和"非法"拘禁進行了解釋，有力地保障了民眾的人身自由。

第五節　終審法院對平等權的保障

　　平等權的含義較為模糊，《香港基本法》第二十五條規定："香港居民在法律面前一律平等。"《香港人權法案》第二十二條規定："人人在法律上一律平等，且應受法律平等保護，無所歧視。在此方面，法律應禁止任何歧視，並保證人人享受平等而有效之保護，以防因種族、膚色、性別、語言、宗教、政見或其他主張、民族本源或社會階級、財產、出生或其他身份而生之歧視。"那麼，究竟什麼是法律面前一律平等？法律上是否允許差別對待？差別對待是否構成對平等權的侵犯？終審法院通過典型性的案例回答了以上各種問題。通過對典型判例的分析，本書發現，許多涉及平等權的案例會與其他權利發生交叉，如與平等的社會福利權、平等的選舉權相關聯。平等權是香港特別行政區法院重點保障的權利。平等並不意味著無差別待遇，司法實踐中發展出了平等的偏離原則，偏離必須是理性的需求，偏離的程度必須符合比例原則。

一、平等與性別歧視

　　香港是一個多元的社會，存在著不同的族群。香港社會在對待性傾向問題上十分寬容，在司法實踐中，平等權常常與性別歧視、性少數群體的權益相關。下文將選取典型性的判例來分析香港特別行政區法院對平等權的保障態度與解釋方法。

在蘇偉倫訴香港特別行政區（*So Wai Lun v HKSAR*）[78] 一案中，2002 年 7 月 28 日，二十五歲的蘇偉倫與一位十三歲的女童發生了性關係，他因此被控觸犯《刑事罪行條例》（香港法例第二百章）第一百二十四條（1）的罪名，即與十六歲以下的女童發生性行為。審訊期間，法官認為如果被告能夠在相對可能性較高的基礎上（On a Balance of Probabilities）證明他不知道、也沒有理由懷疑與其性交的是十六歲以下的女童，那麼這將對他的控告，構成為辯護理由。原訟法庭法官認定被告人不知道、也沒有理由懷疑受害人是十六歲以下兒童，因此對他做出了無罪的裁決。控方不滿判決結果而向上訴法庭提請上訴。上訴法庭認為《刑事罪行條例》第一百二十四條（1）是一條絕對法律責任的條文，因此，被告人知不知道、有沒有理由懷疑受害人是十六歲以下的女童，並不能對他的指控構成抗辯理由。之後，上訴法庭將案件發回原訟法庭，指示對被告人作出判罪並施與適當判刑。蘇偉倫後將該案上訴至終審法院，其理由有二：第一，《刑事罪行條例》第一百二十四條（1）的規定與《香港基本法》第二十五條的 "平等原則" 相違背；第二，該絕對法律責任條文不但任意，而且嚴苛和不合理，沒有任何意義，因為刑法的目的不是去防止人們實施他們認為合法的行為。終審法院在審理過程中考慮了 *R v Man Wai-keung*[79] 一案，同意平等的起點是一視同仁，但不應局限於單純文字上的平等。有時候，偏離是恰當的。前提是如果依據一個合理的平常人的角度，偏離是有理性的需要；而且，偏離的程度需符合比例原則。法院同時亦考慮了美國、加拿大和愛爾蘭跟上訴人情況類同的案例，在平等的原則上，它們皆以多數票裁定該相關刑事條文並不違憲，因此，終審法院亦認為第一百二十四條（1）在平等原則上的偏離是具正當理由的。對於第二個理據，終審法院亦認為不能成立，因

78　*So Wai Lun v HKSAR* (2006) 9 HKCFAR 530; FACC 5/2005.

79　*R v Man Wai-keung* [1992] 2 HKCLR 207.

此《刑事罪行條例》第一百二十四條的規定是合憲的。據此，上訴人的上訴被駁回。

本案主要涉及到《香港基本法》第二十五條以及《香港人權法案》第二十二條保障的平等權，還涉及到對《刑事罪行條例》第一百二十四條（1）的相關規定的司法審查。上訴人辯稱：首先，就男女雙方的有關作為，《刑事罪行條例》第一百二十四條（1）將男方的行為刑事化，但沒有將女方的行為刑事化，這剝奪了男方在法律面前平等的權利。該項權利受《香港基本法》第二十五條和《香港人權法案》第二十二條的保障。其次，他認為《刑事罪行條例》第一百二十四條下的罪行屬絕對法律責任罪行，該絕對法律責任不但嚴厲，而且沒有實際作用。[80] 時任高等法院法官包致金法官在處理平等這議題時表示：很明顯，法律並不要求徹底平等，意即永遠死板地給予相同待遇，因為如此僵硬的做法只會破壞而不是發揚真正的不偏不倚。因此，在某些情況下，偏離徹底平等會是合情合理的做法，甚或確實會是唯一合情合理的做法。但起始點是給予相同待遇，而任何偏離必須有理可據。要使偏離有理可據，便必須證明：第一，明理且無偏見的人會承認有真正需要在待遇上有若干差別；第二，為切合該需要而選擇的特定偏離所體現的差別，本身屬於合理；以及第三，該種偏離與該需要相稱。終審法院法官在審理過程中引用了許多普通法系國家和地區的判例，還研究了許多國家的立法，最終認為本案中受挑戰的法例偏離給予相同待遇原則，但就真正需要、合理性和相稱性而論，該偏離是有理可據的。它並無違反"憲法"所給予的平等保證，因此，不平等申訴不能成立。在針對"任意"的申訴問題上，法官認

---

80 《刑事罪行條例》（香港法例第二百章）第一百二十四條規定："（1）除第（2）款另有規定外，任何男子與一名年齡在 16 歲以下的女童非法性交，即屬犯罪，一經循公訴程序定罪，可處監禁 5 年。（2）凡根據《婚姻條例》（第 181 章）第 27（2）條，因妻子年齡在 16 歲以下以致婚姻無效，如丈夫相信並有合理因由相信她是他的妻子，則該婚姻的無效不得令致丈夫因與她性交而犯本條所訂罪行。"

為，把"與年齡在十六歲以下的女童非法性交"罪訂為絕對法律責任罪行並不屬於"任意"。凡立法機關制定了一項絕對法律責任罪行，法庭不會純粹基於有意見認為容許被告人就該罪行提出"相信"或"合理地相信"的免責辯護將較為可取而廢除該罪行。刑法的阻嚇作用並不限於令人們怯於做他們知道是非法的事，刑法亦鼓勵人們小心避免做可能非法的事，就《刑事罪行條例》第一百二十四條而言，小心避免作出可能非法的行為，以及充分遠離合法與非法之間的界綫，將大大增加該條文旨在給予年幼女童的保護。考慮到保護年幼女童的高度重要性，並在顧及涉案所有情況下，終審法院的法官認為，把"與年齡在十六歲以下的女童非法性交"訂為絕對法律責任罪行不能說是任意。這是立法機關在憲制層面上可以作出的選擇。可見，在本案的審判過程中，終審法院的法官對平等進行了解釋，指出了法律並不要求徹底平等，意即永遠死板地給予相同待遇。終審法院在個案的審理中發展出了"平等原則的偏離"，即偏離徹底平等的合情合理原則。

在律政司司長訴丘旭龍、李錦全案（*Secretary of Justice v Yau Yuk Lung Zigo & Another*）[81] 中，丘旭龍、李錦全被指控在互聯網上發展了聯繫後，在一輛停靠在公眾道路旁的私家車內作出涉案作為。該行為違反了《刑事罪行條例》第一百一十八 F 條（1）的規定，屬於犯罪，[82] 即"任何男子與另一名男子非私下作出肛交，即屬犯罪，一經循公訴

---

81 *Secretary of Justice v Yau Yuk Lung Zigo & Another* (2007) 10 HKCFAR 613; FACC 12/2006.

82 《刑事罪行條例》第一百一十八 F 條（1）規定："任何男子與另一名男子非私下作出肛交，即屬犯罪，一經循公訴程序定罪，可處監禁 5 年。"第一百一十八 F 條（2）是補充條文，訂明在兩種情況下作出的作為，不得視為私下作出。第（2）（a）款訂明第一種情況，即在作出時有超過二人參與或在場。不過，高等法院原訟法庭法官夏正民在 *Leung Tc William Roy v Secretary for Justice* [2005] HKCFI 713; [2005] 3 HKLRD 657; [2005] 3 HKC 77; HCAL 160/2004 案第九十九段已裁定第（2）（a）款"違憲"。政府在法官席前亦曾接納此點。第（2）（b）款訂明第二種情況，即有關作為是"在公眾可憑付費或其他方式進入或獲准進入的廁所或浴室內作出。"根據第一百一十八 F 條（3），"浴室"指："任何處所或任何處所的部分，而該處所或處所的部分是為需桑拿浴、淋浴、土耳其浴或其他類型沐浴的人的使用而設者。"

程序定罪，可處監禁五年"的規定。案件初審由裁判官嘉理仕先生審理。開審時，兩名答辯人對第一百一十八 F 條（1）的合憲性提出質疑，並申請擱置有關法律程序。裁判官接納該項合憲性質疑，並撤銷有關控罪。上訴人以案件呈述方式提出上訴，質疑裁判官在法律上的結論。高等法院原訟法庭下令將該上訴交由上訴法庭審理。答辯人認為，相對於雙性戀和女同性戀者而言，《刑事罪行條例》第一百一十八 F 條是對男同性戀者的歧視與不平等的對待。上訴法庭接受德沃金教授在其著作《認真對待權利》（R Dworkin, *Taking Rights Seriously*）的觀點，認為很多人在沒有理由的前提下，單單基於偏見、不理性和個人的反感下排斥男同性戀者。在考慮了蘇偉倫一案後，上訴法庭認為沒有正當理由，包括社會道德的考慮，去容許第一百一十八 F 條偏離一般的平等原則，因此駁回控方的上訴。控方遂上訴至終審法院。終審法院考察了《刑事罪行條例》第一百一十八 F 條（1）的立法背景、[83] 普通法下作出有違公德行為罪 [84] 等，引用有理可據驗證標準來檢視第一百一十八 F 條（1）的相關內容，認為無法確立該條對於男性性交的差別待遇是為了追求任何合法的目的。第

83　1983 年 4 月，法律改革委員會（法改會）發表《有關同性戀行為的法律》報告書，當中提出的主要建議，包括使成年男子彼此同意而私下進行的同性性行為不構成刑事罪行，以及制定措施以保護男子及男童免受性虐待及免被利用從事性罪行。《刑事罪行（修訂）條例》於 1991 年制定，並自同年 7 月 12 日起生效。正如相關條例草案的摘要說明所指出，《刑事罪行（修訂）條例》把法改會上述報告書中的主要建議付諸實行。第一百一十八 F 條是於 1991 年作為《刑事罪行（修訂）條例》的一部分而制定，只把非私下同性肛交列為刑事罪行。它並非源於法改會上述報告書。事實上，法改會曾經建議訂立一項名為"猥褻性公眾行為"的新罪行，這項新罪行就性傾向而言是中立的，與第一百一十八 F 條截然不同。法改會建議訂立該項新罪行，是因為"猥褻性公眾行為，包括同性戀行為，係違反社會一般道德標準因此應加強保障市民大眾，以免他們成為該等行為的受害者"。參見香港法律改革委員會研究報告書《有關同性戀行為的法律》見第 11.24 及 12.17 段。

84　根據英國的判例，普通法所訂立的有違公德罪是指：凡在公眾有真正可能目睹的地方作出任何有違公德的猥褻、淫褻或令人厭惡的作為。而該項罪名已能達到任何可加於這項條款上的非歧視性目標。根據《刑事訴訟程序條例》（第二百二十一章）第一百零一 I 條，這項普通法罪行的最高刑罰為七年監禁。這項普通法罪行並無產生針對任何群體的效果。

一百一十八 F 條（1）是一項帶歧視性的法律，它只把非私下的同性肛交列為刑事罪行，卻沒有把異性戀者同樣或相若的行為列為刑事罪行，而這種待遇上的差別是並非有真正必要的。同性戀者在社會上是少數族群。該條文具有針對他們的效果，在憲制上屬無效。法庭有責任強制執行在法律面前平等這項憲制保證，也有責任確保人人免受歧視性的法律侵害。最終，終審法院駁回了律政司司長的上訴，宣告《刑事罪行條例》第一百一十八 F 條（1）"違憲"。

本案涉及對《香港基本法》第二十五條，《香港人權法案》第十條、第二十二條以及《香港人權法案》第一條（一）的解釋，[85] 涉及到《刑事罪行條例》第一百一十八 F 條（1）的合憲審查等問題。終審法院的法官包致金在判詞中再次強調了立法對人權保障的重要性，強調了平等原則在人權保障中的重要價值。他指出：國家制定法律，在林林總總、各式各樣的立法目的中，沒有比宣告、保護和體現人權的全部潛能這個目的更為重要了。而保證這些權利的最佳方式，莫過於確保人人可在平等的程度上享受這些權利。既然獲得給予無條件的保證和寬鬆的解釋，在法律面前平等的權利便必然構成不受歧視的絕對權利。然而，平等原則並不要求徹底平等，偏離徹底平等是合情合理的，即允許合理的偏離。而最終來說，用以驗證這種偏離有否侵犯在法律面前平等的權利的標準，乃是有關偏離是否構成歧視任何人或任何類別的人。簡而言之，它是否屬歧視性。如果它屬歧視性，則不論該種偏離是以歧視為目標還是純粹產生歧視的效果，它都侵犯了在法律面前平等的權利。終審法院重申蘇偉倫案的論據，平等原則的偏離，必須有理有據；要想有理有據，必須滿足以下三個條件：1. 該偏離是為了達到一個有真確需要的合法目的；2. 該偏離與該合法目的之間有理性的聯繫；3. 該偏離的程度並不超越為達致該合法目的

---

85 《香港人權法案》第一條（一）規定："人人得享受人權法案所確認之權利，無分種族、膚色、性別、語言、宗教、政見或其他主張、民族本源或社會階級、財產、出生或其他身份等等。"

之需要。"合理性"和"相稱性"是確立已久、建基於大批案例典據和學術意見的法律概念。它們都是普遍適用的。另一方面,"有真正必要給予有若干差別的待遇"這個因素,是特別與法律面前平等的權利有關的概念。它既是對抗歧視的第一道防綫,也是邁向多元化和尊重不同性的第一步。在這些事宜上,較為可取的方式是由法庭公開地承認以"明理且無偏見的人"的想法為根據來審理個案。

二、平等與傳統權益

《香港基本法》第四十條規定,"新界"原居民的合法傳統權益受香港特別行政區的保護。那麼,司法實踐中如何對待"新界"原居民的傳統權益呢?香港特別行政區法院如何平衡香港的社會發展與傳統權益呢?

律政司司長及另二人訴陳華及另三人案(*Secretary of Justice & Others v Chan Wah & Others*),[86] 是一起涉及平等權、新界原居民傳統權益以及選舉權的判例。答辯人陳華為西貢坑口布袋澳村村民,謝群生為元朗八鄉石湖塘村村民,但二人不符合香港法例第五百一十五章《地租(評估及徵收)條例》對"原居村民"的定義,即非在 1898 年時是香港原有鄉村的居民或其父系後裔。因此,根據布袋澳村和石湖塘村於 1999 年就選舉村代表一職時各自作出的選舉安排,陳華被拒投票,而謝群生被拒參選。二人通過司法覆核程序質疑該選舉安排的法律效力,認為該等安排與《香港基本法》、《香港人權法案》和《性別歧視條例》均有抵觸,違反了平等原則。兩人在原訟法庭及上訴法庭均獲判勝訴。原居村民代表及政府遂向終審法院提出上訴,認為《鄉議局條例》第三條(3)提及"以選舉或其他方式獲選為代表

86　*Secretary of Justice & Others v Chan Wah & Others* [2000] HKCFA 88; [2000] 3 HKLRD 641; (2000) 3 HKCFAR 459; [2000] 4 HKC 428; FACV 11/2000.

某鄉村的人"是指"代表原居村民"。終審法院認為過去曾有一段時期是所有村民皆屬原居人士，由於鄉村的人口主要是來自原居村民，因此村代表亦代表原居村民。然而，二十世紀末的數十年裏，新界經歷了急速的改變，在經濟及社會因素影響下，人口出現流動。村代表實際上已不再只代表原居村民，而是代表整個由原居村民和非原居村民所組成的鄉村。終審法院認為，即使假定《鄉議局條例》於 1959 年制定時，有關鄉村的人口只由原居村民組成，也沒有理據可指稱，立法者有意將該法例的涵義固定在制定之時間。終審法院強調《鄉議局條例》應具有前瞻性，認為應當按照詮釋其他條例的一般做法，把相關法例視為需要繼續施行的現行法例來進行闡釋。"代表某鄉村"應指代表整個鄉村，而非鄉村的一部分人士。因此，組成有關鄉村人口的原居村民及非原居村民均應該獲得代表。終審法院認為以非原居人士為由對答辯人的投票權及參選權加以限制，不應被視為合理的限制。至於《香港基本法》第四十條規定的"新界原居民的合法傳統權益受香港特別行政區的保護"，終審法院認為該條所指的"合法傳統權益"並不能衍生出上訴人所辯稱原居民所擁有的政治權利。據此，上訴被駁回。該判例強調了終審法院對原著居民傳統合法權益的保護，而新界原住居民不享有政治權利方面的特權。法院最終認為新界地區居民的選舉權同非原居民的選舉權是平等的。本案也涉及《香港基本法》第四十條的規定，即"新界"原居民的合法傳統權益受香港特別行政區的保護。

三、平等地享有社會公共服務

Fok Chun Wa & Zeng Lixia v The Hospital Authority & Anohter 案 [87] 則

87　*Fok Chun Wa & Zeng Lixia v The Hospital Authority & Another* [2012] HKCFA 34; (2012) 15 HKCFAR 409; [2012] 2 HKC 413; FACV 10/2011.

涉及赴香港生產的內地婦女是否與香港婦女平等地享有香港的醫療資源的問題。在本案中，第二名上訴人是一些內地婦女的代表，她們與香港居民結婚，持有雙程證，正在申請單程證。她在香港一家公立醫院生了孩子。本案的上訴人認為像她一樣與香港居民結婚的內地婦女在公立醫院產子發生的費用遠遠高於香港本地的婦女，這種制度違反了平等原則，構成對她本人及其所代表的婦女的歧視。通常情況下，司法機關不介入政府制定的關於經濟、社會等政策，然而，終審法院認為，案件即使涉及政府制定的經濟與社會領域的政策，如該項政策涉及對香港社會核心價值觀的任何不尊重，法院也應當並有義務進行干預。如果不平等待遇的原因觸及與個人或人類特徵（如種族、膚色、性別、性取向、宗教、政治或社會出身），則法院將認為這是不可以接受的。這些特點涉及社會給予人的尊嚴。它們是基礎社會價值觀。而在本案中，終審法院認為政府依據居民身份作為享有社會公共服務的標準並不"違憲"，並不觸及香港社會的核心價值 —— 平等。從本案的判詞來看，平等是香港社會的核心價值，是香港特別行政區法院守護的重要權利和核心價值。

總之，平等權在司法實踐中，多與其他具體的權利相關聯，權利人常在訴訟中提及並主張。香港特別行政區在二十多年的的司法審判實踐中發展出了判斷是否侵犯平等權的裁判標準，其中包括平等的偏離原則。

第六節　終審法院對財產權的保障

《香港基本法》第六條規定："香港特別行政區依法保護私有財產權。"《香港基本法》第一百零五規定："香港特別行政區依法保護私人和法人財產的取得、使用、處置和繼承的權利，以及依法徵用私人和法人財產時被徵用財產的所有人得到補償的權利。徵用財產的補償應相當於該財產當時的實際價值，可自由兌換，不得無故遲延支付。"在香港的司法實踐中，主要涉及的是財產權限制以及侵犯財產權的補償問題。以下以最具代表性的案例進行分析。

在 *Hysan Development Co Ltd & Others v Town Planning Board* [88] 一案中，城市規劃委員會（Town Planning Board，以下簡稱委員會）透過兩份分區計劃大綱草圖在銅鑼灣和灣仔區實施規劃限制。在該區擁有大量物業的上訴人 Hysan Development Co Ltd 等對該等限制提出質疑，理由是他們依據《香港基本法》第六條及第一百零五條下的財產權受到侵犯。高等法院上訴法庭裁定上訴人上訴得直，於是將該案發還予委員會重新考慮，但上訴法庭否定了該等限制侵犯了上訴人依據《香港基本法》享有的財產權。上訴人最終將本案上訴到終審法院。終審法院經審理認為，本案涉及到對上訴人依據《香港基本法》第六條及第一百零五條所享有的財產權的限制，並認為要判斷該等限制的允許程度，應採用相稱性原則進行測試。該原則的測試包括四個步

---

[88] *Hysan Development Co Ltd & Others v Town Planning Board* (2016) 19 HKCFAR 372; FACV 21&22/2015.

驟，第一，此等限制必須符合合法目的（Legitimate Aim）；第二，此等限制與追求的目標具有合理的聯繫（Rational Connection）；第三，採取相稱的方法（Proportionate Means）；以及第四，合理地平衡因該等限制而侵犯個人權利和獲得的社會利益的要求。只有經過"相稱性原則"驗證的限制才可以實施。該案為類似的案件提供了指引，城市委員會在城市規劃中，如涉及民眾的財產權的限制，則此等限制必須符合相稱性原則。

在地政總署署長訴 Yin Shuen Enterprises Ltd 及另一人案（*Director of Lands v Yin Shuen Enterprises Ltd and Another*）[89] 中，Yin Shuen Enterprises Ltd 和 Nam Chun Investment Company Limited 兩公司是本案的申索人，其分別擁有位於新界的兩處土地，於 1999 年被收回作公共房屋用途，之前屬未開發農地，而當時正空置或用作露天存放地。有關土地靠近市區並接通臨街道路，適宜作住宅發展，而事實上亦已區劃作住宅用途。本案所涉土地均是根據官契（現稱政府租契）持有，各自獲批租為農地或花園地，並受制於限制性契諾，包括（1）一項用途契諾，訂明禁止把該土地用作除農地或花園地以外的建築用途；及（2）一項建築契諾，訂明兩公司未經官方（現稱政府）測量師批准，不得在有關土地上興建任何建築物。被徵土地方與政府就徵收土地的補償額發生爭議。本案兩名申索人所提供的各項可資比較值受到政府的估價師質疑，理由之一是指該等已付價格中有很大成分是他所稱的"期望價值"，即是說買家因期望或預期取得修改租契條款以容許發展，而願意支付較該土地在租契容許的用途下的市價為高的金額。他辯稱該等可資比較值應不予理會，因為《收回土地條例》（香港法例第一百二十四章）第十二條（c）將有關土地價值中的這項成分從可獲補償的範圍排除。雙方當事人將該案提交土地審裁處。審

89　*Director of Lands v Yin Shuen Enterprises Ltd and Another* (2003) 6 HKCFAR 1, FACV 2&3/2002.

裁處按眾申索人所提供的各項可資比較值作出評定，並認為這是完全可接受的。審裁處既無裁定該等價格是否包含"期望價值"成分，亦無作出調整以反映該成分。審裁處採取的觀點是，申索人有權獲得十足反映該土地的發展潛力的補償，即使這潛力在未取得修改有關租契條款之前不能變現，而申索人不享有法律權利獲准如此修改，情況亦然。地政總署對於審裁處的判決不服，遂上訴。上訴法院駁回了其上訴，於是地政總署再次提出上訴。兩案具有同一爭議點，因此合併審理。本案涉及到《香港基本法》第一百零五條規定的財產權和獲得補償權以及《收回土地條例》（香港法例第一百二十四章）評定須付的收地補償額等問題。

本案涉及具有重大發展潛力的土地，但該土地是根據政府租契持有，而租契條款訂明不容許興建建築物。問題是：假如有證據顯示買家在期望或預期取得修改相關租契條款下願意支付較所涉土地在受到該等限制下的價值為高的價格，則須付的收地補償額應否反映該較高的價格？這問題取決於《收回土地條例》第十條、[90] 第十二條（c）的涵義和效力。[91] 眾申索人認為該條例第十二條（c）若具有政府所辯稱

90　《收回土地條例》第十條載有評定收地補償額的總則。該項條文的關鍵內容如下："土地審裁處裁定政府須支付的補償：（1）對於根據第 6（3）或 8（2）條向土地審裁處呈交的申索，該審裁處須根據申索人因申索內所指明的土地被收回而蒙受的損失或損害，裁定須支付的補償額（如有的話）；（2）土地審裁處裁定根據第（1）款須支付的補償額（如有的話）時，須以下列各項為基準 ——（a）被收回的土地及其上的任何建築物在收地當日的價值 ……"

91　《收回土地條例》第十二條規定："裁定補償的附加規則：在裁定根據本條例須支付的補償時 ——（a）不得因收地屬強制性而予以任何寬容；（aa）如有關土地所在的地區、地帶或區域是已預留或劃出作《城市規劃條例》（第 131 章）第 4（1）（a）、（c）、（d）、（e）、（f）、（g）、（h）或（i）條所指明的用途，或該土地受該等地區、地帶或區域影響，則不得將此事實作為考慮之列；（b）凡根據政府租契持有土地而不按照政府租契的條款使用土地，則不得就該項使用給予補償；（c）不得因預期獲得或頗有可能獲得政府或任何人批出、續發或延續任何特許、許可、契約或許可證而給予補償：但如以下情況，即是若非因該土地被收回，便可按應有權利確使任何特許、許可、契約或許可證獲批出、續發或延續者，則本段對該情況不適用；及（d）除第 11 條及本條（aa）、（b）及（c）段另有規定外，被收回土地的價值，須被視為由自願的賣家在公開市場出售該土地而預期變現可得的款額。"

的效力，便會抵觸《香港基本法》第一百零五條的規定。關於第十二條（b）和（c），該兩項條文所表達的觀念都相當清晰。在評定就土地被取去的補償金額時，不得考慮任何因不按照用途條款使用土地或因頗有可能或預期取得但申索人沒有當然權利取得的任何"特許、許可、契約或許可證"而可能產生的土地價值。第二方面要注意的是，第十二條（c）與第十二條（b）一併理解，可組成前後一致的整體。任何可歸因於不按照用途條款使用土地的土地價值不得予以理會，而頗有可能取得或預期取得許可繼續如此使用土地亦然。要是不顧及取得許可繼續不按照用途條款使用土地的前景或機會，但卻顧及取得許可開始不按照用途條款使用土地的前景或機會，則未免流於任意妄為。然而，"特許、許可、契約或許可證"此等字詞並非全無局限。假如批予或拒批特許或許可並不影響有關土地的內在價值，則這就是在該條文的範圍之外，或無作用。假如批予特許或許可須取決於個別申請人本人的資格，則是否批予特許或許可均不影響有關土地的價值，因為不能獲批的申索人可把該土地售予可獲批的買家，藉以體現該土地的全部潛在價值。因此，有關的特許等等與申索人在該土地的權益之間必須有若干關連，但這並不影響作建築用途的該土地的價值。取得建築批准的需要，乃是針對建議中興建的個別建築物是否適當及不違反根據《城市規劃條例》（第一百三十一章）製備的核准圖或草圖。第十二條（c）以往一貫地按照下述涵義在香港理解和應用：因收回根據官契持有的土地而須支付的補償，不得包括土地價值中所反映的以下投機成分，即取得修改租契內的用途契諾的機會。這不但與該條文的自然涵義一致，而且符合將該條文引進香港法律旨在達到的目的。即《收回土地條例》第十二條（c）所排除的純粹是一種往往使土地價格虛增的投機成分，而這種排除與按照收回物業的實際價值給予補償的規定相符。

　　終審法院經審理認為：第一，《香港基本法》第一百零五條並無規定要根據有關財產的公開市場價值作補償，而是規定要根據其"實際價值"作補償。一般來說，財產能以多少價錢售出便是值多少，而其公開市場價值反映其實際價值。然而，情況並非恆常如此。有時市場願意支付較有關財產的真正價值為高的投機價格，而這價格反映著收回土地的主管當局不應要就之而支付補償的若干成分。第一百零五條並無規定當局須就該成分支付補償。第二，補償只須為"該財產"—— 意指為獲取的權益 —— 而支付。在本案，"該財產"乃指在政府租契有效期內及在該租契的各項用途限制下的有關土地。藉著把該土地用作建築用地而開發其發展潛力的權利未被官方處置，仍是政府產權，政府不應要為此支付補償。該案確立了應當按照"實際價值"來補償被徵收土地的補償原則。終審法院裁定上訴得直，各項已評定的補償額予以撤銷，而本上訴所涉的兩案須發還土地審裁處，由土地審裁處在全面評核所有證據並顧及終審法院的判決下重新評定補償額。

Penny's Bay Investment Co Ltd 訴地政總署署長案，[92] 申索由 Penny's Bay Investment Company Limited（下稱該公司）提出，目的是就有關填海工程所造成的損害性影響追討補償，而與訟雙方由始至終都無法就裁定有關申索前所要處理的初步法律問題達成協議。竹篙灣周圍的土地由該公司透過普遍適用的新界土地契約（續期至 2047 年）持有，並租予該公司的一家附屬公司，以經營船隻建造及維修業務。1994 年，政府提出一項計劃，在該海灣填海，並在由之而得的一大片土地（約 1,260 公頃）上興建兩個貨櫃碼頭。雖然政府不用收回該公司的土地，但建議中的填海工程會令上述船隻建造及維修業務因海洋享用權受阻而須結束。政府於 1995 年採取必要的正式步驟，取得法定批准實行上述計劃（下稱 1995 年的批准），而基於《前濱

---

92 *Penny's Bay Investment Co Ltd v Diretor of Lands* [2010] HKCFA 12; (2010) 13 HKCFAR 287; [2010] 4 HKC 69; FACV 8/2009.

及海床（填海工程）條例》（香港法例第一百二十七章）（下稱該條例）的規定，1995 年的批准使該公司有權因失去海洋享用權而提出補償申索。四年後，政府放棄興建貨櫃碼頭的計劃，決定改為籌劃狄斯奈樂園工程。法庭於 2000 年撤回 1995 年的批准，並按狄斯奈樂園所需而批准進行另一項涉及較小面積的填海工程。該項工程需要徵用該公司的土地，而政府於 2001 年藉著購買有關租契的方式而取得該土地。該公司早於 1999 年 11 月已向土地審裁處提出該項申索，其後又於 2003 年 7 月提出申請，要求該審裁處就該項申索所引起的初步爭議點作出裁決，但該項申請被拒絕。該公司不服該審裁處拒絕其申請的決定，向上訴法庭提出上訴。上訴法庭於 2004 年 11 月裁定上訴得直，上訴法庭所持的理由是避免因須準備關於其他計算基礎的證據而招致不必要的開支。地政總署署長遂將該案上訴到終審法院。本案的爭議點實際上是如何確定補償的標準。1995 年的批准已被撤回，且在退回租契前，該公司的海洋享用權並無受到實際干擾，此種情形下，如何確定補償標準。

本案涉及到財產徵用的補償問題，即根據《香港基本法》第一百零五條公民所享有的財產被徵用時可得到補償的權利。該公司和政府之間關於補償數額的計算標準產生了分歧。該公司認為補償額應為有關土地於 1995 年 5 月 5 日並無進行有關填海工程時的價值與假設該土地於當天已進行有關填海工程時的價值之間的差別。政府則認為該項批准通知應被視為猶如一項侵權行為，而該公司的海洋權於當日因這項侵權行為而被不當地終絕。按照侵權法的一般原則，損害賠償應涵蓋侵權行為所引致的損失，連同估計將於日後出現的任何損失。這意味著在本案中，有關的損害賠償是從政府作出該項批准直至有關土地被出售的期間，因該項造船業務變得前景不穩定而引致的任何損失，連同該公司退回租契的價格與有關租契若附同海洋權時的價值之間的差別。在估定後者的價值時，應考慮到興建貨櫃碼頭的計劃預期會為該公司的土地帶來道路接駁，致使該土地的價值提升，而其升幅可能高於因失去海洋權而減值的幅度，如此，政府將無須作出補償。該公司回應指，政府若然採取此方法（甚或採取該項關於理論上的侵權行為的方法），將侵犯該公司的補償權。有關的填海工程被視為於公佈批准當天進行，而補償額是有關土地實際享有其海洋權時的公開市場價值與該土地事實上及在法律上被剝奪其海洋享用權時的公開市場價值之間的差別。

終審法院在審理過程中，提出了海洋權的概念，即"所描述的前濱及海床或其上的權益、權利或地役權"，運用《香港基本法》第一百零五條對該案進行審理，最終將該案發回土地審裁處重新審理，要求審裁處在審理過程中按照終審法院的意見決定有關的補償。法庭對有關土地附有和不附有海洋享用權的價值進行評估時，有關土地可能有新用途以及新用途所可能帶動的升值都會被列作考慮因素。不過，海洋享用權雖然對於維持用作船塢的土地價值來說顯然十分重要，但對於可以利用預期建立的新道路接駁系統的新用途來說可能價值不大。因此，假如對有關土地所能賣得的價錢造成重大影響的是預期中的新用途，而非造船業務的繼續經營，則有關土地的附有與不附有海洋享用權的價值之間的差別可能不會很大。

實際上該案涉及的仍是財產權的補償問題，涉及到土地使用人臨近海洋的前濱及海床或其上的權益、權利或地役權的問題，而並不是學者們指稱的第三代人權 —— 人類對某種物質財產的共有權。而人類對海洋等自然資源的享有權實際上是第三代人權的範疇，涉及到本案中填海工程的合法性問題，然而，這並不是本案的爭議點。

第七節　對其他第一代人權的保障

　　除了以上權利，終審法院還審理了涉及遷徙自由的判例，典型的判例如 *Director of Immigration v Gurung Kesh Bahadur*，[93] 涉及到《香港基本法》第三十一條所保證的旅行和入境的自由，即遷徙自由，以及其與一名獲准在香港逗留、而其逗留期限尚未屆滿的非永久性居民之間的關係。本案爭議的核心問題是：假如一名曾獲准逗留的非永久性居民在其逗留期限尚未屆滿期間離港旅行，則當該人回港時，入境當局可否合法地拒准該人入境？終審法院通過該案的審理，釐清了《香港基本法》第三十一條與《入境條例》第十一條的關係，對《入境條例》第十一條的適用做出了明確規定，將其適用對象限定為逗留期限尚未屆滿的並不是非永久性居民的人，保護了非永久性居民的旅行自由權以及在港逗留的權利。終審法院在該案的審理過程中還指出，法庭應就有關權利和自由採取寬鬆的解釋，但應就有關權利和自由的限制採取狹義的解釋。因此，《香港基本法》第三十一條規定的旅行權利和入境權利應予以寬鬆解釋；另一方面，第三十一條第二款由於就限制權利和自由一事作出規定，故應予以狹義的解釋。

　　W 小姐訴婚姻登記官（*W v Registrar of Marriages*）[94] 一案涉及隱私權和結婚權。W 出生時是一名男性，後被確診患有性別認同障礙。

93　*Director of Immigration v Gurung Kesh Bahadur* (2002) 5 HKCFAR 480, FACV 17/2001.

94　*W v Registrar of Marriages* [2013] HKCFA 39; [2013] 3 HKLRD 90; (2013) 16 HKCFAR 112; [2013] 3 HKC 375; FACV 4/2012.

W 自 2005 年開始接受醫學治療，在 2008 年成功接受變性手術，後獲簽發新的身份證和護照，反映了她的性別為女性。2008 年 11 月，W 聘請律師，向婚姻登記處確認她可以與其男友結婚，後遭拒絕。婚姻登記官基於 W 出生時的性別為男性，同時認為香港沒有承認同性婚姻，從而拒絕了 W 的請求。之後，W 向法院提出了司法覆核，指責婚姻登記官的決定侵犯了其婚姻權和隱私權。終審法院法官在審判中推翻了英國 1866 年 *Hyde v Hyde* 案、[95] 1971 年 *Corbett v Corbett* 案 [96] 的判決，推翻了婚姻登記官的決定及高等法院的裁決，裁定 W 小姐依法享有與其男友締結婚姻的權利，同時宣告《婚姻條例》、《婚姻訴訟條例》違反《香港基本法》以及《香港人權法案條例》的規定。法院同時下令暫緩執行裁決一年，允許政府有時間修改法例。終審法院多數法官認為在司法審判中解釋法律條文時，除了要探尋立法原意外，還應當結合現實社會背景去理解。他們認為香港社會存在著多元文化，婚姻作為一種社會制度，其性質已經歷意義深遠的變化，生育繁殖不再是婚姻必不可少的要件了，婚姻的概念也要隨著社會發生變化。結婚並非只為生育，一些判例的內容也早已過時，在處理變性人是否具有女人的資格而享有與男人結婚的權利的問題時，不應該把焦點集中在出生時已固定而無法改變的生理特徵上。法官還在判詞中寫道，不以香港社會是否對變性人結婚的權利存在共識為相關的考慮因素，因為以欠缺多數人的共識為由而拒絕少數人的申訴，在原則上有

95　在 *Hyde v Hyde* 案中，法官在判詞中寫道："婚姻在基督教義裏可以被定義為一個雙方合意的、一男一女的、排外的終生結合。"這個判決到目前已經一百多年，但關於婚姻的定義和解釋幾乎影響到所有英美法系的國家。詳見 *Hyde v Hyde and Woodmansee* (1866) LR 1 P&D 130。

96　在 *Corbett v Corbett* 一案中，一個男人娶了一個經過手術後由男變女的變性人，法院最後認定該婚姻無效。法官雖然承認變性為女人的"妻子"從器官方面審視是一個女性，但後來專家為她進行染色體檢測及其他檢查後認為"她"還是一名男性，最終宣判該段婚姻無效。詳見 *Corbett v Corbett* [1970] 2 All ER 33。

損基本的權利。[97] 從本案的判決結果以及判詞可以看出，終審法院的判決不考慮香港社會民眾的觀念和接受程度，疑是追逐最新的國際標準。[98] 法官在進行審判時，明確表明 "不以香港社會是否對變性人結婚的權利存在共識為相關的考慮因素"，即不考慮香港社會以及大多數民眾的共識，而是完全以 "保護當事人權利" 為原則。

　　終審法院也審理了涉及民眾通訊自由的判例，如 *Koo Sze Yiu & Another v Chief Executive of the HKSAR* 案 [99] 以及 *Ho Man Kong v Superintendent of Lai Chi Kok Reception Centre and Another* 案。[100] 人人免受酷刑及不人道的對待等傳統權利也是終審法院保障的重要權利，如 *Ubamaka Edward Wilson v Secretary for Security and Another* [101] 等案件。而 *The Catholic Diocese of Hong Kong v Secretary for Justice* 案 [102] 則涉及信仰自由。

97　*W v Registrar of Marriages* [2013] HKCFA 39; [2013] 3 HKLRD 90; (2013) 16 HKCFAR 112; [2013] 3 HKC 375; FACV 4/2012.

98　歐洲人權法院審理的 *Goodwin v UK* (application no. 28957/95, July 11, 2002) 案件，確立了性別改造的變性人在結婚時以改變後的性別為準。香港終審法院在判決 *W v Registrar of Marriages* 一案時，受到了該案審判的影響。

99　*Koo Sze Yiu & Another v Chief Executive of the HKSAR* (2006) 9 HKCFAR 441, FACV 12&13/2006.

100　*Ho Man Kong v Superintendent of Lai Chi Kok Reception Centre and Another* [2014] HKCFA 24; (2014) 17 HKCFAR 179; FACV 13/2013.

101　*Ubamaka Edward Wilson v Secretary for Security and Another* [2012] HKCFA 87; (2012) 15 HKCFAR 743; [2013] 2 HKC 75; FACV 15/2011.

102　*The Catholic Diocese of Hong Kong v Secretary for Justice* (2011) 14 HKCFAR 754; FACV 1/2011.

小結

　　從終審法院二十年的司法審判實踐來看，法院較多地關注和保障第一代人權中的公民權利。終審法院的絕大多數判例是涉及第一代人權中公民權利的判例，涉及政治權利的判例較少，主要涉及到公正審判權、居留權、平等權、財產權、表達自由、人身自由、免受酷刑及不人道對待、通訊秘密、遷徙自由、良心與宗教自由等具體權利。終審法院通過典型性判例對公平審判權、居留權、平等權、表達自由以及財產權等進行了較為全面的闡釋。終審法院在審理涉及公民權利和政治權利的案件中主要以《香港基本法》以及《香港人權法案條例》為依據，在審判過程中也運用到自然公正原則以及《公民權利和政治權利國際公約》的相關內容，以及引用普通法國家和地區的判例進行輔助解釋，進而作出審判。

第四章

終審法院保障經濟、社會與文化權利的展開

只有在創造了使人可以享有其經濟、社會及文化權利，正如享有其公民和
政治權利一樣的條件的情況下，才能實現自由人類享有免於恐懼和匱乏的
自由的理想。

——《經濟、社會與文化權利的國際公約》引言

經濟、社會和文化權利為《世界人權宣言》以及《經濟、社會與文化權利的國際公約》所肯定，具有深刻的哲學和歷史基礎。國家、區域以及世界對經濟、社會和文化權利的保障源於人性，源於人的尊嚴的要求。人的尊嚴包括一些實質性的內容，它們就其本身而言已超出了法律面前人人平等和個體化自由所覆蓋的範圍。它們可以被表述為要求一個"體面的（適足）生活水準"或受保護的生活，或如社會主義傳統中所表述的，一個"有尊嚴的生活"。[1] 人的本性要求人過"有尊嚴的生活"，而"基於人的尊嚴的要求為諸多的生存權利提供了辯護，特別包括人的生命權，食物，住房，健康，水。在一般情形下，它們可以被用來支援經濟，社會和文化權利"。[2]

經濟、社會和文化權利的具體內容會發生變化，並且在不同文件中的規定也有所不同。《世界人權宣言》第二十二條到二十七條以及《經濟、社會與文化權利的國際公約》為經濟、社會和文化權利的內容提供了基本依據。那麼，香港特別行政區法院如何保障經濟、社會與文化權利？具體保障哪些權利？司法實踐中的問題和難點是什麼？

1　Georg Lohmann, "Human dignity and socialism", in Marcus Düwell et al. (eds.), *The Cambridge Handbook of Human Dignity* (Cambridge: Cambridge Univerisity Press, 2014), pp. 126–134.

2　[德] 格奧爾格·羅曼著，李宏昀、周愛民譯：《論人權》，上海：上海人民出版社，2018 年，第 69 頁。

從附錄一的判例統計資料來看，終審法院在二十年的審判實踐中，涉及經濟、社會與文化權利的判例共七件，在總判例的比重約為7.6%，其中涉及工作權的判例有五例，涉及適當生活水準權的判例有二件，具體的分佈見表 9。

表9　終審法院審理的涉及經濟、社會與文化權利統計（1997.7.1–2017.6.30）

權利類型		數量（件）
經濟、社會與文化權利		7
工作權	選擇職業權	1
	就業保護權	3
	參加工會權	1
適當生活水準權	住房權	1
	最低社會保障權	1

第一節　終審法院對工作權的保障

　　工作權（Right to Work）是一項屬於每一個人的單獨權利，同時也是一項集體權利。它包含所有形式的工作，無論是獨立工作還是依賴性的領薪工作。凡人民作為生活職業的正當工作，均屬於憲法上所保障的工作權的範圍。工作權不僅是物質生活的基礎，也是基本權價值的自我實現。也就是說，工作權是人格發展權的基礎，具有未來取向的性質。[3] 有學者按照工作權的保障範圍將工作權劃分為作為自由權的工作權和作為社會權的工作權，前者指的是選擇職業的自由，而後者則稱為勞動基本權，強調國家的保障。《經濟、社會與文化權利的國際公約》第六條[4] 第一款載有工作權的定義。該公約的第七條中通過承認人人有權享受公正和良好的工作條件，尤其是有權享有安全的工作條件，明確引申了工作權利的個人內涵。第八條闡述了工作權利的集體內涵，它闡明人人有權組織工會和參加所選擇的工會，並有權使工會自由運作。可見，工作權包括自由選擇職業的自由，也包括就業保護權，還包括參加工會及工會活動的權利。香港終審法院二十年來審理的涉及工作權的判例主要包括選擇職業權、就業保護權以及

3　李惠宗：《憲法要義》，臺北：元照出版公司，2015 年，第 230 頁。

4　《經濟、社會與文化權利的國際公約》第六條規定："一、本公約締約各國承認工作權，包括人人應有機會憑其自由選擇和接受的工作來謀生的權利，並將採取適當步驟來保障這一權利。二、本公約締約各國為充分實現這一權利而採取的步驟應包括技術的和職業的指導和訓練，以及在保障個人基本政治和經濟自由的條件下達到穩定的經濟、社會和文化的發展和充分的生產就業的計劃、政策和技術。"

參加工會的權利。

一、選擇職業權

　　工作權首先包括選擇職業的自由。《香港基本法》第三十三條規定了個人擁有自由選擇職業的自由，但選擇職業的自由並不等同於工作權，而僅屬於工作權的一個組成部分或一個方面。終審法院在某些案件中陳述了這二者的不同，也陳述了《香港基本法》第三十三條的規定與《經濟、社會與文化權利的國際條約》第六至七條的相關規定不一致，在面臨二者規定的差異時，終審法院通常以《香港基本法》的相關規定為最終的審判依據。

　　GA & Others v Director of Immigration [5] 一案涉及對《香港基本法》第三十三條以及《經濟、社會與文化權利的國際條約》第六、七條的相關理解。在本案中，前三名上訴人（GA、FI 和 JA）是已獲授權的難民，第四名則是經甄別的酷刑申請人。在該上訴中，爭議的主要問題是，這些類別人士在香港是否擁有工作權。上訴人辯稱，他們在香港享有憲法性的權利 —— 工作權，那麼香港入境事務處在是否給予這些人工作許可時，必須考慮到這項權利。申請人認為，如果入境事務處禁止給予其工作的話則可能構成不人道或有辱人格的待遇（與酷刑、殘忍或任何形式的懲罰無關）。終審法院的法官拒絕直接在香港適用《經濟、社會與文化權利的國際公約》，他們指出，《經濟、社會與文化權利的國際公約》與《香港基本法》的條文存在差異。終審法院表示，《香港基本法》第三十三條並沒有提及一般工作權，它比工作權的範疇小得多，只涉及選擇職業的自由。終審法院未在本案中直接承認存在工作權的問題，認為如果可以證明存在不人道或有辱人

5　*GA & Others v Director of Immigration* [2014] 3 HKC 11; [2014] HKCFA 14; FACV 7/2013.

格的待遇或存在造成不人道或有辱人格待遇的風險，則入境事務處必須行使酌處權，給予這些人工作的機會。原因是《公民權利和政治權利國際公約》第三條人人免受不人道或有辱人格、酷刑等的權利是一項絕對權利。

在本案中，終審法院澄清了《經濟、社會與文化權利的國際公約》與《香港基本法》相關條文的差異，指明《香港基本法》第三十三條規定人人選擇職業的自由遠比《經濟、社會與文化權利的國際公約》第六、七條規定的範疇要小。在面對二者的差別時，終審法院選擇優先適用《香港基本法》的規定，但是法院也承認了工作權的缺失與不人道或有辱人格的待遇存在一定聯繫，承認了工作權的重要性。該案也暴露出一定的問題，儘管《香港基本法》第三十九條規定《經濟、社會與文化權利的國際公約》在香港繼續有效，但該公約在香港沒有轉化立法，導致該公約在香港特別行政區發揮的作用十分有限，也導致香港特別行政區法院在經濟、社會及文化權利保障方面難以發揮作用。

Ng King Tat Philip v Post-Release Supervision Board [6] 一案涉及《監管釋囚條例》中對釋囚的監管是否會限制違反了《香港基本法》第三十一和第三十三條的規定，是否非法干預釋囚行動和就業自由。但該案最終沒有上訴到終審法院。申請人為香港永久性居民，1998 年因為企圖偷運毒品進入美國關島而被判監十四年。然而，基於美國政府跟香港特別行政區政府在 1999 年簽訂的在囚人士轉介協議，申請人於 2005 年要求遣送回港服刑。在申請人被送回香港繼續服刑前，保安局已經向其發出書面通知，根據《監管釋囚條例》，為了他將來重新融入社會的需要，監管釋囚委員會可能會在他刑滿出獄後對他施予一定時間的監管。事實上，在申請人出獄前，委員會最後亦決定對

---

6 *Ng King Tat Philip v Post-Release Supervision Board* [2010] HKCFI 2044; [2011] 1 HKC 34; HCAL 47/2010.

他頒佈十二個月的監管令,其中的限制包括申請人如想離開香港,必須通知監管主任;居住與工作亦必須得到他的批准;而且除非有合理的理由,否則必須聽從他的指示從事有酬勞的工作。在釋放後,申請人通過律師,要求委員會取消該頒令但遭拒絕。因此,申請人對委員會的決定申請司法覆核。申請人認為《監管釋囚條例》對他的個案並不適用,而且,頒令中對他的個人限制違反了《香港基本法》第三十一條和第三十三條,非法干預他的行動和就業自由。在仔細考慮了相關法律的歷史發展,尤其是相關的在囚人士轉介安排在 1997 年回歸前已經存在之後,原訟庭法官認為該條例的立法目的是要說明釋囚更新和再投入社會,並保障公眾的安全,這些因素完全適用於申請人的情況,認為轉介的囚犯跟本地的囚犯並無分別,因此該條例同樣適用於申請人。至於違反《香港基本法》第三十一條和第三十三條的論點,高等法院認為該頒令對申請人的限制是有理據的。而且,法院指出除非沒有合法合理的原因,違反頒令中的限制也並非必然引起重召入獄的後果。為求達到一個合法目的去說明釋囚重入社會和避免他們再次犯罪,該條例對他們的自由所作出的限制是必要的和適度的。因此,該條例並沒有違反《香港基本法》第三十一條和第三十三條。據此,該司法覆核申請被拒絕。

二、就業保護權

就業保護權指的是勞動者享有適宜的工作條件和獲得公允報酬,在解僱前應有合理的通知期限,禁止立即解僱等。該項保護包括適宜的工作條件;獲得公允的報酬;以及在符合解僱條件下解僱時、解僱後的相應保障。

楊頌明訴警務處處長案(*Yeung Chung Ming v Commisioner of*

Police）[7] 是一起涉及工作權和公正審判權的判例，本書將其歸納至工作權的判例中，以為香港日後判例法的發展提供指引。本案的案情如下：楊頌明是一名警長，2003 年 10 月 22 日，被控以兩項根據《盜竊罪條例》（香港法例第二百一十章）第十六 A 條（1）（b）提出的欺詐罪。其後警務處處長停止他的職務。處長考慮楊頌明的申述後，指示於楊頌明停職期間應停止向楊發給其薪金的百分之十。經考慮楊頌明的進一步申述後，處長把停發薪金的百分比下調至百分之七。後來楊頌明被定罪，而由那時起，他便不獲付薪金。後來，他被警隊革職。對於處長決定停職楊頌明的決定，楊不質疑其合法性。他質疑的是處長決定在他被定罪前停發其百分之七的薪金。在原訟法庭（原審法官為芮安牟法官）席前，上訴人對處長停發薪金的決定是否"合憲"提出質疑，並獲判勝訴；對於賦權處長停止向面對刑事控罪而被停職的警務人員發放薪金的《警隊條例》（香港法例第二百三十二章）第十七條（2）（a）[8] 本身是否"合憲"，上訴人在原審期間並無提出質疑。事實上，上訴人並沒有以此為依據而申請許可提出司法覆核。在上訴法庭（由上訴法庭副庭長鄧國楨、原訟法庭法官夏正民及原

---

7 *Yeung Chung Ming v Commisioner of Police* [2008] HKCFA 61; (2008) 11 HKCFAR 513; [2008] 4 HKC 383; FACV 22/2007.

8 處長依據《警隊條例》（第二百三十二章）第十七條而決定停止上訴人職務及停發其百分之七的薪金。第十七條規定："（1）如處長認為基於公眾利益的需要，非憲委級警務人員的警務人員應立即中止行使其職權及職能，他可在以下情況下停止該警務人員行使其職權或職能 ——（a）有針對該人員的紀律處分程序或刑事法律程序正在或即將提起；或（b）該人員就其身為警務人員的職責有關連的行為成為某項查訊的對象，或該人員是某項就其被舉報、指稱或懷疑犯罪而作的調查的對象。（2）任何警務人員的停職如是 ——（a）根據第（1）（a）款者，得按處長就每宗個案所作的指示，獲准支付不少於其薪金半數的部分薪金，直至該人員被定罪時止；如被定罪則根據第 37（4）條的規定予以決定；（b）根據第（1）（b）款者，不得因此而支取少於其薪金的全部。（3）如上述紀律處分程序、刑事法律程序、查訊或調查沒有導致該人員被革職或遭受其他懲罰，則該人員有權悉數支取他假若不曾被停職則本可獲發給的薪金。（4）如上述紀律處分程序、刑事法律程序、查訊或調查導致該人員遭受革職以外的懲罰，他可獲付還因停職而被停發的按處長指示的部分薪金。"

訟法庭法官林文瀚組成）席前，楊頌明申請許可對第十七條（2）（a）的"合憲"性提出質疑，上訴法庭判處長上訴得直，裁定他的決定合憲，但給予楊頌明許可，向終審法院提出上訴。楊頌明最終將該案上訴到終審法院。在向終審法院的上訴中，楊頌明只倚賴一項理據以支持他對處長的決定所提出的挑戰。該理據指處長的決定違反受憲制保證的"無罪推定"原則。他辯稱，賦權處長停止向被控以刑事罪行而被停職的警務人員發放最多一半薪金的法例條文，違反"無罪推定"原則，故屬"違憲"。據此，處長在本案所作的決定亦屬"違憲"。在本案中，上訴人在"無罪推定"原則的基礎上提出相關的辯據，同時質疑相關法例條文本身以及處長按該條文而作的決定。

根據上訴人提出的問題，終審法院在審理過程中主要圍繞著《警隊條例》第十七條下准許處長在警務人員暫停職務期間停發其薪金的條文是否違反《香港基本法》第八十七條第二款[9]以及《香港人權法案》第十一條（一）[10]的規定，即，第十七條（2）（a）賦予處長的法定權力，即停止向被控以刑事罪行而被停職的警務人員發放薪金的法定權力，有否違反這些人員無罪的假定？關鍵的問題是：在判斷處長根據上述條文停發薪金的決定有否違反無罪假定時，應採用何等驗證標準方屬恰當？

終審法院法官認為：無罪推定在本質上屬於公平審訊的元素，亦是"控方有責任在無合理疑點下證明被控人有罪"這項重要原則的基礎。當某人被控以刑事罪行時，他隻身處於正當訴訟程序的開端。他不但獲假定無罪，而且有權接受公平審訊。經過公平審訊，他可能被判有罪，也可能獲判無罪。假如公共機關純粹基於被控人可能有罪而

---

9 《香港基本法》第八十七條第二款規定："任何人在被合法拘捕後，享有儘早接受司法機關公正審判的權利，未經司法機關判罪之前均假定無罪。"

10 《香港人權法案》第十一條（一）規定："受刑事控告之人，未經依法確定有罪以前，應假定其無罪。"

向該人採取行動，則此舉並無侵犯該人獲推定無罪的權利。根據上述基礎採取行動，既不構成在審訊之前以任何方式預先斷定被控人有罪，也沒有損害該審訊的公平性。事實上，控告某人以刑事罪行這一舉動，本身已反映檢控機關認為該人可能有罪。經考慮歐洲人權法院類似案例的一些裁決後，法官認為，就本案情況而言，在考慮第十七條（2）（a）有否侵犯受憲制保證的無罪推定時，應當運用下述的驗證標準方為恰當：處長根據該條文決定停止向被控以刑事罪行而遭停職的人員發放薪金的任何部分，是否暗示著處長認為該人員有罪的看法？這當然是一個客觀的標準。在運用這個標準時，重要的是根據該法例架構所預期並導致處長作出有關決定的情況來考慮該決定。有關警務人員被停職，是因為處長認為將該人停職乃合乎公眾利益。該人遭停職後，獲免除職責，不用做任何工作。處長在第十七條（2）（a）的架構所設定的情況下決定停發不超過該人員薪金半數的部分薪金，處長的決定純粹暗示他認為有關人員經審訊後可能被判有罪。處長的上述決定沒有設想他經審訊後可能獲判無罪，因為他若然獲判無罪，便有權獲悉數付還被停發的薪金。因此，根據第十七條（2）（a）而停止向面對刑事控罪而被停職的警務人員發出部分薪金的決定，違反了無罪推定。所以，該條文以及本案所涉及的處長決定不符合恰當的驗證標準。在普通法刑事司法制度下，無罪推定固然是一個關鍵的組成部分，但這不代表無罪推定所賦予的保障純粹適用於刑事法律程序。該保障的覆蓋範圍顯然至少包括與該等法律程序有關聯的民事事宜。法官擔心的，並非是對無罪推定作出過分寬闊的解釋，而是對之作出過分狹隘的解釋。經詳細審查，並在緊記合法需要、合理性和相稱性的考慮下，法院得出如下結論：在警務人員停職期間停發其部分薪金的權力的本質和目的，與無罪假定的本質和目的不符。不論是刑事控罪還是違紀指控，情況都是一樣，因為在這兩種情況下，有關警務人員都獲假定無罪。獲假定無罪是他的基本和受憲制保證的權利；

在這背景下，不論他正在等候刑事法律程序抑或紀律程序的聆訊，於他停職期間停發其任何薪金都超出界限，是為"違憲"。

在本案的審理中，法官引入了工作權的概念，引述了《香港基本法》第三十九條以及《經濟、社會與文化權利的國際公約》第六條確認的工作權。法官表明，針對獲推定無罪的權利而言，於警務人員停職期間停發其任何薪金乃是超出了界限。至於針對他的工作權利而言，於警務人員停職期間停發其任何薪金是否也超出了界限呢？法官暫且不回答諸如這類問題。法官最終判定上訴得直，（1）宣告《警隊條例》第十七條下關於在警務人員停職期間停發其任何薪金的規定"違憲"；（2）恢復芮安牟法官的命令，撤銷處長於上訴人停職期間停發其部分薪金的指示；（3）判給上訴人在本法院及下級法庭的訟費；及（4）命令按法律援助基準評定上訴人的訟費。可以發現，本案實際上直接涉及到《經濟、社會與文化權利的國際公約》第六條確認的工作權，但由於各種原因，法官並沒有就該項權利作出更多的解釋。

Secretary for Justice v Lau Kwok Fai Bernard [11] 一案實際上也涉及到僱員的就業保護權。該案發生於九十年代末亞洲金融風暴香港經濟不景氣的大背景下，香港特別行政區政府的財政收入下降，出現了很大的財政赤字，政府為了節約財政開支而決定減少公務員的薪金。2002年，政府提出了一個公務員薪金調整的計劃，但政府和公務員簽訂的僱傭合同裏沒有明確的減薪機制。上個世紀八十年代，香港公務員的工資一直處於增長，僱傭合同中有加薪的規定，卻沒有減薪的規定。公務員是長俸制，而不是合同制，則當時政府通過立法會制定《公職人員薪酬調整條例》（香港法例第五百七十四章）以及《公職人員薪酬調整（2004年 — 2005年）條例》（香港法例第五百八十章）法例的形式而實現公務員減薪，而 Lau Kwok Fai Bernard 等公務人員代

11　*Secretary for Justice v Lau Kwok Fai Bernard* [2005] HKCFA 44; [2005] 3 HKLRD 88; (2005) 8 HKCFAR 304; FACV 15/2004.

表提出了訴訟。在該項訴訟中，公務人員代表提出了《公職人員薪酬調整條例》以及《公職人員薪酬調整（2004 年—2005 年）條例》兩項法例的部分條款違反《香港基本法》第一百條 [12] 以及第一百零三條。[13] 本案涉及到許多法律問題，如"違憲審查"問題，司法機關與立法機關的關係問題等。本部分主要探討工作權的問題。在終審法院的判詞中，公務員代表並沒有直接主張和提及工作權，而主要以《香港基本法》第一百條 1997 年之前公務員原有的薪金待遇予以保障為主要依據。終審法院最終駁回了公務員代表的"違憲審查"請求，肯定了減薪立法的合憲性，其主要理由是 1997 年後香港公務員曾經加薪，這次立法減薪的幅度有限，並未降低到 1997 年回歸時候的水準。可以發現，在本案中，無論是公務員群體還是終審法院的法官均未提及工作權。

Yung Chi Keung v Protection of Wages on Insolvency Board and Another[14] 一案涉及到被解僱員工遣散費的正當給付問題，實際上屬於就業保護權。在本案中，一家公司於 2011 年 10 月 7 日展開自動清盤程序，並即時解僱其員工（包括申請人）。申請人由於被拖欠遣散費，遂根據香港法例第三百八十章《破產欠薪保障條例》就遣散費向勞工處處長申請特惠款項（Ex Gratia Payment）。勞工處處長認為遣散費之申請不應支付申請人的特惠款項，此決定獲破產欠薪保障基金委員會認同。原訟法庭駁回申請人就委員會之決定提出的司法覆核申請。申請

---

12 《香港基本法》第一百條規定："香港特別行政區成立前在香港政府各部門，包括警察部門任職的公務人員均可留用，其年資予以保留，薪金、津貼、福利待遇和服務條件不低於原來的標準。"

13 《香港基本法》第一百零三條規定："公務人員應根據其本人的資格、經驗和才能予以任用和提升，香港原有關於公務人員的招聘、僱用、考核、紀律、培訓和管理的制度，包括負責公務人員的任用、薪金、服務條件的專門機構，除有關給予外籍人員特權待遇的規定外，予以保留。"

14 *Yung Chi Keung v Protection of Wages on Insolvency Board and Another* [2016] HKCFA 32; (2016) 19 HKCFAR 469; [2016] 3 HKC 575; FACV 14/2015.

人向上訴法庭提出之上訴亦被駁回。申請人後向終審法院提出上訴。

香港法例第五十七章《僱傭條例》第三十一 G 條提供了遣散費之計算方法。基於《僱傭條例》第三十一 I 條的理由，僱員就《僱傭條例》應得之遣散費淨額或實際款額為根據第三十一 G 條計算出的金額扣除僱員曾因職業退休計劃或強制性公積金計劃等而受惠的金額。特惠款項是在僱主因破產清盤而未能支付遣散費之情況下，勞工處處長根據《破產欠薪保障條例》發給僱員（如申請人般）的款項。《破產欠薪保障條例》第十六條（2）（f）（i）列明就遣散費答辯人須付僱員之特惠款項的限額。本上訴案件的議題是如何計算出《破產欠薪保障條例》第十六條（2）（f）（i）中申請人"有權得到的遣散費"的金額，並透過應用該公式從而計算出勞工處處長須發給申請人的特惠款項之款額。具體的問題則是勞工處處長應如何及須在哪個階段顧及第三十一 I 條的權益。不同的演算法會嚴重影響被解僱員工的利益。按照勞工處處長的計算方法，申請人得不到特惠款項。終審法院經審理裁定，上訴法庭對就相關法例的詮釋是錯誤的。《破產欠薪保障條例》第十六條（2）（f）（i）中申請人"有權得到的遣散費"的金額為遣散費之實際款額，因此在得出此淨額前須考慮第三十一 I 條權益。之後才將上述淨額應用到該公式以計算出僱員因不獲遣散費而應得之特惠款項。終審法院裁定上訴得直，並撤銷委員會之決定。終審法院的這一判決維護了被解散僱員根據《破產欠薪保障條例》獲得特惠款項的權益，即就業保護權。

在本案中，無論是申請人還是香港特別行政區法院均沒有提及工作權，而是直接根據《僱傭條例》和《破產欠薪保障條例》的相關規定進行裁決。

三、參加工會的權利

《經濟、社會與文化權利的國際公約》第八條規定了人人有權參加工會、參加工會活動、罷工的權利。這項權利不同於普通的集會自由，而是僅屬於工人的權利。

Campbell Richard Blakeney-Willamsnhe and Others v Cathay Pacific Airways Ltd and Others [15] 一案是涉及參加工會權利的典型案例。1999年夏天，國泰（Cathay Pacific Airways Ltd）的管理層與香港航空機組人員協會（下稱該工會，代表大部分受僱於國泰的機師）因積怨而引發糾紛。有關糾紛關涉國泰處理機師的變更安排和機師的合約權利的方式。該工會認為國泰強加於受僱於國泰的機師（下稱有關機師）不合理長的飛行時間，但給予他們不合理的短的休息時間。2000年7月，該工會的會員進行投票，以絕大多數票通過展開一項 "嚴守合約" 計劃，這項計劃是不折不扣地 "嚴格遵守" 有關機師的僱傭合約中的條文。有關機師嚴守合約，嚴重擾亂國泰的業務（包括航班須延誤、取消及改道）。該工會承認出現該等情況，但仍呼籲其會員繼續進行該項計劃，還威脅會制裁不參加的會員，包括開除其會籍。然而，國泰並無因機師 "嚴守合約" 而在該工會所關注的事宜上作出讓步。2001年6月15日，該工會發表一封公開信，交代其在這宗糾紛中的立場。該工會在信中就嚴守合約對乘客造成的不便表示遺憾，又指摘國泰的僱傭政策不公平、管理不善及與僱員關係惡劣。該工會在信中稱計劃於7月初展開 "有限度工業行動"。6月20日，該工會舉行會議，讓其會員對於自2001年7月3日起進行 "有限度工業行動" 的建議進行投票，結果該項建議再次獲得絕大部分會員支持。約九天後，該工會通知其會員打算進行一項所謂 "最高安全性原則" 行動，

15　*Campbell Richard Blakeney-Willamsnhe and Others v Cathay Pacific Airways Ltd and Others* [2012] HKCFA 61; (2012) 15 HKCFAR 261; [2013] 3 HKC 185; FACV 13/2011.

此行動涉及逆轉國泰的工作手冊內所訂明的加速或縮短安全操作過程的既定做法。該工會承認這項行動會導致"航班普遍延遲十五至六十分鐘或更久"。對於上述事態發展，國泰的管理層採取了兩項對應措施。首先，國泰的航班營運總監於 6 月 27 日致函所有機組人員，表明一旦發生"工業行動"，國泰會"堅定地對任何蓄意損害我們乘客的利益的員工採取行動"。隨後，國泰採取的第二項對應措施，是成立一個內部審查小組，以識別下列各類機師："出勤率低的"，"其個人檔案中曾收取與紀律事宜有關的警告信的紀錄的"，或"被認為 …… 無幫助和不合作的"。一經識別該幾類機師，審查小組便會將有關機師的名字列表，並按照其所認為的不可靠（即"不為國泰的利益著想"）程度把他們排序，然後選出最"不可靠"的四十九名機師予以解僱。2001 年 7 月 9 日，國泰發信終止僱用該四十九人。在所有個案中，國泰均（1）透過支付三個月代通知金終止僱用，及（2）沒有在解僱信中指明解僱理由。2001 年 7 月 9 日雙方多次向公眾陳述其立場。該工會的秘書長舉行記者招待會，在會上否認國泰近期所作的以下指稱：（1）最高安全性原則行動自 7 月 3 日開始以來已經升級，及（2）原本健康的機師在收到指示後通知公司他們不適宜飛行。於同日較後時間，他又表示"香港人可決定誰是受害人、誰是壞人"。另一邊，國泰企業發展董事湯彥麟先生發出一份新聞稿，申明國泰在這宗糾紛中的立場。他在該份新聞稿中批評該工會，指其行動"自私"及其策略像"打遊擊戰"；接著又解釋，因應對工會的行動，國泰已決定採取兩項措施。第一項措施是提高機師的薪酬，但加幅較早前提出的為小，因為"嚴守合約行動"已對國泰造成損害。第二項措施是作出"非常痛苦的決定，即終止僱用我們其中四十九名機師"。他形容該批機師為"我們認為在將來不能倚靠他們為公司的最佳利益著想而行事"的僱員，以及"我們基本上已失去信心"的僱員。該份新聞稿又表示"香港已厭倦被要脅"。國泰的董事及首席營運官陳先生亦於 7 月 9 日向國泰全體機組人員發出一封以標準格式撰寫的信。他在信中形容該宗糾紛是"不僅關乎國泰"的事，亦是"關乎整個香港特別行政區"的事。他在信中續稱，有關"工業行動"會"耗盡"國泰的資源，以及"破壞公司的國際聲譽"。他接著又指出，國泰"不能無限期被要脅"，以及"大部分機師⋯⋯ 是公司的堅定支持者"，因此，該封信指出，公司終止僱用該四十九人，是因為國泰只應"與我們相信會全心為公司的最佳利益著想的機師"共創業務。陳先生在一天後公開表示國泰"不容許這群人（即該四十九人）干擾公司、公司的僱員和我們的顧客，或破壞香港的聲譽"。他補充說，國泰不能"容許這群人令絕大部分完全展示了我們所要求的專業精神的機組人員蒙受損害"。後工會及受影響的十七名員工起訴國泰公司及高管。

原訟法庭判決，各原告人勝訴，國泰由於每一名原告人（1）身為該工會的會員及（2）參加該工會的活動而解僱他們，因而觸犯《僱傭條例》第二十一 B 條（2）。[16] 在該申索專案（即"該條例下的申索"）下，每一名原告人獲判給十五萬元。國泰解僱每一名原告人的做法違反他們各自的僱傭合約。在該申索項目（即"不當終止僱用申索"）

---

16 《僱傭條例》第二十一 B 條"僱員參加職工會及其活動的權利"規定："（1）任何僱員，在其本人與僱主之間，享有以下權利 ——（a）作為或成為根據《職工會條例》（第 332 章）登記的職工會會員或職員的權利；（b）凡為職工會會員或職員，享有在適當時間參加該職工會活動的權利；（c）聯同他人按照《職工會條例》（第 332 章）的條文，組織職工會或申請將職工會登記的權利；（由 1997 年第 101 號第 26 條修訂）（d）（由 1997 年第 135 號第 14 條廢除）（2）任何僱主，或任何代表僱主的人，如 ——（a）阻止或阻嚇，或作出任何作為以刻意阻止或阻嚇僱員行使第（1）款所授予的任何權利；或（b）因僱員行使任何該等權利而終止其僱傭合約、懲罰或以其他方式歧視該僱員，即屬犯罪，一經定罪，可處第 6 級罰款。（由 1988 年第 24 號第 2 條修訂；由 1995 年第 103 號第 5 條修訂）（3）在本條中 —— 工作時間（working hours），就僱員而言，指其按照與僱主訂立的合約所須工作的任何時間；適當時間（appropriate time），就僱員參加職工會任何活動而言，指 ——（a）其工作時間以外的時間；或（b）其工作時間以內的時間，而按照與其僱主或任何代表其僱主的人所議定的安排，或得到其僱主或任何代表其僱主的人給予的同意，容許在該時間內參加該等活動。"

下，每一名原告人獲判給相當於一個月薪金的損害賠償。透過湯彥麟先生及陳先生分別於 2001 年 7 月 9 日及 7 月 10 日發表的言論，國泰曾誹謗每一名原告人，因此，在該申索項目（即 "誹謗申索"）下，每一名原告人獲判給三百萬元作為一般損害賠償及三十萬元作為加重損害賠償，但原審法官拒絕判給各名原告人因收入上的損失而追討的專項損害賠償。

國泰航空不服該判決，提起上訴，上訴法庭作出了判決：（1）該條例下的申索：維持原審法官裁定國泰須支付損害賠償的裁決，但上訴法庭僅基於各名原告人曾參加該工會的活動（而非他們身為該工會的會員）而維持該項裁決，上訴法庭拒絕干預原審法官判給的該條例所容許的最高賠償額十五萬元；（2）不當終止僱用申索：推翻原審法官裁定各名原告人已確立該項申索的裁決，並因而撤銷他判給每一名原告人一個月薪金的裁決；（3）誹謗申索：維持原審法官裁定國泰須承擔法律責任的裁決，但將每一名原告人獲判給的一般損害賠償減至七十萬元，並推翻他判給加重損害賠償的裁決，同時維持他拒絕判給專項損害賠償的裁決。

該案最終上訴到終審法院，終審法院經審理，（1）駁回國泰的交相上訴，該項交相上訴要求撤銷原審法官就該條例下的申索判給每一名原告人十五萬元的裁決；（2）在以下限度內裁定各名原告人上訴得直：（i）恢復原審法官就不當終止僱用申索而判給每一名原告人一個月薪酬的裁決；（ii）駁回各名原告人因不服上訴法庭就誹謗而判給每一名原告人七十萬元一般損害賠償的裁決而提出的上訴；及（iii）駁回各名原告人因不服上訴法庭撤銷原審法官就誹謗而判給三十萬元加重損害賠償的裁決而提出的上訴。

本案涉及的爭議點主要有：國泰是否 "因" 每一名原告人 "行使" "在適當時間參加該工會活動的權利" 而 "終止其僱傭合約"？此處主要關注職工（僱員）參加工會活動的權利，該項權利屬於工作權的範疇。那麼，涉案的職工所參與的活動是否符合“在適當時間參加該工會活動的權利”？終審法院認為在顧及常理和實際情況下，有更強的理據可指出工業行動受“職工會活動”一詞涵蓋。假如一個職工會曾建議、組織和著手執行工業行動（正如本案情況，該工會威脅對不參與“嚴守合約行動”的成員施加制裁），則參與有關行動的任何僱員都會認為自己正在參加一項“職工會活動”，所有公眾亦會認為如此。“職工會活動”一詞的涵蓋範圍是寬廣的，由此而產生的清晰和切實結果是僱員獲得較為廣泛的保障；但這種保障受制於僱主同時獲得的保障，包含在關於“適當時間”的限制之內。因此，大部分（甚或可能所有）由工會發起的行動均可能受第二十一B條（1）（b）保障，但有關行動如非“在適當時間”進行，便不受該項條文保障。那麼，終審法院進而認為，國泰解僱各原告人的行為是經過冷靜分析的理智結果，違反了《僱傭條例》第二十一B條（1）的規定，造成對職工參與工會活動的權利的侵害，遂裁定各名原告人上訴得直，並恢復原審法官判給每名原告人一個月薪酬的裁決。關於國泰航空公司對部分員工的誹謗，終審法院則認為有關言論並無質疑各名原告人的品格或他們身為機師的能力，案中並無任何具體證據證明任何一名原告人因有關的誹謗言論而失業，原法庭參照的案例 *Chu Siu Kuk Yuen v Apple Daily Ltd*，[17] 與本案有著很大的區別，*Chu Siu Kuk Yuen* 案所涉誹謗與本案相比嚴重得多，因此不能作為判決依據。

17　*Chu Siu Kuk Yuen v Apple Daily Ltd* [2002] 1 HKLRD 1, p. 238.

第二節　終審法院對適當生活水準權的保障

　　適當生活水準權作為基本人權，與人的生命權、自由權一樣，不是什麼人恩賜的或憑空想像的，而是人作為人享有和應當享有的權利。[18] 適當生活水準權一般指的是每個人均有獲得符合一定條件的生活水準的權利。其主要的國際法淵源包括《世界人權宣言》第二十五條、[19]《經濟、社會與文化權利的國際公約》第十一條 [20] 以及《兒童權利公約》第二十七條、[21]《各國經濟權利和義務宣言》以及 1993 年的《維也納宣言和行動綱領》等。儘管從理論上和法律上以及現實生活中大多數人已認定適當生活水準權是一項基本人權，但究竟何為"適當的生活水準"，卻取決於每個國家的經濟、社會與文化的發展狀

18　劉海年：《適當生活水準權與社會經濟發展》，《法學研究》，1998 年第 2 期，第 34 頁。

19　《世界人權宣言》第二十五條規定："（一）人人有權享受為維持他本人和家屬的健康和福利所需的生活水準，包括食物、衣著、住房、醫療和必要的社會服務；在遭到失業、疾病、殘廢、守寡、衰老或在其他不能控制的情況下喪失謀生能力時，有權享受保障。（二）母親和兒童有權享受特別照顧和協助。一切兒童，無論婚生或非婚生，都應享受同樣的社會保護。"

20　《經濟、社會與文化權利的國際公約》第十一條規定："本公約締約各國承認人人有權為他自己和家庭獲得相當的生活水準，包括足夠的食物、衣著和住房，並能不斷改進生活條件。各締約國將採取適當的步驟保證實現這一權利，並承認為此實行基於自願同意的國際合作的重要性。二、本公約締約各國既確認人人享有免於飢餓的基本權利，應為下列目的，個別採取必要的措施或經由國際合作採取必要的措施，包括具體的計劃在內：（甲）用充分利用科技知識、傳播營養原則的知識、和發展或改革土地制度以使天然資源得到最有效的開發和利用等方法，改進糧食的生產、保存及分配方法；（乙）在顧到糧食入口國家和糧食出口國家的問題的情況下，保證世界糧食供應，會按照需要，公平分配。"

21　《兒童權利公約》第二十七條規定："締約各國承認每個兒童均有權享有足以促進其生理、心理、精神、道德和社會發展的生活水準。"

況。根據國際人權法淵源結合學界的研究，本書主張適當生活水準權主要包括：（一）獲得適足食物的權利；（二）獲得適當住房的權利；（三）獲得適當的保健與醫療以及最低的社會保障的權利。[22]

《香港基本法》第三十六條規定："香港居民有依法享受社會福利的權利。勞工的福利待遇和退休保障受法律保護。" 而該法第一百四十五條規定："香港特別行政區政府在原有社會福利制度的基礎上，根據經濟條件和社會需要，自行制定其發展、改進的政策。" 那麼，在香港，依法享有社會福利的權利得到了《香港基本法》的肯定與保障，但該項權利受到政府政策的限制，香港特別行政區政府可以根據香港社會的發展推進對該項權利的保障。這裏需要強調的是社會福利權與適當生活水準權的內涵是不同的。"適當生活水準權從兩個方面來界定何為‘適當’或‘充分’。第一，每個人要在有人之作為人的尊嚴的前提下滿足其基本的生活要求。換言之，任何人都不能被迫通過降低或被剝奪其基本自由，如通過乞討，賣淫或苦役，來滿足其基本生活需求。第二，物質生活達到相關社會的貧困綫以上的水準，換言之，就是擺脫貧困。"[23] 而社會福利權的水準要高於適當生活水準權，社會福利權要求政府根據其社會福利發展水準提供更高的保障；而適當生活水準權是滿足基本的生活需求，要求任何政府都必須為民眾提供適當的（能夠滿足人的基本尊嚴要求）為滿足人的基本生存所需的保障。

終審法院二十年涉及到適當生活水準僅有兩個案例，分別涉及到居民獲得適當住房的權利，以及獲得最低的社會保障權利。

22　白桂梅主編：《人權法學》（第二版），北京：北京大學出版社，2015 年，第 156–158 頁。

23　劉海年：《適當生活水準權與社會經濟發展》，《法學研究》，1998 年第 2 期，第 35 頁。

一、獲得適當住房的權利

何塞雲訴香港房屋委員會（*Ho Choi Wan v Hong Kong Housing Authority*）案 [24] 是一起涉及適當住房的典型案例。何塞雲是一名年長、已退休和領取高齡津貼的寡婦。她於 1998 年遷入葵涌邨（當時屬於新屋邨）一個單位，每月租金為 2,110 港幣。她與其中一名兒子在上述單位居住。根據《房屋條例》中的定義，就公屋單位的租戶而言，"家庭"包括名字列於有關租契內並根據該租契的條款獲准佔用有關單位的人。在上訴人與房委會簽立的日期為 1998 年 2 月 11 日的標準格式租契中，除與她同住的兒子外，上訴人還把另一名兒子列入為家庭成員，令他有權根據該租契的條款居住於該單位內。房委會對多批屋邨相繼作出延遲檢討租金的決定。上訴人居住的屋邨，於 1998 年新落成，租金亦於當年首次訂定。根據中心條文中的頻率限制，租金只能於 2001 年予以檢討。2001 年 10 月底，房委會決定把某些屋邨（包括上訴人居住的屋邨）的租金檢討從 2001 年 12 月 1 日推遲至 2002 年 12 月 1 日進行。2002 年 10 月底，就這些屋邨的租金檢討，房委會決定進一步推遲至 2003 年 12 月 1 日進行。何塞雲認為根據 1997 年新修訂的《房屋條例》的有關規定，其所住的公屋，在香港的經濟環境由通脹轉為通縮的情況下，房委會並沒有進行減租，而是決定通過延長寬免加租和推遲檢討租金來繼續凍結租金。這一行為損害了何塞雲作為租戶應取得的相應減租的權利。本案的爭議焦點為雙方對於 1997 年增補的《房屋條例》第十六條（1A）這一條款的

---

24 *Ho Choi Wan v Hong Kong Housing Authority* [2006] HKCFA 1; FACV 1/2005.

不同理解，[25] 第十六條（1A）（a）中關於更改租金的釐定、限定更改的頻率以及第十六條（1A）（b）釐定租金更改的幅度即租金與收入中位比例不超過 10% 等問題成為本案的討論重點。原訟法庭法官鍾安德裁定何塞雲勝訴，並命令房委會須按照中心條文的真正涵義和作用，立即就上訴人的單位所屬的該類別（或該批）公屋單位進行租金檢討和作出更改租金的釐定。房委會不服原訟法庭的判決，提起上訴，上訴法庭裁定房委會上訴得直，並撤銷鍾法官的命令。何塞雲一方不服，將該案上訴到終審法院並申請司法覆核。最終，終審法院駁回了上訴人何塞雲的上訴，判決政府勝訴。

終審法院在該案的審理過程中，法官們存在不同的意見。包致金法官援引《經濟、社會與文化權利的國際公約》第十一條第一款的規定"本公約各締約國承認人人有權為自己和家庭獲得足夠的生活水準，包括足夠的食物、衣著和住房，並有權不斷改進生活條件"，[26] 來說明獲得足夠的住房權利是一項重要的基本權利。雖然香港並沒有就經濟、社會與文化權利專門進行立法，但是《住房條例》對公民的住房權利進行了保障，其認為應該依據《經濟、社會與文化權利的國際公約》的相關條款來解釋《住房條例》的相關條款。但是包致金法官的判決意見沒有被採納，其他法官一致認為"更改租金"一詞只包含增加租金的含義，不包含減少租金。在通縮的情況下，《房屋條例》第十六條（1A）（a）其實限制了減租的頻率，即使要減租也需要進過三年的期限限制。第十六條（1A）（b）其實限制了減租的必要幅

---

25 《房屋條例》第十六條（1A）規定："（a）在《1997 年房屋（修訂）條例》⋯⋯ 生效之後，任何由〔房委會〕根據第 1（a）款就出租作住宅用途的屋村內的任何土地類別（不論是由土地性質或由承租人身份釐定）所作出更改租金的釐定，須於就該同一土地類別的任何上次的釐定的生效日期起計最少三年後才生效。（b）〔房委會〕根據（a）段就任何該土地類別所釐定的租金，其數額須令就所有出租作住宅用途的屋村內所有土地類別由〔房委會〕釐定的租金與收入中位比例，不超過百分之十。"

26 *Ho Choi Wan v Hong Kong Housing Authority* [2006] HKCFA 1; FACV 1/2005.

度。法官們認為，限制房屋委員會加租的權力具有社會意義，亦合乎租戶的利益。然而，假如對房屋委員會減租的權力施加限制，則與租戶的利益背道而馳，而且沒有道理。所以，更改租金確實只包含增加租金這一內涵。

從案件判決結果可以看出，包致金法官援引《經濟、社會與文化權利的國際公約》來詮釋一般性法律並沒有得到其他法官的認同，這似乎意味著香港特別行政區法院對民眾的經濟、社會與文化權利的重視程度低於對公民權利與政治權利的重視程度。

二、獲得最低社會保障的權利

《香港基本法》第三十六條規定："香港居民依法享有社會福利權。勞動者的福利待遇和退休保障應受法律保護。"《香港基本法》第一百四十五條規定："香港特別行政區政府在原有社會福利制度的基礎上，根據經濟條件和社會需要，自行制定其發展、改進的政策。"《經濟、社會與文化權利的國際公約》第九條規定："本公約締約各國承認人人有權享受社會保障，包括社會保險。"香港的綜合社會保障援助（以下簡稱綜援）計劃的目的，"是以入息補助方法，援助因年老、殘疾、患病、失業、低收入或其他原因引致經濟出現困難的人士，使他們能應付生活上的基本需要。這項由社會福利署負責推行的計劃，是為在經濟上無法自給的人士提供安全網。申請人無須供款，但必須接受經濟狀況調查。"[27] 綜援計劃相當於香港社會的一項最低社會保障，目的是使經濟困難的人維持基本的生活水準。

孔允明訴社會福利署案（*Kong Yun Ming v The Director of Social*

27　香港特別行政區社會福利署：《綜合社會保障援助計劃：為在經濟上無法自給的人士提供安全網》，https://www.swd.gov.hk/sc/index/site_pubsvc/page_socsecu/sub_comprehens，最後登錄時間：2019 年 12 月 29 日。

Welfare）[28] 是居民獲得最低社會保障權利的典型案例。原告孔允明乃廣東居民。她於 2003 年 10 月與香港永久性居民陳先生結婚，並於 2005 年 11 月 30 日獲中國內地相關部門批准簽發單程證並即時決定與丈夫來港定居，她於 2005 年 12 月 21 日抵港，當時年齡為五十六歲。陳先生為社會福利受助人，並於孔允明到香港次日逝世。由於香港房屋署在陳先生離世時收回其公屋單位，孔允明於香港沒有其他親友可提供協助，在 2006 年 3 月 20 日向社會福利署申請綜援。然而，由於香港特別行政區政府於 2004 年 1 月 1 日將綜援申請資格由香港居留滿一年改為七年或以上，孔允明因未居住滿七年，其申請被拒。孔允明在法律援助署協助下向法院申請司法覆核，認為申請綜援有關居留要求違反香港《香港基本法》第二十五條、第三十六條及一百四十五條，以及《香港人權法案》第二十二條，原訟法庭及上訴法庭於 2009 年 6 月 23 日駁回其申請。原訟法庭認為香港特別行政區政府對社會福利權做出的"七年"限制是符合香港的人口經濟發展要求的。接著孔女士向社會保障上訴委員會提出上訴，上訴委員會以香港居民享有的社會福利權受法律限制為由駁回了上訴人的上訴，最後她將該案上訴到終審法院，並申請司法覆核程序。終審法院經審理後裁定上訴人上訴得直，判決孔允明勝訴，香港特別行政區政府敗訴。

終審法院在本案的審理過程中的主要爭議點是政府根據《香港基本法》第一百四十五條制定的福利政策或者制度是否需要和《香港基本法》第三十六條一併解讀？由於原訟法庭和上訴法庭都將兩條進行合併解釋，所以這個問題需要重點解決。《香港基本法》第一百四十五條條規定："在先前的社會福利制度的基礎上，香港特別行政區政府應根據經濟條件和社會需要，自行制定有關發展和改善這

28　*Kong Yun Ming v The Director of Social Welfare* [2013] HKCFA 107; (2013) 16 HKCFAR950; [2014] 1 HKC 518; FACV 2/2013.

個制度的政策。"而上訴方認為《香港基本法》第三十六條明確規定了香港居民享有社會福利權，社會福利署拒絕其綜援申請的行為違反了《香港基本法》的規定。而社會福利署認為《香港基本法》第一百四十五條授權政府根據經濟條件和社會需要可以制定發展和完善相關政策。為了香港社會福利保障的長期和可持續，香港特別行政區政府於 2004 年為社會福利權的申請和取得設置了"七年居港"的法律依據。政府聲稱引入該項七年居港規定，正當的目的是為了節約金錢，以確保社會保障制度可長期維持。終審法院認為，如果對《香港基本法》第三十六條和第一百四十五條進行合併解釋，無疑會給香港特別行政區政府制定社會福利政策留下巨大的空間，這將使得政府能夠自由地確定各種社會福利申請和享受的資格，或者政府由此會自行設定相關條件，基於上述理由，應嚴格限制兩個條款的合併解釋。終審法院裁定特區政府的聲稱不成立。該項七年居港規定抵觸兩項重要社會政策，即（1）簽發單程證以便家庭團聚的政策，以及（2）目的為使老化人口年輕化的人口政策。而從香港特別行政區政府提供的社會經濟發展資料來看，例如財政赤字、人口老齡化、經濟貢獻，並沒有為相關限制提供合理的支援。[29] 最終，終審法院認為在確保社會保障制度的財務可持續性和七年居住要求的公開目的之間並不存在理性聯繫，不符合對權利限制的比例原則（Proportionality），最終判決政府敗訴。

值得注意的是，終審法院在對本案的審理判決中，包致金法官認為在理解《香港基本法》第三十六條的時候必須與《經濟、社會與文化權利的國際公約》保持一致，任何對公約有限制的立法以及政策都必須符合該《公約》的要求，這也是《香港基本法》的內在要求。司

29　終審法院考察發現，2001–2002 年度，綜緩支出為 144 億港元，支付給新移民的綜緩僅佔 12%，即 17 億港元，其中 9.64 億港元用於十八歲以下人士，居住年限對其並無影響，剩餘的 7.64 億港元還需扣除社會福利署署長裁量豁免的情況。

徒敬法官還引用經濟、社會與文化權利委員會的相關意見，例如，"社會福利體制必須與可持續的財政資源相一致以保證子孫後代享有權利的實現"，"《經濟、社會與文化權利的國際公約》禁止締約國採取倒退性的措施來解釋《香港基本法》第一百四十五條所要求的發展與改進"。[30] 此外，終審法院引用了 1990 年 12 月 14 日經濟、社會與文化權利委員會關於締約國義務第 3 號一般性意見說，《經濟、社會與文化權利的國際公約》第二條第一款所反映的結果主要是採取漸進式的方式以期逐步實現《公約》所承認的 "充分實現的權利"。逐步實現的概念意味著承認所有經濟、社會和文化權利的充分實現通常無法在短時間內實現。從這個意義上講，這項義務與《公民權利和政治權利國際公約》第二條所載的義務大相徑庭。然而，根據《經濟、社會與文化權利的國際公約》，其意思是隨著時間的推移，或者換句話說，要逐步實現這一事實，而不應該被誤解為剝奪所有意義的義務。亦即，一方面是一種必要的靈活性手段，反映了任何締約國國家在確保充分實現經濟、社會與文化權利方面所遇到的困難。另一方面，必須根據該《公約》的總體目標來解釋這種 "逐漸達到"。[31]

從本案的審理結果來看，終審法院極大地保障了孔允明一類人的最低社會保障權，但該案判決一出，轟動整個香港，也引發了許多爭議。一些學者認為終審法院對政府財政福利政策的過多干預將對香港社會福利制度發生深遠的影響，法院的判決將綜援申請資格放寬到居港一年，極大可能成為內地新移民來港的動因。他們認為來港滿一年就可以享受綜援，這樣政府的負擔將在十年、二十年後發生很大的增長。社會福利權屬於第二代人權，其實現和享有需要考慮社會的發展條件和政府的承受程度，涉及納稅人的利益以及政府的負擔能力。在

30　*Kong Yun Ming v The Director of Social Welfare* [2013] HKCFA 107; (2013) 16 HKCFAR 950; [2014] 1 HKC 518; FACV 2/2013.

31　同上。

該案件中，儘管終審法院的法官在審判過程中也考慮了香港的現實情況，考慮了香港財政政策的已有和現有的社會影響，但對其判決將來的影響顯然是考慮不足的。這有可能重蹈莊豐源案的覆轍。[32] 也有學者認為 2004 年香港特別行政區政府將綜援的申請條件從一年變更為七年的做法不妥，終審法院通過比例原則來審查香港特別行政區政府限制人權的做法並無不當。[33] 值得肯定的是，終審法院許多法官在該案的審判中積極援引《經濟、社會與文化權利的國際公約》，以及聯合國經濟、社會與文化權利委員會關於締約國義務第 3 號一般性意見。這是否意味著終審法院對待經濟、社會與文化權利的一個巨大轉向？

32　梁美芬、Zhao Hongfang：《轟動香港社福制度的案例評析：孔允明案》，《中國法律》，2015 年第 1 期，第 91–97 頁；楊曉楠：《對孔允明案判決的解讀 —— 兼議香港終審法院的司法態度》，《中國法律評論》，2016 年第 3 期。

33　陳弘毅：《香港居民享有社會福利的權利：" 綜援案 " 的法律觀點》，《紫荊論壇》，2013 年 9 月。

小結

　　從附錄一終審法院二十年來（1997 年 7 月 1 日至 2017 年 6 月 30 日）審理的涉及人權的案件數量來分析，涉及民眾經濟、社會及文化權利的判例數量較少，與涉及公民權利和政治權利的判例數量形成強烈的對比。而即使是在涉及經濟、社會及文化權利的判例中，權利人較少依據《經濟、社會與文化權利的國際公約》來主張和論證其享有的經濟、社會及文化權利，終審法院的大多數法官也不主動回應或較少回應這些權利。如當事人在訴訟中引用《香港基本法》以及《經濟、社會與文化權利的國際公約》的相關規定來主張和論證其所享有的經濟、社會及文化權利，終審法院的多數法官也較少回應這些權利。若該案同時涉及當事人的公民權利和政治權利，終審法院則多將其精力集中於對公民權利和政治權利問題的審理和論辯，審判裁量中也多以《香港基本法》而非《經濟、社會與文化權利的國際公約》的規定為最終依據。可見，終審法院對經濟、社會及文化權利的關注與保障均十分有限。

第五章

香港特別行政區法院保障人權之得與失

法官的責任不在跟隨民眾的意願 —— 不論是大眾還是小眾的意願 —— 作出判決……法官履行職責時,只會以法律條文和法律精神為依歸,別無其他。相對於法律考慮,政治、經濟和社會因素完全不在考慮之列。如果法庭在應用法律上出錯,則正如我剛才所述,可按上訴機制一直上訴至終審法院。以上概述的法官職責重任,是憲制所規定的職責。《基本法》述明法院行使審判權。行使審判權意指所有司法裁決均以法律為依據,別無其他考慮……

—— 馬道立 *

* 馬道立:《終審法院首席法官二○二○年法律年度開啟典禮演辭》,2020 年 1 月 14 日。

　　在對香港特別行政區法院二十年來涉及人權判例進行梳理的基礎上，本章節將進一步總結香港特別行政區法院保障人權所取得的成就、成功經驗以及存在的主要問題。

第一節　香港特別行政區法院保障人權之成就

　　香港特別行政區自回歸中國後，香港特別行政區法院在保障人權方面不但沒有退步，反而取得了突出的成就。香港特別行政區法院較好地保障了民眾依據《香港基本法》所規定的各項權利，以及《香港人權法案條例》等法例中規定的各項具體權利。香港特別行政區法院較好地捍衛了居民的公民權利和政治權利。尤其是香港特別行政區法院通過二十多年的審判實踐活動，使得《香港基本法》第三十五條以及《香港人權法案》第十條和第十一條的規定更加清晰，有效地捍衛了民眾的公平審判權；香港特別行政區法院通過大量涉及居留權的判例詮釋了《香港基本法》第二十二條、第二十四條的相關內容和涵義，且在涉及居留權的判例中，常常以維護當事人的人權為出發點對涉及的法律條文進行擴大解釋，並通過 "違憲審查權" 的行使儘可能地保障當事人的居留權；香港特別行政區法院也是表達自由的捍衛者，民眾可以自由發表言論、遊行、示威，1997 年 7 月 1 日至 2009 年 12 月 31 日期間，有超過三萬次公眾集會及遊行在香港進行，[1] 香港特別行政區法院在保障民眾表達自由的同時，也維護公共秩序；平等被視為香港社會的一項核心價值、一項憲制基本原則，平等權是《香港基本法》保障的一項基本權利，終審法院審理了眾多涉及平等

1　《審議締約國根據〈公約〉第四十條提交的報告，締約國的第三次定期報告，中國香港》，CCPR/C/CHN-HKG/3，第 47 頁。

權的判例，同性伴侶享受平等待遇的權利、性少數者的權利也得到了司法判決的承認，香港特別行政區法院還對平等進行了合理的解釋，發展出了"平等原則的偏離"，即偏離徹底平等的合情合理原則；此外，人身自由、財產權、免受酷刑及不人道對待的權利、隱私權、信仰和良心自由、遷徙自由、選舉權、結婚權等權利均得到了香港特別行政區法院的認可和保障。儘管經濟、社會及文化權利不是香港特別行政法院關注的重點權利，但法院仍通過一些涉及工作權、適當生活水準權案件的審理有效地保障了民眾選擇職業的自由、就業保障權以及工人參加工會活動的自由，保障了民眾的適當住房權、最低社會保障權。隨著香港社會的發展與進步，終審法院對第三代人權也有所保障。從終審法院二十年的審判實踐來看，香港特別行政區法院在維護和捍衛居民第一代人權中的公民權利方面取得了顯著的成績，終審法院審理的案例豐富了《香港基本法》、《香港人權法案條例》所規定的各種基本權利。

本章主張從兩個維度來評價香港特別行政區法院保障人權的機制與實踐，可以簡單將之歸納為縱向維度和橫向維度。所謂縱向維度，即要以歷史的眼光看待香港人權司法保障機制的發展，分析香港近年來人權司法保障是否取得了進步，進步多大，這一維度的考量主要以時間為軸進行分析。所謂橫向維度，即比較香港司法與同一時代其他區域司法保障人權的水準，在這一維度下，本書選取香港與亞洲其他地區相比較。

縱向而言，香港特別行政區法院保障人權機制從無到有，從不完善到逐步完善，本書在第一章香港特別行政區法院保障人權制度的歷史的討論中已經對香港法院保障人權制度發展取得的成就進行了積極的評價，在此將進一步總結香港特別行政區法院保障人權的成功經驗。聯合國也對香港在保障人權方面取得的成就予以肯定。從聯合國人權事務委員會對香港提交的審議報告所作的結論性意見來看，香港特別行政區政府在保障人權方面取得了顯著的進步。如 2013 年聯合國人權事務委員會第一〇七屆會議通過的關於中國香港第三次定期報告的結論性意見就對香港提交第二次定期報告以來取得的成就予以肯定，指出："3. 委員會歡迎中國香港批准了下列國際文書：（a）《兒童權利公約關於兒童捲入武裝衝突問題的任擇議定書》，2008 年 2 月 20 日；（b）《殘疾人權利公約》，2008 年 8 月 1 日。4. 委員會歡迎自審議中國香港的第二次定期報告以來所採取的下列立法和其他措施：（a）通過了《移民（修訂）條例》（2012 年）；（b）修訂了《個人資料（私隱）條例》（2012 年）；（c）修訂了《家庭暴力條例》（2009 年）。" [2]

根據世界銀行《二零一九年世界管治指標》的報告，香港在法治方面的百分位數從 1996 年的 69.85 提升至 2018 年的 95.19，其法治項目上在亞洲排名第二。[3] 而根據一些學者的研究，香港特別行政區終審法院從 1997 年至 2007 年審理的涉及基本權利的判例中，香港特別行政區政府在五十五個訴訟中勝訴，在六十八個訴訟中敗訴；在樞密院（Privy Council）1987 年至 1997 年審理的涉及基本權利的判例中，香港政府在三十四個訴訟中勝訴，在十九個訴訟中敗訴。比較 1997 年前十年政府的敗訴率和 1997 年後十年政府的敗訴率，可以發現終審法院對香港特別行政區政府的監督要優於樞密院對香港政府的監督。[4] 香港特別行政區法院通過對政府行為的有效監督極大地保障了民眾的人權。

2　聯合國人權事務委員會：《委員會第一〇七屆會議通過的關於中國香港第三次定期報告的結論性意見》，CCPR/C/CHN-HKG/CO/3。

3　The World bank, "The Worldwide Governance Indicators, 2019 Update — Aggregate Governance Indicators 1996–2018", 2020.

4　Simon N M Young and Antonio Da Roza, "Final Appeals then and Now", in Simon N M Young and Yash Ghai (eds.), *Hong Kong's Court of Final Appeal: The Development of the Law in China's Hong Kong* (Cambridge: Cambridge University Press, 2014), p. 163.

　　橫向而言，可以比照亞洲的其他地區。國際社會以及學界對香港的人權發展與保障狀況均給予好評。如 Ming-Yan Lai 在其文章中將亞洲的人權觀念概括為 "較為重視經社文權利的發展"、"重視集體權利" 等；而香港在保持經濟快速增長的同時，公民權利和政治權利方面發展也相對不錯，香港建立起了真正的法治、司法獨立，還有專門的人權立法，如《香港人權法案條例》等，實現了人權保障的司法化，與國際社會接軌，較亞洲其他區域相比，更為發達。[5] 根據世界正義聯盟 World Justice Project（WJP）[6] 2019 年世界法治統計資料和排名來看，香港特別行政區在東亞和太平洋地區[7] 法治綜合排名為第五位，在全球（一百二十六個國家）法治綜合排名為第十六位，基本權利（Fundamental Rights）的單項指數在東亞和太平洋地區排名為第六位，具體指數和排名見表 10。而根據美國另一家非政府組織（Cato）的統計資料，香港在 2016 年的人權自由度指數中的排名為以 8.78 的得分排名世界第三，經濟自由度指數以 8.97 分排名世界第一。[8]

　　從這些非政府組織的一些統計資料來看，香港的人權自由指數、司法正義指數以及法治綜合排名指數均處於世界一流水準。

5　Ming-Yan Lai, "Haven Under Erasure? Hong Kong, Global Asia and Human Rights", *Journal of Contemporary Asia*, Vol. 38 (2008), pp. 300–318.

6　WJP 是總部位於華盛頓的獨立非盈利性組織世界正義事業聯盟。

7　東亞和太平洋地區參與統計排名的國家和地區包括：澳大利亞、柬埔寨、中華人民共和國（內地）、中國香港特別行政區、印尼、日本、馬來西亞、蒙古、緬甸、新西蘭、菲律賓、韓國、新加坡、泰國和越南。

8　滿分是 10 分。詳情參見：Ian Vásquez and Tanja Por nik, "The Human Freedom Index 2018", Cato Institute, the Fraser Institute, and the Friedrich Naumann Foundation for Freedom, 2018, pp. 22–24.

表10　香港特別行政區2019年法治指數排名[9]

因子	全球排名	地區排名	收入排名[10]
Constraints on Government Powers	31/126	7/15	27/38
Absence of Corruption	9/126	3/15	9/38
Open Government	15/126	3/15	15/38
Fundamental Rights	33/126	6/15	30/38
Order and Security	4/126	2/15	4/38
Regulatory Enforcement	10/126	3/15	10/38
Civil Justice	12/126	4/15	12/38
Criminal Justice	15/126	5/15	15/38

9　World Justice Project (WJP): 2019 WJP Rule of Law Index.

10　收入排名選取的是包括美國在內的三十八個高收入國家和地區。

第二節　香港特別行政區法院保障人權的　　主要經驗

　　整體而言，香港特別行政區已建立起了較為全面的人權保障機制，擁有專門保障人權的立法，建立了司法保障人權的機制，還在政府內部設立了相應的人權保障與監督機構，擁有專業的法律援助機構，亦擁有大量監督和保障人權的非政府組織。值得強調的是香港特別行政區法院，在較為複雜的政治環境下，仍能獨立行使司法審判權，作出了許多經典的裁判，通過積極審理涉及人權的訴訟，行使司法審查權等方式捍衛著民眾的人權。香港特別行政區法院保障人權的機制在世界範圍內是較為進步和完善的。那麼，香港特別行政區法院在保障人權方面取得成功的原因有哪些？其主要經驗何在？

一、擁有較為完善的人權立法

　　《香港基本法》第三章規定了香港居民享有的各項基本權利。除此之外，香港還擁有《香港人權法案條例》、《反性別歧視條例》、《家庭崗位歧視條例》、《種族歧視條例》、《殘疾歧視條例》以及《個人資料（私隱）條例》等保障居民基本權利的法案。香港特別行政區政府還根據香港社會各界的意見和建議對各項法案進行修訂，如2012年修訂了《個人資料（私隱）條例》，以更好地保障香港民眾的各項基本權利。[11] 此外，香港特別行政區還是許多世界性人權公約的締約方。《香港基本法》、香港特別行政區的其他人權立法，以及世界性的人權公約均是香港特別行政區法院進行審判的重要依據。

二、普通法的繼承和發展

香港屬於普通法系地區，香港回歸中國後，普通法的傳統得到了繼承，並被發展。香港特別行政區法院在審理涉及人權的案件中，不僅依據較為完善的人權立法來審理案件，還在審判中沿用普通法的方法和理念，並使得普通法在香港地區得到了很大的發展。普通法在香港特別行政區法院的審判活動中發揮了積極的作用與影響。在沒有成文法依據的情況下，普通法的一些基本原則顯得十分重要。法官在審理案件的過程中，普通法的方法也得到了很好的運用。香港特別行政區法官撰寫的較為優異的判決書更充分體現了普通法的推理與邏輯。不僅如此，《香港基本法》第八十四條規定：“香港特別行政區依照本法第十八條所規定的適用於香港特別行政區的法律審判案件，其他普通法適用地區的司法判例可作參考。”《香港基本法》第八十二條規定：“終審法院可根據需要邀請其他普通法適用地區的法官參加審判。”從香港特別行政區法院審理的案件來看，法官在審判過程中不但引用香港以及英國的普通法原則，還引用或參考各普通法適用地區的判例，普通法的靈活、豐富克服了成文法的僵化。此外，香港特別行政區法院在審理涉及人權的判例中發展出了一些解釋方法，如以保障人權為中心的較為寬鬆的解釋方法。香港上訴法院在 *Attorney General v Chiu Tay-cheong* 以及冼有明案中確立了解釋憲法性法律需採取較為寬鬆的解釋方法，儘量保障憲法性法律所規定的權利和自由。

11　2012 年修訂的《個人資料（私隱）條例》對“直接促銷”、“法律協助”、“外判資料處理常式”、“使用青少年的資料”等進行了規定，還增設了“披露未經資料使用者同意而取得個人資料的罪行”。

這種普通法的解釋方法一直影響著香港特別行政區涉及人權案例的解釋方法。然而，香港特別行政區法院在適用普通法原則時，也始終以不違背《香港基本法》的相關規定為原則，在一些判例中，香港特別行政區法院也審查普通法的一些原則是否因違反《香港基本法》而無效，如普通法中的嚴重傷害原則是否侵犯人人享有的無罪推定權等。也就是說，香港特別行政區法院並非對普通法的一些原則、定罪完全照搬和遵循，而是根據《香港基本法》以及《香港人權法案條例》中的基本權利條款對這些規則和定罪進行審查 —— 進行"違憲審查"，從而對普通法進行發展。

三、獨立公正的司法權

根據《香港基本法》第二條、第十九條的規定，香港特別行政區擁有獨立的司法權。根據《香港基本法》第八十二條的規定，終審法院享有終審權。獨立的司法權得到了《香港基本法》的保障與捍衛。

香港的司法獨立全亞洲排名第二、全球排名第八。[12] 而獨立的司法權成為香港特別行政區法院保障人權機制的重要前提與基石。獨立的司法權有效地保障了香港特別行政區法院獨立地審理涉及人權的訴訟，這種獨立包括免受中央的干預，也免受香港立法機關以及行政機關的干預。從終審法院二十多年來的審判實踐來看，香港特別行政區法院的司法審判活動受獨立司法權的保障。終審法院非常任法官廖柏嘉勳爵 GBS 說："目前我並無發現（香港的）司法獨立有受任何破壞。如果我覺得香港司法機構的獨立性質被破壞，我即使不講出來，也會辭去法官一職。"[13]

香港的司法獨立為香港的司法公正和司法公信力提供了堅實基

12　World Economic Forum, "The Global Competitiveness Report 2019", 2019, p. 283.

13　香港特別行政區政府律政司：《香港：交易及爭議解決服務樞紐》，2019 年 5 月，第 12 頁。

礎，世界正義聯盟 World Justice Project（WJP）《2017 年人口民意關於法律需求與接近司法的調查模組》（2017 General Population Poll Survey Module on Legal Needs and Access to Justice）顯示 93% 的民眾認為香港法院能夠將問題徹底解決，3% 的民眾認為問題還繼續存在；88% 的民眾認為無論判決解決如何，香港法院的判決是公正的。[14]

此外，根據《香港基本法》第八十二條的規定，香港特別行政區終審法院可以根據需要邀請來自其他普通法司法管轄區（例如英國、澳洲、加拿大）的知名法官為終審法院非常任法官。而這些具有聲望的法官與終審法院的關係，也是香港司法獨立的有力證明，也更能增加民眾對香港特別行政區法院的信任。外籍法官的存在使得香港與其他普通法司法管轄區保持緊密聯繫。

四、暢通的人權訴訟機制

《香港人權法案條例》第六條（2）規定：任何訴訟，不得以它是與人權法案有關為理由而被裁定是超出任何法院或審裁處的司法管轄權範圍。個人的人權一旦受到公權力的侵犯，便可以通過各種程序發動人權訴訟。任何法院或審裁處還不得拒絕審理該項人權訴訟，只要是在其管轄權範圍內。現實中，香港人權訴訟機制是十分通暢的，即使是個人訴個人侵犯其基本權利的案件，在管轄權範圍內，法官也會審理，只是法官在具體的案件中會宣告《香港人權法案條例》不適用於本案。學者 Simon N M Young 指出終審法院通過大量涉及基本權利的訴訟，對涉及居留權、平等權和不歧視、法律確定性、集會和遊行表達自由、遷徙自由等方面發表了重要的陳述，解釋和豐富著香港

14　World Justice Project, "2017 General Population Poll Survey Module on Legal Needs and Access to Justice", 2019.

的人權法。[15] 不僅如此，這項機制使得權利受害人能夠及時地獲得法律補救，從而保障其基本權利。此外，香港特別行政區法院通過一個個具體的判例將相關的國際人權公約以及一些國際性、區域性有代表的案例經驗也逐步引入到香港地區，使得一些國際人權公約通過這種模式在香港得到間接的適用。香港特別行政區法院保障人權的機制形成之後，特別是終審法院設立之後，在通過涉及人權案件的審理中表現出了積極的態度，獲得了良好的形象，產生了積極的影響力。[16]

五、有效的司法覆核機制

司法審查制度對立法機關和行政機關有監察和制衡的作用。如果香港特別行政區立法機關並非完全由直接選舉產生，或如果行政機關在政制中有主導地位，那麼司法審查制度的設立，便尤其重要：它可以增強司法機關的權力，去制衡立法權和行政權，防止權力的濫用。在某些情況下，立法機關通過的法律，可能真的代表著社會上大多數人的意願，但卻侵犯了少數人的基本權利和自由。但如果有司法審查制度，法院便可以人權和自由的捍衛者身份出現，保障少數人的權益，防止大多數人的暴政。[17] 而司法覆核對於政府的非法及越權行為、不合理的行為和社會政策也會起到監督作用，為實現"良好管治"（Good Governance）保駕護航。"公共事務範疇的決策者能克盡本分，承擔問責，這就是'良好管治'；而良好管治則是恪守法律規定及其精神的同義詞。換句話說，良好管治體現了法治的概念，亦正

15　Simon N M Young, "Constitutional Rights in Hong Kong's Court of Final Appeal", *Chinese (Taiwan) Yearbook of International Law and Affairs*, Vol. 27(2011), p. 93.

16　Simon N M Young, "Constitutional Rights in Hong Kong's Court of Final Appeal", *Chinese (Taiwan) Yearbook of International Law and Affairs*, Vol. 27(2011), p. 91.

17　陳弘毅、陳文敏：《人權與法治 —— 香港過渡期的挑戰》，香港：廣角鏡出版社，1987 年，第 21 頁。

正是被稱為司法覆核的一類案件的精粹 …… 司法覆核案件必然牽涉公眾利益 …… 不論案件是牽涉已經發生了的事情，還是未發生的事情，而後者比前者可能更為重要，法院就公法訴訟作出的判決，往往成為如何達致良好管治的指引。雖然訴訟過程偶爾會帶來不便，但整體而言，司法覆核維護了公眾利益，亦促進社會大眾的福祉，其重要的角色理應得到正確的肯定。"[18]

司法覆核機制也是香港特別行政區法院保障人權機制的最重要組成部分。香港特別行政區法院在個案審判過程中啟動司法覆核制度，通過司法覆核制度宣告侵犯人權的立法或政府決定無效的模式捍衛個案中當事人的人權。而該立法或行政決定往往影響到一大部分人的人權，因此這種司法覆核制度也捍衛了更多人的基本權利。

觀察和研究終審法院二十年的審判實踐可知，香港民眾在許多個案中提起了司法覆核申請，以挑戰香港特別行政區一些立法、政府政策和行為的合憲性。在過去的十年間，香港民眾對司法覆核充滿了熱情。民眾近年來對政治程序信心的提升以及行政程序效率的提升，均與司法覆核發揮的有效作用相關。香港的司法覆核將繼續發揮作用，並為民眾提升安全價值。[19] 從人權保障角度來看，有效的司法覆核制度是香港特別行政區法院保障人權機制成功的秘密之一。

18　馬道立：《終審法院首席法官二〇一六年法律年度開啟典禮演辭》，2016 年 1 月 11 日。

19　Philip Dykes SC, "The function of Judicial Review in Hong Kong", in Christopher Forsyth, et. al. (eds.), *Effective Judicial Review: A Cornerstone of Good Governance* (Oxford: Oxford University Press, 2010), p. 419.

第三節　香港特別行政區法院保障人權制度面臨的挑戰

　　香港法院在保障人權方面取得了突出的成就，然其發展中存在的問題也不容忽視。本節將重點論述當前影響香港特別行政區法院保障人權發展過程中存在的一些重大問題，以期為香港特別行政區法院人權保障制度的可持續發展建言獻策。

一、司法權的擴張

　　作為人權守護者的香港特別行政區法院，在過去的二十多年裏十分活躍，運用大量的判例，通過大量的司法審判活動捍衛著香港民眾的人權。香港特別行政區法院捍衛人權的作用和貢獻是值得肯定的，然而，在一些審判活動中似乎過於充滿能動（Activism），早在冼有明案[20]的審判中，香港法院就顯現出了擴張傾向。而這種傾向在日後居港權的判例中表現得更加突出。

　　首先，香港特別行政區法院，尤其是終審法院的積極能動司法挑戰全國人大及其常委會的權威，超越地方司法權的邊界。終審法院在審理吳嘉玲案時，曾指出："法院不但有權力而且有責任審查全國人大及其常委會的立法，審查其是否違反《香港基本法》的相關規定，

20　*R v Sin Yau-ming* [1992] 1 HKCLR 127.

並宣告該違反《香港基本法》的立法無效。"[21] 在該案中，終審法院認為香港特別行政區法院解釋《香港基本法》的權力來源於獨立的司法權，可以審查全國人大及其常委會的立法是否與《香港基本法》的規定相符合。終審法院在吳嘉玲案中判決吳嘉玲勝訴，引發了較大的社會問題，不僅如此，它還挑戰了全國人大及常委會的權威，使得中央與香港特別行政區關係一時緊張起來。該案最終引發了全國人大常委會 1999 年關於《香港基本法》第二十二條第四款以及第二十四條第二款的釋法。該次積極能動司法被香港學界一些學者認為是類似於當年美國終審法院在馬伯里訴麥迪森一案中積極奪權的行為。學者們已經觀察到終審法院表現出的能動主義，表現出的與立法機關、與行政機關爭奪權力，甚至與中央爭奪權力的現象。[22]

其次，香港特別行政區法院，特別是終審法院還被認為超越司法邊界，挑戰香港立法機關和行政機關的權威，介入立法機關和行政機關的內部事務。從終審法院審判的一些涉及人權的判例中可以發現香港特別行政區法院積極司法、擴大司法權力的現象，有些時候已經超越了司法權的邊界。在 *Kwok Cheuk Kin v Secretary for Consitutional and Mainland Affairs*[23] 等案件的審判中，香港特別行政區法院被指因審查香港法例第五百四十二章《立法會條例》第三十九條（2A）的合憲性而介入立法會的相關事務。原告指稱《立法會條例》第三十九條（2A）的規定影響《香港基本法》第二十六條及《香港人權法案》第二十一條賦予民眾的參選權。第三十九條（2A）禁止辭去議席的立法會議員在辭職後六個月內參加補選。在該案中，終審法院審理也指

21　*Ng Ka Ling & Others v Director of Immigration* (1999) 2 HKCFAR 4; FACV 14,15&16/1998.

22　Daniel R Fung & Peter H H Wong, "Constitutional Law and Litigation in the First Year of the Hong Kong SAR: Past Trends and Future Developments", *Hong Kong Law Journal*, Vol. 28 (1998), p. 336.

23　*Kwok Cheuk Kin v Secretary for Consitutional and Mainland Affairs* [2017] HKCFA 44; (2017) 20 HKCFAR 353; [2017] 5 HKC 242; FACV 12/2016.

出，涉及政治或政策考慮的選舉法律一般來說應獲給予很大的自由判斷空間，因為法院一般都沒有具備能力對政治問題作出裁決。因此，覆核第三十九條（2A）的恰當尺度應以"明顯地沒有合理根據"作為驗證標準。終審法院認為，立法會議員辭職後參加由其辭職所引發的補選這個做法削弱了選舉制度，而第三十九條（2A）乃立法機關在處理此受損情況時可考慮的合理選擇範圍之內。第三十九條（2A）對憲定的參選權所造成的侵犯相對地很小，原因是這只適用於補選（而被禁止參選的議員大可繼續出任立法會議員），況且該條文只是禁止參選六個月而已。法院最終駁回了上訴，裁定第三十九條（2A）是相稱並"合憲"的。儘管終審法院作出了有利於立法會的判決，但仍然被認為是介入了立法會內部的事務。再如梁游案中，梁游二人以不干預原則為依據，就針對他們的法律程序作出抗辯，並辯稱既然立法會主席已經決定應容許他們再次宣誓，法庭不可干預該決定。而終審法院的法官則認為，《香港基本法》第七十三條第一款規定香港法庭須行使司法管轄權，以確保立法會在其立法過程中遵守《立法會議事規則》，法庭有責任就遵守《香港基本法》第一百零四條的憲定的問題作出裁決，不干預原則在此並不適用。[24]

最後，香港特別行政區法院通過"違憲審查"的方式不斷挑戰香港特別行政區的立法，終審法院在二十年的審判實踐中宣佈立法機關、行政機關制定的諸多立法無效，對香港社會變遷以及香港的政制發展發生了深遠的影響。香港終審法院對莊豐源案[25]的判決結果鼓勵了內地孕婦赴港生產，甚至擠佔香港本地孕婦的生育資源；而新界非

24　梁頌恒訴香港特別行政區行政長官、律政司司長 [2017] HKCFA 55; (2017) 20 HKCFAR 390; FAMV 9/2017；游蕙禎訴香港特別行政區行政長官、律政司司長 [2017] HKCFA 54; (2017) 20 HKCFAR 390; FAMV 7/2017。

25　*Director of Immigration v Chong Fung Yuen* (2001) 4 HKCFAR 211; FACV 26/2000.

原住村民選舉權案 [76] 則對於消除香港社會傳統特權具有積極意義；而法院關於變性人結婚權案的判決 [27]、對於同性戀群體平等對待的一些判決 [28] 均會影響香港社會大眾的認知，甚至也會引導公眾對性少數人群的態度。

我們應該理性地面對司法權力的擴張這一問題。一方面，香港特別行政區司法權力的擴張，有助於保障人權，有助於監督《香港基本法》的落實，有助於鞏固香港的司法獨立，樹立司法的權威，最終維護法治；而另一方面，也需對這一擴張保持警惕。美國最高法院自馬歇爾以降的大法官們用二百多年的時間使得司法機關從最小危險的部門變成了最具權威的部門，司法權由解釋憲法的權力轉變為修正憲法的權力，許多美國人對這個極具擴張的司法權力感到莫名的恐懼，並堅持認為不受制約的司法權力將控制這個民主國家，進而侵蝕共和政府的基礎，損害人民的權利，司法能動主義是一個不幸的現象。[29] 反觀香港，終審法院僅用了二十多年的時間就使得司法權力成為香港特別行政區立法權力、行政權力和司法權力中最強有力的權力，司法權力在將來的發展中需要保持適當的克制。

26　*Secretary of Justice v Chan Wah & Others* [2000] HKCFA 88; [2000] 3 HKLRD 641; (2000) 3 HKCFAR 459; [2000] 4 HKC 428; FACV 11/2000.

27　*W v Registrar of Marriages* [2013] HKCFA 39; [2013] 3 HKLRD 90; (2013) 16 HKCFAR 112; [2013] 3 HKC 375; FACV 4/2012.

28　*Secretary of Justice v Yau Yuk Lung Zigo & Another* (2007) 10 HKCFAR 613; FACC 12/2006.

29　[美] 克里斯多夫‧沃爾夫著，黃金榮譯：《司法能動主義 —— 自由的保障還是安全的威脅》，北京：中國政法大學出版社，2004 年，前言。

二、香港特別行政區法院對第二、三代人權保障相對不足

在人權法領域，第一代、第二代人權的劃分已為整個國際社會認可，而對第三代人權的提法則是二十世紀七十年代末的事情。1977年，卡雷爾·瓦薩克（Karel Vasak）在國際人權研究院第十次研究會議上的開幕演講中，提出了他所謂的 "第三代人權" 的理論。[30] 第三代人權，又稱連帶權利（Solidarity Rights），是指超越單純的公民權利和社會權利，正如許多國際法文件包括1972年《聯合國人類環境會議的宣言》（《斯德哥爾摩宣言》）和1992年《里約環境與發展宣言》和其他 "軟法" 所規定的一些權利。"第三代人權" 一詞基本上仍然是非官方的，因此擁有極其廣泛的權利，包括：經濟和社會發展權、享有健康環境的權利、自然資源權、和平權、參與文化遺產的權利、代際公平和可持續性的權利等。[31] 當然，有些學者也對第三代人權的概念提出了質疑。[32] 隨著時代的變化，當今世界湧現出越來越多的新型權利，這使第三代人權的概念更有價值，享有健康的環境權、自然資源權、和平權等的確與傳統的第一代、第二代人權具有較大的差異。

從終審法院二十年判例的統計資料來看，涉及到第三代人權的案例較少，主要涉及自然資源權和環境權的保障。

30　Vašák Karel, "Human Rights: A Thirty-Year Struggle: The Sustained Efforts to give Force of law to the Universal Declaration of Human Rights", *UNESCO Courier*, Vol. 11 (1977), pp. 29–32.

31　Vašák Karel, "Human Rights: A Thirty-Year Struggle: The Sustained Efforts to give Force of law to the Universal Declaration of Human Rights", *UNESCO Courier*, Vol. 11 (1977), p. 29.

32　Alston P, "A Third Generation of Solidarity Rights: Progressive Development or Obfuscation of International Human Rights Law?", *Netherlands International Law Review*, Vol. 29 (1982), pp. 307–322; Fredman S, "Human Rights Transformed: Positive Duties and Positive Rights", *Oxford Legal Studies Research Paper,* Vol. 38 (2006), pp. 498–520.

Town Planning Board v Society for the Protection of the Harbour Ltd 案 [33]
涉及自然資源和環境權。在本案中，Society for the Protection of the
Harbour Ltd（海港保護協會，以下簡稱協會）質疑 Town Planning
Board（城市規劃委員會，以下簡稱委員會）修訂灣仔北分區計劃大
綱圖（Outline Zoning Plan），以便允許在灣仔海濱一帶進行填海工程
的決定。2003 年 2 月協會提起了訴訟，認為政府在香港島的灣仔區
進行的填海工程，違反了《保護海港條例》（香港法例第五百三十一
章）。[34] 協會的主要理由是委員會誤解了《保護海港條例》第三條，[35]
其中列明維港獲認定為香港人的特別公有資產和天然遺產及 "不准
許進行海港填海工程的推定"（Presumption against Reclamation），因
此委員會犯了法律上的錯誤。協會在訴訟中，明確提出了海港作為香
港人及其後代的特別公有資產和天然財產，是整個港人的一項基本
權利，屬於學理上的第三代人權。協會還陳述了印度最高法院在 *AP
Pollution Control Board-II v Nayudu (Retd)* [36] 等案件中已經認可了民眾享
有擁有清潔和健康的環境權。2003 年 7 月，高等法院原訟法庭判協
會勝訴，要求政府將填海工程的草圖交由城市規劃委員會重新考慮。
高等法院原訟法庭在解釋《保護海港條例》時確立了三個原則，即政
府在填海工程時必須滿足三個原則才能進行。法院在本案中提出了三
個標準：第一，在填海的問題上，政府需證明當前有迫切的社會需
求；第二，政府要證明無可行的替代辦法；第三，即使必須要填海，

33　*Town Planning Board v Society for the Protection of the Harbour Ltd* [2004] HKCFA 22;
(2004) 7 HKCFAR 114; [2004] 2 HKLRD 95; FACV 14/2003.

34　《保護海港條例》是一個由非政府組織（NGO）海港保護協會起草的私人法案，該法案通過
個別立法會議員提交給了立法會，得到了立法會大多數議員的支持，獲得通過成為了法律。

35　《保護海港條例》第三條規定："（1）海港須作為香港人的特別公有資產和天然財產而受到保
護和保存，而為此目的，現設定一個不准許進行海港填海工程的推定；（2）所有公職人員和公共
機構在行使任何歸屬他們的權力時，須顧及第（1）款所述的原則以作為指引。"

36　*AP Pollution Control Board-II v Nayudu (Retd)* [2001] 57 LRI 4.

還要證明填海的面積已經是減到最低的，那些可填可不填的地方就不要填。[37] 政府對原訴法庭的判決不服，將該案上訴到高等法院的上訴法庭，上訴法庭判決政府勝訴，協會不滿這一判決，繼續將本案上訴到終審法院。終審法院在判決中確立了新的標準，即凌駕性的公眾需要標準（Overriding Pulic Need），政府要證明有一個凌駕性的公眾需要，才可以進行填海。只有當前迫切的需要，才能夠被視為凌駕性需要。那麼什麼是當前迫切的需要呢？"是遠遠超越乎那些'人們樂於擁有的'、應有的、可取的或有益的事物"。"凌駕性公眾需要的測試準則"應被視為單一的和要求嚴格的測試準則。終審法院接納協會提出的主要論點——《保護海港條例》第三條要求委員會採取"凌駕性公眾需要"的測試，即委員會必須提供有力和令人信服的材料，以證明進行填海的凌駕性公眾需要能夠推翻不准進行填海工程的推定。由於委員會未有採用該項測試，其決定因法律錯誤而被撤銷，並發還予其作重新考慮。

實際上，灣仔填海案具有極大的學理價值。該案件既是涉及自然資源權和環境權利的第三代人權訴訟，也是由非政府組織提起的公益訴訟。這也證明了香港司法實踐肯定了人權訴訟可以由非政府組織提起。

這裏還值得一提的是 *Shiu Wing Steel Ltd v Director of Environmental Protection and Airport Authority (No. 2)* 案，[38] 申請人 Shiu Wing Steel Ltd（一間鋼鐵廠的經營者）質疑環境保護署署長批准由機場管理局擬備的一份環評報告的決定。該份環評報告乃有關機場管理局建議在申請人的位址旁邊建造一個永久性空氣燃料生產場以儲存航空燃料。此案

---

37 *Society for the Protection of the Harbour Ltd v Town Planning Board* [2003] HKCFI 220; [2003] 2 HKLRD 787; HCAL 19/2003.

38 *Shiu Wing Steel Ltd v Director of Environmental Protection (No. 2)* [2006] HKCFA 77; [2006] 3 HKLRD 487; (2006) 9 HKCFAR 478; [2006] 4 HKC 111; FACV 28/2005.

的爭議在於該份環評報告是否未有包括量化風險評估，以涵蓋在瞬間或幾乎瞬間之下完全流失儲存罐內容物的災難性事故的情況。終審法院（推翻原訟法庭和上訴法庭的裁決）裁定，"技術備忘錄"和"研究概要"的含義由法庭來界定，並在這些概念的解釋上採取"目的解釋的方法"（Purposive Interpretation），即於考慮一個工程項目對環境是否有潛在影響時，如果採納的預測方法忽略了可能情況的後果 —— 其中可能會導致人命傷亡，則除非該等情況的起因是已被預期或預料到的，否則該考慮屬有欠完善。終審法院裁定在環評報告中欠缺量化風險評估，即表示當中涉及可能會影響報告的結果和結論的忽略或缺失。如此之下，環境保護署署長沒有權力批准該環評報告，其決定被撤銷。遺憾的是，在該案的判詞中，法官沒有提及環境權，僅僅提及保護環境。

從終審法院二十年（1997 年 7 月 1 日至 2017 年 6 月 30 日）審理的涉及人權判例的統計資料來看，其共審理了九十二件涉及人權的案件，判例中涉及第一代人權的案例共八十三件，佔據總判例的比例約為 90.2%；而涉及第二代人權的判例共七件，佔據總判例的比例約為 7.6%；而涉及第三代人權的判例僅二件，佔據總判例的比例約為 2.2%，參見圖 5。

終審法院在二十多年的審判實踐中，將人權保障的重心放在第一代人權上，特別重視公民權利的保障；而不太重視第二代人權、第三代人權的保障，即便是一些判例涉及第二代、第三代人權的問題，法院仍將審判的重點置於第一代人權違反的審查上。在楊頌明訴警務處處長案[39] 的審判過程中，終審法院對楊頌明主張的工作權採取了迴避

39　*Yeung Chung Ming v Commisioner of Police* [2008] HKCFA 61; (2008) 11 HKCFAR 513; [2008] 4 HKC 383; FACV 22/2007.

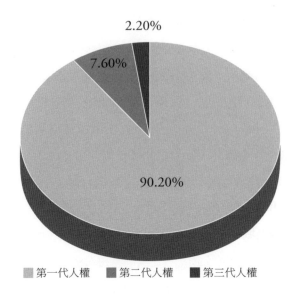

2.20%

7.60%

90.20%

■ 第一代人權　　■ 第二代人權　　■ 第三代人權

圖5　終審法院涉及各代人權判例比重（1997.7.1–2017.6.30）

的態度。*Noise Control Authority & Another v Step In Ltd* 案[40] 實際上關涉民眾免受"噪音干擾"的環境權，而終審法院在判詞中僅僅用極少的文字陳述了"播奏響亮音樂並非基本權利或自由，法律亦沒有使播奏響亮音樂凌駕於人們可合理地期待享有的和平與安寧之上，為保障住客，便必須規定在最接近的噪音感應強的地方聽不見這種噪音"，其關注的重點是《噪音管制條例》第十三條（1）（a）的規定是否違反《香港人權法案》第十一條（一）的規定，審理的重點是噪音管理監督作出的行政行為是否違反法律的確定性原則，進而限制了酒吧播奏響亮音樂的權利。Penny's Bay Investment Co Ltd 訴地政總署署長案[41] 也關涉民眾的自然資源權和環境權，而法官並未提及公眾對自然資源的享有權和環境權，而只是提及被影響土地使用權人的"海洋權"。

40　*Noise Control Authority & Another v Step In Ltd* [2005] HKCFA 20; [2005] 1 HKLRD 702; (2005) 8 HKCFAR 113; FACV 11/2004.

41　*Penny's Bay Investment Co Ltd v Diretor of Lands* [2010] HKCFA 12; (2010) 13 HKCFAR 287; [2010] 4 HKC 69; FACV 8/2009.

三、對域外判例的依賴性強

　　香港法治的發展，受英國法的影響極大，尤其是在殖民統治時期。儘管香港於 1997 年回歸中國，但普通法的傳統得以保留。這是一個歷史遺留問題。在回歸初期，由於香港本地司法人員的匱乏，英國的法律以及外籍法官均對香港法治的發展產生了巨大的影響。依據《香港基本法》第八十四條的規定，香港特別行政區法院可參考其他普通法適用地區的司法判例，則包括終審法院在內的香港法院法官常會引用其他區域的判例進行審判，其他普通法系的案例亦成為香港法院判案的重要參考與依據。由於終審法院設立之初，香港沒有足夠的判例，再加之英國判例法的影響，英國的判例在香港具有優先適用的法律地位。而從終審法院的判例援引資料來分析，對本土判例的引用僅佔整個援引的 25%，對域外判例的援引則佔到了 75%。[42] 一些國際以及區域性司法機構的人權判例成為了香港法院審理案件的重要參考。近年來，歐洲人權法院依據《歐洲人權公約》做出的判例成為香港法院引用較多的判例，對香港法院的判決產生了重要的影響。從終審法院二十年來審理的九十多個涉及人權的判例來看，歐洲人權法院的一些判決也直接影響到終審法院的最終裁決。隨著香港特別行政區法院判例法的不斷豐富和積累，香港本土的判例應該成為香港特別行政區法院判案時的主要援引對象。

四、司法覆核是否被濫用？

　　香港的司法覆核制度，源於普通法的傳統，早在香港回歸之前，終審法院建立之前就已經形成。儘管司法覆核的提出具有一定的要

42　Simon N M Young, "Constitutional Rights in Hong Kong's Court of Final Appeal", *Chinese (Taiwan) Yearbook of International Law and Affairs*, Vol. 27 (2011), p. 93.

求，如需向香港高等法院的原訟法庭提起，需要得到法院的許可，近年司法覆核申請仍日益增多。這種情況反映了社會人士對香港獨立的司法系統的信任，也與香港特別行政區司法權的擴張具有聯繫。近年來香港司法覆核面臨諸多批判的聲音。有些人質疑香港的司法覆核被嚴重濫用。據香港文匯報報導，"有'長洲覆核王'之稱的郭卓堅近年頻頻利用法律程序挑戰政府，由最初只涉及長洲問題的村代表選舉、長洲'海濱亭'非法殯葬、石鼓洲建焚化爐，到後期'放眼香港'，愈玩愈大，司法覆核遞補機制、免費電視牌照發牌、鉛水事件及'佔中'等，到今年選管會主席馮驊、行政長官梁振英、立法會主席梁君彥以及立法會議員葉劉淑儀、石禮謙、蔣麗芸、盧偉國等都成為郭卓堅的覆核目標"；"十年來，郭透過法律援助至少二十六次申請司法覆核，近九成敗訴，浪費公帑。"[43] 還有些人質疑香港特別行政區法院通過司法覆核的方式不僅可以造成行政機關內部秩序的混亂，而且還給行政機關的施政帶來壓力和阻礙。終審法院前常任法官烈顯倫（Henry Litton）在參加 2015 年 Foreign Correspondents' Club 的演講中，也提到司法覆核被濫用的問題，並舉出三個案例，包括學聯前任常委梁麗幗、長洲居民郭卓堅就政改提出司法覆核，以及無綫電視就政府增發免費電視牌照的司法覆核。他認為政府並無違法，仍然遭到挑戰，是濫用了司法覆核。他還提及港珠澳大橋司法覆核案，指一名居於東涌的婦人就港珠澳大橋的環評報告提出司法覆核，使工程被迫停工五個月，最終整項工程延誤長達兩年。造成香港財政的巨大損失，也是香港市民的損失。[44] 那麼香港的司法覆核是否被濫用？

　　儘管終審法院的時任首席大法官李國能（Andrew Kwok-nang Li）曾指出，基於法律的有限性，面對眾多複雜的政治、經濟和社會問

43　星空：《"長洲覆核王"郭卓堅玩法違法》，《香港文匯報》，2016 年 12 月 7 日。

44　Henry Litton, "Hong Kong's Independent Judicial System — What Does the Future Hold?", Foreign Correspondents' Club (FCC), 2 December 2015.

題，應通過政治系統相應程序的運作、討論以尋求有效的解決方略，民眾必須依賴政治程序以找尋合適有效的解決問題的方案，[45] 司法覆核的啟動需基於法理問題，而不是政治問題，但司法覆核還是經常被啟動。原因與司法覆核的啟動程序和要求較易實現有關。除去例外和禁止的情形，針對政府的一項行為或決定，通常滿足以下條件即可提出：第一，針對一項據稱非法的決定、行動或不執行的行動；第二，這項決定、行動或不執行的行動是公共機關作出的；第三，這項決定、行動或不執行的行動影響公共法權利；第四，申請人有申請資格（*locus standi*）；[46] 第五，申請理由為這項決定、行動或不執行的行動（1）不合法，（2）不合理，（3）程序不當；第六，申請人已用盡其他補救方法。而針對一項立法的司法覆核的條件則更易滿足，其具體的要求為：第一，該立法被指"非法"；第二，申請人有申請資格（*locus standi*）；第三，該項立法（1）越權，（2）違憲[47]。從以上要求來看，司法覆核的條件較容易被滿足。可以說，香港司法覆核的准入條件較為寬鬆，程序較容易被啟動。香港特別行政區律政司對 2008 年至 2017 年的司法覆核進行了統計，詳見表 11。申請數目、被授予許可數目和被拒絕許可數目的量化統計有助於回答司法覆核程序是否被濫用的問題。

45　李國能：《終審法院首席法官二〇〇七年法律年度開啟典禮演辭》，2007 年 1 月 8 日。

46　如果申請人在申請所涉及的事宜中沒有足夠權益，法院不會批予司法覆核申請的許可。任何人士如沒有直接受到該受到質疑的決定所影響，則可能沒有足夠權益。判斷提起訴訟的資格需要考慮個案的法律和事實背景。除了案情外，法院亦可能考慮以下因素：維護法治的重要性、提出的爭議的重要性、事件中有否具有更大權益的其他質疑者，以及被質疑違反了的法律責任的性質。

47　香港律政司：《司法覆核概論 —— 給政府機關行政人員的指南（第三版）》，2019 年，第 128–129 頁。

表11 香港特別行政區司法覆核統計（2008–2017年）[48]

年份	申請數目	授予許可數目	拒絕許可數目
2008	147	67	66
2009	144	67	72
2010	134	68	58
2011	103	51	40
2012	161	63	80
2013	182	38	72
2014	168	84	66
2015	259	67	141
2016	228	26	114
2017	1146[49]	16	228

　　根據以上資料，授予許可的數目佔總申請的比重在 2008 年至 2010 年呈現小幅度上升的態勢，在 2010 年至 2012 年則呈現平緩下降的趨勢，而 2014 年至 2017 年則呈現較大幅度的下降。可見，個人較易申請司法覆核，但並不易獲得香港特別行政區法院的授權許可，法院可以通過形式程序的審查，將一些不符合條件的申請排除在外。

　　那麼，在進入司法覆核的案件中，香港特別行政區政府是否敗訴？個人是否能夠對疑似"非法"的立法、行政決定或行為挑戰成功？這些問題也與司法覆核制度是否被濫用相關。那麼，讓我們來看近十年來香港特別行政區涉及政府案件的司法覆核結果。具體的資料見表 12。

48　香港律政司：《司法覆核概論 —— 給政府機關行政人員的指南（第三版）》，2019 年，第 1 頁。

49　其中 1,006 宗案件涉及免遣返保護聲請。

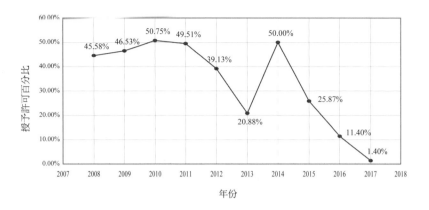

圖6　香港特別行政區法院授予司法覆核許可在總申請中的比重（2008–2017）[50]

表12　涉及香港特別行政區政府案件的司法覆核結果（2008–2018年）[51]

年份	政府勝訴	政府敗訴
2008	73%	27%
2009	72%	28%
2010	82%	18%
2011	71%	29%
2012	78%	22%
2013	68%	32%
2014	64%	36%
2015	56%	44%
2016	88%	12%
2017	85%	15%
2018	93%	7%

50　本圖根據表 10 香港特別行政區司法覆核統計（2008–2017 年）中的資料製作。

51　香港律政司：《司法覆核概論 —— 給政府機關行政人員的指南（第三版）》，2019 年，第 2 頁。

　　那麼，從 2008 年至 2018 年司法覆核的結果來看，政府的敗訴率最高可達 44%，最低是 7%，近十年的平均敗訴率是 25%，也就是在絕大數的案件中，個人對香港特別行政區立法、行政決定與行為挑戰失敗。然而，針對一些不符合准入條件的司法覆核，法官也需要大段地陳述不予批准的理由，針對一些不合理的司法覆核申請，法官也需要大篇幅地解釋和論述駁回的理由和依據。烈顯倫曾指出："既然一些案件根本沒有具爭議的地方、沒什麼可爭論，不明白為何法院仍花時間開庭處理，和頒佈冗長判辭去解釋不接納覆核許可的理據。在港珠澳大橋案中，有超過一百多段的論述極其模糊，沒有人能夠理解。"[52] 有統計資料統計了高等法院原訟法庭所審理的司法覆核許可申請的平均審理時間（由入稟許可申請日至法庭作出決定日），顯示於 2014 年，2015 年以及 2016 年入稟的許可申請的平均審理時間的統計數字分別為 112 日、188 日及 105 日。[53] 可見，司法覆核程序的頻繁啟動、審查、駁回均需要花費大量的司法資源，在一些申請法律援助而提起司法覆核的案件中，還要浪費公共財政。

　　此外，香港特別行政區法院還面臨著提高處理人權訴訟的效率問題。為此，香港特別行政區開展了一些改革措施。[54]

52　Henry Litton, "Hong Kong's Independent Judicial System — What Does the Future Hold?", Foreign Correspondents' Club (FCC), 2 December 2015.

53　此等統計數字包括截至製備報告日期為止已獲批予許可或遭拒絕批予許可的許可申請數目，但不包括已撤回或尚待審理的許可申請數目。參見 2017 年 5 月 10 日 "立法會會議上謝偉俊議員的提問和署理民政事務局局長許曉輝的書面答覆"。

54　如旨在提高審判效率的民事司法改革制度在高等法院首席法官領導及其他法官和支援人員協助下已於 2009 年 4 月順利實施，該項改革取得了一定的成效。

小結

本書主張辯證地分析香港特別行政區法院人權保障機制，主張從橫向和縱向維度來考量該機制。縱向而言，香港特別行政區法院人權保障制度在香港回歸中國後取得了較大的發展，香港人權取得了較大的進步，民眾的各項人權得到了較好的實現。橫向比較而言，香港特別行政區法院人權保障水準在東亞與太平洋地區以及世界均位於前列。這些成就的取得得益於香港特別行政區法院的人權保障機制較為完善，擁有較為豐富的人權法律淵源，擁有獨立的司法權，且香港建立了較為暢通的人權訴訟機制以及十分有效的司法覆核機制。香港特別行政區法院通過判例法的形式，通過接受和審理人權訴訟、司法覆核等方式，為人權受到侵害的個人提供相應的法律救濟，不斷地豐富著關涉人權的判例。作為普通法體系的香港，這項機制十分重要，使得香港特別行政區法院保障人權的機制真正地鮮活和運行起來。香港特別行政區法院在審理個案的過程中，對《香港基本法》以及其他法律進行解釋，不斷地豐富著香港人權法的內容。香港特別行政區法院保障人權方面積累的經驗可供我國內地及澳門地區參考。可以說，尊重與保障人權，促進人權的發展是香港特別行政區法院的重要職責。

儘管香港特別行政區法院人權保障在東亞與太平洋地區名列前茅，但該制度在實施過程中面臨的諸多挑戰，需要重視。司法權擴張、法院對第二代及第三代人權保障相對不足、對域外判例的依賴性強、司法審查覆核面臨諸多壓力等問題的存在不利於香港特別行政區法院人權保障制度的長效發展。總之，香港特別行政區法院人權保障制度並非完美，需要克服當前存在的一些突出問題，才能實現進一步的發展。

結語

香港特別行政區法院保障人權之未來

要相信香港的中國人能治理好香港。……凡是中華兒女，不管穿什麼服裝，不管是什麼立場，起碼都有中華民族的自豪感。香港人也有這種民族自豪感的。香港人是能治理好香港的，要有這個信心。

—— 鄧小平 *

* 《鄧小平論"一國兩制"》，香港：三聯書店（香港）有限公司，2004 年，第13 頁。

　　人類社會對人權的認識和尊重是逐步發展和提升的。人權事業的發展過程中需要克服一些錯誤的觀念，最終才能推進社會的進步，捍衛和實現民眾的人權。香港特別行政區法院應立足於香港的現實，從香港社會的實際出發來促進和實現人權，不應盲目地追尋國際人權標準。香港特別行政區是中國的重要組成部分，其法治也是中國法治的重要組成部分，香港特別行政區法院司法保障人權也是中國人權事業的重要組成部分。香港特別行政區法院自回歸以來在人權保障方面取得了舉世矚目的成就，獲得了國際社會的高度認可，也贏得了香港民眾的好評與高度信任。然而，我們應在總結其取得成就的同時，審視並研究其存在的一些突出問題，為香港特別行政區法院人權保障制度的可持續發展建言獻策。

　　在未來的發展中，香港特別行政區法院保障人權需要樹立正確的方向，處理各種突出問題，才能實現司法保障人權的可持續發展。

一、必要的司法克制

　　香港回歸後，"特區的政治體制，從香港基本法的設計來看，是一種行政長官為首的行政主導體制"，[1]《香港基本法》所規定的行政

1　香港特區政制發展專責小組：《政制發展專責小組第二號報告書：〈基本法〉中有關政制發展的原則問題》，2004 年，第 37 頁。

長官的身份和地位突出了香港特別行政區行政主導的政治特徵。更嚴格地講，這個體制可以概述為"行政主導、司法獨立、行政與立法既相制約又相配合"。[2] 而從香港特別行政區憲制的發展來看，香港司法權力對立法權與行政權均形成了強有力的制約與監督。香港特別行政區法院擁有獨立的審判權，但是這種權力並不是萬能的，也不是無限擴張的。香港特別行政區法院，尤其是終審法院自成立以來的二十年間，在部分案件的審判中呈現出了能動司法、積極擴權的現象，對香港社會以及中央與香港的關係都產生了一定的負面影響。本書主張，香港特別行政區法院在獨立行使司法權的過程中切勿恣意，應保持一定的司法克制。任何司法"至上主義者，與所有聲稱尊重法治的人一起，應當在現行的法律框架內追求他們的政治目標並且克制住不要試圖損害法律制度的基本原則"。[3] 儘管《香港基本法》中沒有明確規定三權分立原則，但終審法院在判詞中多次強調該原則，這種強調表明香港特別行政區司法機關並非追求"司法至上"，而是對立法機關、行政機關保持尊敬（Deference）。終審法院在許多案件中提及司法克制主義，如在 *C v Director of Immigration* 一案中，終審法院的法官在判詞中指出："雖然司法覆核已經超出了其先前的界限，現在普遍擴大到行政權力領域，但我們必須認識到，司法審查應受到若干限制。這不是一般性討論這個問題的機會。但在這裏，可以列舉兩個重大和重疊的限制，一個是分權考慮引起的，另一個是可審理性要求引起的。當所涉職能完全屬於立法機關或行政部門時，三權分立就可能剝奪法院的管轄權。"[4]

　　首先，司法機關應對行政機關保持尊重，特別是在一些涉及政

2　許崇德：《略論香港特別行政區的政治制度》，《中國人民大學學報》，1997 年第 6 期，第 55 頁。

3　Richard Ekins, "Judicial Supremacy and the Rule of Law", *Law Quarterly Review*, Vol. 119 (2003), p. 138.

4　*C v Director of Immigration* (2013) 16 HKCFAR 280, para. 81.

府的經濟、社會政策以及公共安全方面。儘管香港特別行政區法院基於涉及平等權問題介入了對 *Fok Chun Wa & Zeng Lixia v The Hospital Authority & Anohter* 的審理，但法官還是對政府基於香港居民身份享有社會福利權的政策予以尊重；而在涉及公共安全的 *Koo Sze Yiu v Chief Executive of the HKSAR* 一案中，儘管有關命令被法院裁定為 "違憲"，但法院表示尊重行政部門，並簽發了臨時生效令。值得一提的是，Anthony Mason NPJ 爵士在他的贊同意見中基於三權分立的推理指出："本法院是否擁有簽發臨時生效令的管轄權或權力，這是一個非常大的問題，是涉及三權分立，法院與立法機關的關係，法院的作用，以及社會福利等諸多問題。"[5]

其次，司法機關應對立法機關保持尊重。在二十多年的司法實踐中，香港特別行政區法院發展出了不干涉原則，即屬於立法機關的內部事務（*interna corporis*），司法機關不予介入和干涉，應保持司法克制。在 *Leung Kwok Hung v President of the Legislative Council (No. 1)* 一案中，"法院將承認立法機關在管理其業務，特別是其立法程序時，具有處理內部事務和程序的專屬權力。法院不會干預，以裁定立法機關內部程序的規律性或不規範性，而只由立法機關自行決定這類事項（不干涉原則）。"[6]

回歸之後，在多種因素共同作用下，越來越多的政治案件湧入香港法院，香港法院態度似乎逐漸清晰，也逐漸發展出一套司法覆核的原則，例如 "政治問題通過政治途徑解決"、"不干涉原則" 等等。法院的角色是通過解決經濟社會問題來為人民服務，其主要職責是解決法律問題。"法院所處理的只是當中涉及的法律問題。訴訟各方的

---

5 *Koo Sze Yiu & Another v Chief Executive of the HKSAR* (2006) 9 HKCFAR 441; FACV 12&13/2006, para. 61.

6 *Leung Kwok Hung v President of the Legislative Council (No. 1)* (2014) 17 HKCFAR 689, para. 28。

動機，不管是政治還是其他方面的動機，實在無關重要：關鍵的問題只有一個，就是法律上是否有充足的理據。""司法覆核所關乎的，單單是受爭議的決定是否合法的問題，而非某項政治、經濟或社會論點的是非曲直。"[7] 政治問題應該通過政治途徑解決，法院不可以越俎代庖，否則會超越法院應有的職責和許可權。"司法覆核不適用於對政府政策的挑戰，這是三權分立的一條基本規則。法院關心的是法律，而不是政策。法庭是維護合法權利、糾正所犯錯誤的地方。""法院不是辯論廳或教室，只有當公共當局非法行事或超出其合法權力或濫用其法令賦予的權力時，法院才能進行干預。"[8]

可見，在二十年多年的審判實踐中，香港特別行政區法院的司法權通常並沒有濫用，在絕大多數案件中仍保持了必要的克制。香港特別行政區法院也已經認識到保持必要司法克制的必要性，對行政機關和立法機關予以尊重。那麼，司法權力具體的邊界是什麼？香港特別行政區法院有必要在將來的司法實踐中，進一步明晰司法權力的邊界，尤其是司法覆核的邊界。

二、明晰司法覆核的邊界

當前司法覆核受到多方面批評的原因之一就是司法覆核的邊界不清晰，導致香港特別行政區法院的司法覆核權不斷擴張。1999 年全國人大常委會的釋法活動以及形成的解釋有效地緩解了中央與香港特別行政區之間的權力衝突，進一步明確了《香港基本法》第一百五十八條的規定，即《香港基本法》的解釋權屬於全國人大常委會，全國人大常委會授權香港特別行政區法院在審理案件時對《香港

7　馬道立：《終審法院首席法官二〇一六年法律年度開啟典禮演辭》，2016 年 1 月 11 日。

8　Henry Litton, "Hong Kong's Independent Judicial System — What Does the Future Hold?", Foreign Correspondents' Club (FCC), 2 December 2015.

基本法》關於香港自治範圍內的條例自行解釋。這似乎劃清了全國人大常委會與香港特別行政區法院對《香港基本法》的解釋權。而關於哪些事項特別行政區法院不能審查，並沒有太明確的規定。

而在香港特別行政區內部，司法權、立法權和行政權的權力邊界在《香港基本法》中也並沒有明確劃分。儘管香港特別行政區法院在一些案件中強調不介入政治事件，不過多干預政府的政策，但它仍在一些判例中打破"不干預原則"，如梁游案中終審法院指出不干預原則不能在本案中適用。

司法覆核的邊界是值得深入探討的問題。完善的司法覆核制度應該包含合理的邊界。對於"司法審查其他權力的界限在哪裏"這個問題，其實世界上不少國家都有自己的答案。例如，美國法院發展出"政治問題不審查"的原則，對於何為政治問題，美國人發明了一套公式，即"貝克爾公式"，還有英國的"國家行為論"，德國法國的"政治問題排除原則"，日本的"統治行為論"等等。以上的各種理論和原則對香港具有借鑒意義。本書認為美國的"貝克爾公式"對於檢驗政治問題的標準劃分得很具體，主要表現在以下幾個方面：第一，所處理的問題，憲法是否明確賦予法院之外其他機構進行處理；第二，是否有可操作的司法標準的問題；第三，是否必須經過非司法裁量的政策決定；第四，若法院進行裁判，是否對其他機關的不尊重；第五，是否有必要毫無保留地支持已經做出的政治決定；第六，對於同一問題，法院和其他機構做出不一樣的決定，該決定是否互相衝突。[9] 相比較於美國，其他國家的司法覆核的界限"不審查國家行為"的原則是較為籠統的，主要強調的還是法官在面對政治案件時有足夠的敏感性以及足夠的謹慎。

目前，對於香港特別行政區法院來說，避免捲入政治漩渦的有效

9　王玄瑋：《違憲審查與政治問題 —— 關於"政治問題不審查"原則的初步比較》，《雲南大學學報（法學版）》，2009 年第 6 期，第 7–12 頁。

應對方法可以從兩個方面入手。對於香港低級別法院來講，在審理案件時應該對案件進行區分，政治問題政治處理。香港法院在面臨一些涉及政治問題的案件時，應該明確地表明自身的政治問題不干預的態度與立場，法院只解決有關的法律問題。另一方面可以建議有關的政治機構應該充分地開放對話管道，不管是官方與非官方之間的對話，還是少數派與多數派之間的溝通，都很必要。

對於香港特別行政區高級別的法院來講，例如香港高等法院和終審法院，其擁有的司法覆核申請的許可權，就可以選擇性地介入到政治問題中。如果認為某個案件牽涉政治問題或者是具有高度的政治敏感性，法院可以駁回上訴申請許可；如果不涉及政治問題，則許可上訴申請。這一機制給香港法院是否介入政治問題留有一定的選擇空間，如若沒有這個調節閥，法院很有可能被政治問題所擊垮、被政治問題所挾持。[10] 因此，香港高等法院以及終審法院應該充分利用這一機制，保持司法的中立性。

在過去的二十多年間，香港特別行政區法院在一些審判實踐中也總結出了一些規則，如在 *Fok Chun Wa & Zeng Lixia v The Hospital Authority & Another* 一案中，終審法院指出，"通常情況下，司法機關不介入政府制定的關於經濟、社會等政策，然而，終審法院認為如案件涉及政府制定的經濟與社會領域的政策，且該項政策涉及對香港社會核心價值觀的任何不尊重，法院則應當並有義務進行干預。"[11] 在此等案件中，社會的分配規則涉及平等權，涉及社會的核心價值，則即使屬於政府制定的經濟與社會領域的政策，香港特別行政區終審法院也有責任介入，本書認為這種做法是可取的。

那麼，結合香港特別行政區法院的審判實踐，以及司法覆核權力

10　王藝璿：《香港特別行政區司法權研究》，武漢大學博士論文，2015 年。

11　*Fok Chun Wa & Zeng Lixia v The Hospital Authority & Another* [2012] HKCFA 34; (2012) 15 HKCFAR 409; [2012] 2 HKC 413；FACV 10/2011.

的一些基本理論，本書試圖提煉出司法覆核的邊界。

首先，針對政治問題，法院原則上不介入，但如果該項政治問題涉及民眾的政治基本權利，則法院必須介入。那麼關於什麼是政治問題，可以藉助上文提到的"貝克爾公式"進行判斷。

其次，立法機關和行政機關內部事務不予干預。立法機關的內部事務包括立法機關的立法程序、議事規則等事務，法院不應介入和干預；而行政機關內部事務包括行政機關內部的管理規則等事務，法院均不應介入。

再次，涉及到外交、國防等國家行為不得行使司法覆核權。那麼，什麼是國家行為呢？國家行為，就其實質而言，應理解為主權行為、政治行為，因此除了"國防、外交"等對外政治方面的行為，對內政治方面的行為亦包括在內。如中央政府任命特首的行為、全國人大常委會對《香港基本法》附件三所列法律作出增減的行為、全國人大常委會宣佈戰爭狀態或決定香港特區進入緊急狀態的行為以及中央政府在此種情況下發佈命令將有關全國性的法律在香港特區實施的行為等等。[12]

最後，原則上，香港特別行政區法院不介入政府制定的經濟、社會政策，但只要該政策涉及民眾的基本權利，則法院可以通過審理人權訴訟及司法覆核程序予以干預。而法院在介入這些問題時，要對政府和立法機關予以尊重，秉持適當尊重的原則和方法（Proper Approach to Deference），這種原則既可以維持香港的三權分立，使得司法權與立法權、行政權和諧相處，又可以實現香港司法對民眾經濟、社會及文化權利的保障。

12　徐靜琳：《香港基本法解釋與香港違憲審查權研究》，載饒戈平、王振民主編：《香港基本法澳門基本法論叢》（第一輯），北京：中國民主法制出版社，2011 年，第 190 頁。

三、避免司法覆核與法律援助制度被濫用

　　香港特別行政區政府為扭轉香港社會貧富分化嚴重的格局，使得社會底層的民眾能夠克服經濟困難等原因啟動人權訴訟，設立了法律援助制度。該制度設立的初衷是保障經濟困難的人可以接受到公正審判權，是基於其訴權的維護。然而，現實中也出現了對該制度的濫用。為了避免對司法覆核制度及法律援助制度的濫用，終審法院已經在 *Chan Po Fun Peter v Cheung C W Winnie & Anor* 案 [13] 中將批出司法覆核申請許可的門檻，由案件具有潛在可爭辯性提高至合理的可爭辯性，即考慮一宗案件是否有實質勝訴的機會。這有助於防止司法覆核被濫用。那麼，隨著司法覆核申請許可門檻的提高，法律援助批出的門檻也應該予以調整：如果申請人未能提出他與案件有實質關係和影響的話，即案件缺乏合理的可爭辯性，則法律援助不應予以審批；在審核法律援助申請時，目前的制度也沒有區分該申請是否涉及政治爭議，將來隨著司法覆核許可權的進一步明晰，法律援助制度也應作出改革，對於一些不涉及當事人政治權利的政治爭議的法律援助申請，不予批准；而針對一些涉及政府的重大基建及規劃事宜的案件，除非有個別人士因此而被置於即時風險之中，例如將失去家園等，否則不予法律援助（如設立這種標準，諸如東涌居民就港珠澳大橋環評報告提出司法覆核的案件就不會得到法律援助）；目前《法律援助條例》第二十一條規定了對濫用法律援助的人士予以懲罰，即該人在未來三年內有關司法覆核的法援申請，均不受理，在今後的改革中，也可以加大對濫用司法覆核和濫用法律援助的人士的懲罰。總之，法律援助政策的落實是確保所有符合《法律援助條例》規定以及具備合理理據且在香港法院提出訴訟或抗辯的人，不會因缺乏經濟能力而無法尋求

13　*Chan Po Fun Peter v Cheung C W Winnie & Anor* (2007) 10 HKCFAR 676.

公義，這是該制度的初衷。

四、香港特別行政區法院保障經濟、社會與文化權利的進步

由於香港特別行政區沒有有效的立法將《經濟、社會與文化權利的國際公約》轉換為香港特別行政區的法例，再加上香港社會本身也沒有專門保障經濟、社會及文化權利的成文法，又受普通法判例的影響，香港特別行政區法院對經濟、社會、文化權利以及第三代人權的關懷與保障相對不夠。隨著香港社會保障人權立法的進一步完善，隨著香港特別行政區政府推進和保障人權力度的加大，香港特別行政區法院也必將會更多地關注與保障與民眾密切相關的第二代人權以及第三代人權。隨著社會民眾對第二、三代人權的追求，及香港特別行政區社會的進步，政府無法解決的涉及經濟、社會及文化權利問題湧入法院的趨勢會越來越明顯，法院根本不可能置身事外，忽視、躲避以及消極的態度並不能解決問題。香港特別行政區法院所要做的是在審慎或者是不偏不倚的司法覆核下，發展出更為細緻的解決爭端的方案，以確保民眾經濟、社會及文化權利得到更好的保障。

而香港特別行政區政府和立法機關則要加快《經濟、社會與文化權利的國際公約》在香港的轉換立法，加強香港整個社會對民眾第二代、第三代人權的政策保障。

五、人權與法治的共同發展

人權是一個社會重要的價值，但不是唯一的價值。一個社會在推進和發展人權的過程中，不能忽視其他的價值。任何一個社會都不能單獨追求一種價值，而需要兼顧其他價值。其次，一個社會、地區的

人權發展和保障水準與該社會、該地區的法治發展水準呈正相關,法治是人權的重要保障。民眾在追求人權價值的過程中,不能破壞、損害一個社會、地區的法治,更不能為了實現一部分人的人權,損害其他人的人權。近年來香港的社會運動中出現了許多破壞法治、破壞秩序的暴力行為,值得反思與批判。最後,"定分止爭"是法律的基本功能,法治要求遵守規則。法治的真諦是"良法之治",若優良的法律在現實中得以實現,形成良好的秩序,便可以實現法治的理想。司法的根本目標是解決糾紛、恢復正義、保障人權、實現法治。可見,人權、法治、秩序、正義均是一個社會的重要價值,也應是港人的共同追求。香港特別行政區在保障與發展人權的同時,應兼顧法治、秩序、正義等價值。

正如 C Raj Kumar 曾指出,司法並非萬能,香港憲制和司法對人權的保障具有一定的局限性,人權保障需要發揮香港社會的民間力量。[14] 香港特別行政區的社團十分活躍,官方自香港特別行政區成立以來並沒有否決任何成立社團的申請。截至 2010 年 5 月 31 日,自香港特別行政區成立以來獲准註冊和豁免註冊的社團的數目超過兩萬三千個。[15] 而致力於推進人權保障的各種社團也大量存在,它們也是捍衛人權的重要力量。

香港特別行政區法院保障人權的制度並非盡善盡美,其發展中存在著一些問題,需要予以克服。香港特別行政區法院應該認識其保障人權存在的一些主要問題,並在未來的發展過程中堅持人權發展的正確方向,促進人權與法治等其他重要價值的共同發展;司法保持適當的克制,法庭應主要解決法律問題,而盡力不捲入政治爭端;在判例

14　C Raj Kumar, "Moving Beyond Constitutionalization and Judicial Protection of Human Rights — Building on the Hong Kong Experience of Civil Society Empowerment", *Loyola of Los Angeles International and Comparative Law Review*, Vol. 26 (2003), p. 282.

15　聯合國人權事務委員會:《審議締約國根據〈公約〉第四十條提交的報告,締約國的第三次定期報告,中國香港》,CCPR/C/CHN-HKG/3,第 48 頁。

法的經驗基礎上，司法審查的邊界需要進一步明晰、司法覆核許可的門檻需要適當提高，避免司法覆核及法律援助制度的濫用。

香港應為東亞及太平洋地區的法治與人權發展樹立榜樣，使得其司法保障人權制度不斷地得到完善。香港人權在發展過程中切勿盲目追尋國際人權標準，應杜絕激進主義思潮，警惕司法能動主義。在將來的幾十年裏，隨著香港特別行政區法院保障人權制度的完善，香港民眾的實體性權利將會得到更好的實現；隨著香港社會對第二代、第三代人權的重視和關注，香港的貧富分化會減少，香港居民的受教育權、工作權、健康權、社會保障權、環境權等將得到更好的維護。

香港回歸至今，《香港基本法》為香港特別行政區法院的工作提供了明確的指引。在該種指引下，香港特別行政區法院保障民眾憑藉該法以及其他法律所享有的各項基本權利。正是憑藉這些權利，社會得以繁榮發展，市民得以和諧共處、有尊嚴地生活。人權是人類的共同資源，是社會價值的體現，而法治是凝聚社會的基石，守衛人權、維護法治、實現正義是香港特別行政區法院的使命和追求。我們相信香港特別行政區在經歷風雨、經歷各種考驗後，其人權與法治的前景依舊光明。

主要參考文獻

一、中文參考文獻

（一）書籍類

1. 白桂梅主編：《人權法學》（第二版），北京：北京大學出版社，2015 年。

2. 陳弘毅：《一國兩制下香港的法治探索》（增訂版），香港：中華書局（香港）有限公司，2014 年。

3. 陳弘毅、許崇德：《香港特別行政區的法治軌跡》，北京：中國民主法制出版社，2010 年。

4. 陳弘毅、鄒平學：《香港基本法面面觀》，香港：三聯書店（香港）有限公司，2015 年。

5. 陳弘毅、陳文敏：《人權與法治 —— 香港過渡期的挑戰》，香港：廣角鏡出版社，1987 年。

6. 陳麗君：《"一國兩制" 在港澳實踐與兩岸統一研究》，香港：香港天馬出版有限公司，2005 年。

7. 董雲虎編：《人權大憲章》，北京：中共中央黨校出版社，2010 年。

8. 范進學：《美國司法審查制度》，北京：中國政法大學出版社，2011 年。

9. 范忠信：《一國兩法與跨世紀的中國》，香港：香港文教出版企業有限公司，1998 年。

10. 傅華伶、朱國斌主編：《憲法權利與憲政 —— 當代中國憲法問題研究》，香港：香港大學出版社，2011 年。

11. 郭堅汶：《民主社會的人權理念與經驗》，台北：五南圖書出版社，2006 年。

12. 郭天武等：《香港基本法實施問題研究》，北京：中國社會科學出版社，2013 年。

13. 韓大元：《公法的制度變遷》，北京：北京大學出版社，2009 年。

14. 黃志勇：《港澳基本法要論》，廣州：暨南大學出版社，2012 年。

15. 焦洪昌、姚國建主編：《港澳基本法概論》，北京：中國政法大學出版社，2009 年。

16. 強世功：《中國與香港政治與文化的視野》，北京：生活‧讀書‧新知三聯書店，2010 年。

17. 李步雲主編：《人權法學》，北京：高等教育出版社，2005 年。

18. 林來梵：《從憲法規範到規範憲法》，北京：商務出版社，2017 年。

19. 梁美芬：《香港基本法：從理論到實踐》，北京：法律出版社，2015 年。

20. 饒戈平、李贊：《國際條約在香港的適用問題研究》，北京：中國民主法制出版社，2009 年。

21. 饒戈平、王振民主編：《香港基本法澳門基本法論叢（第一輯）》，北京：中國民主法制出版社，2011 年。

22. 饒戈平、王振民主編：《香港基本法澳門基本法論叢（第二輯）》，北京：中國民主法制出版社，2013年。

23. 饒戈平、王振民主編：《香港基本法澳門基本法論叢（第三輯）》，北京：中國民主法制出版社，2016年。

24. 任永安：《香港特別行政區司法制度》，北京：中國商務出版社，2015年。

25. 童建華：《英國違憲審查》，北京：中國政法大學出版社，2011年。

26. 楊春福：《經濟、社會及文化權利的法理學研究》，北京：法律出版社，2014年。

27. 楊靜輝、李祥琴：《港澳基本法比較研究（第二版）》，北京：北京大學出版社，2017年。

28. 尤韶華：《香港司法體制沿革》，北京：智慧財產權出版社，2012年。

29. 易賽鍵：《香港司法終審權研究》，廈門：廈門大學出版社，2013年。

30. 閻小駿：《香港的治與亂：2047年的政治想像》，北京：人民出版社，2016年。

31. 王振民、梁美芬：《香港〈基本法〉的起草、理論與實踐》，杭州：浙江大學出版社，2018年。

32. 許崇德主編：《港澳基本法教程》，北京：中國人民大學出版社，1994年。

33. 徐顯明：《人權研究》，濟南：山東人民出版社，2015年。

34. 徐顯明主編：《國際人權法》，北京：法律出版社，2004年。

35. 許育典：《憲法》（第八版），台北：元照出版公司，2018年。

36. 張佛泉：《自由與權利：憲政的中國言說》，北京：清華大學出版社，2010年。

37. 朱國斌、黃輝等著：《香港司法制度》，香港：中華書局（香港）有限公司，2013 年。

38. 鄒平學等：《香港基本法實踐問題研究》，北京：社會科學文獻出版社，2014 年。

39.〔法〕阿蘭·蘇彼歐著，鄭愛青譯：《法律人：試論法的人類學功能》，北京：中國政法大學出版社，2019 年。

40.〔英〕戴雪著，雷賓南譯：《英憲精義》，北京：中國法制出版社，2001 年。

41.〔德〕格奧爾格·羅曼著，李宏昀、周愛民譯：《論人權》，上海：上海人民出版社，2018 年。

42.〔法〕海伊爾·戴爾瑪斯·馬蒂著，羅結珍等譯：《世界法的三個挑戰》，北京：法律出版社，2001 年。

43.〔美〕勞倫斯·M·弗里德曼著，郭曉明譯：《人權文化》，北京：中國政法大學出版社，2018 年。

（二）期刊類

1. 陳弘毅：《公法與國際人權法的互動：香港特別行政區的個案》，《中外法學》，2011 年第 1 期。

2. 陳弘毅、羅沛然著，吳嘉誠、顧瑜譯：《香港終審法院關於〈基本法〉的司法判例評析》，《中國法律評論》，2015 年第 3 期。

3. 陳文敏：《香港人權法案生效首年的回顧》，《法學評論》，1992 年第 5 期。

4. 陳文敏：《自由、法治與國際公約》，《九十年代》，1986 年11 月第 202 期。

5. 董立坤、陳虹：《香港高等法院對"菲傭居港權"案的判決 —— 兼論全國人大常委會釋法的法律效力》，《政治與法律》，2012 年第 6 期。

6. 董立坤、張淑鈿：《香港特別行政區法院的違反基本法審查權》，《法學研究》，2010 年第 3 期。

7. 郭天武：《回歸 20 年，香港特區司法的經驗與反思》，《特區實踐與理論》，2018 年第 5 期。

8. 李紅勃：《〈經濟、社會及文化權利國際公約〉：保障富足、有尊嚴、健康和文明生活的人權憲章》，《人權》，2015 年第 2 期。

9. 李薇薇：《〈公民權利和政治權利國際公約〉適用於香港的法理依據》，《法學雜誌》，2012 年第 4 期。

10. 李薇薇：《〈公民權利和政治權利國際公約〉在香港的法律地位》，《法制與社會發展》，2013 年第 1 期。

11. 李薇薇：《香港法院基本法案件裁判依據的國際化》，《政法論壇》，2015 年第 2 期。

12. 李緯華：《香港特別行政區法院基本法解釋規則 —— 以六件香港永久性居民界定案件的判決為中心》，《法律適用》，2011 年第 2 期。

13. 梁美芬、Zhao Hongfang：《轟動香港社福制度的案例評析：孔允明案》，《中國法律》，2015 年第 1 期。

14. 林峰：《“一國兩制” 下香港 “外籍法官” 的角色演變》，《中外法學》，2016 年第 5 期。

15. 凌兵：《香港特別行政區基本法與全國人大立法權的界限 —— 對香港特區終審法院居留權案判決的憲法思考》，《法治論叢》，2013 年第 1 期。

16. 秦靜：《突破與保守：香港終審法院涉福利權案的審理思路及其新進展》，《比較法研究》，2015 年第 6 期。

17. 秦前紅、付婧：《香港法院如何適用〈經濟、社會、文化權利國際公約〉—— 以香港法院裁判經濟社會文化權利的實踐為中心》，《甘肅政法學院學報》，2015 年第 5 期。

18. 秦前紅、付婧：《在司法能動與司法節制之間 —— 香港法院本土司法審查技術的觀察》，《武漢大學學報（哲學社會科學版）》，2015 年第 5 期。

19. 饒戈平：《人權公約不構成香港普選的法律根據》，《中外法學》，2008 年第 3 期。

20. 王慧麟：《英國去殖與香港人權立法》，《政治與法律評論》，2013 年第 1 期。

21. 王玄瑋：《違憲審查與政治問題 —— 關於"政治問題不審查"原則的初步比較》，《雲南大學學報（法學版）》，2009 年第 6 期。

22. 夏引業：《一國兩制下香港終審法院的角色與立場 —— 以"吳嘉玲案"終審判決為中心的分析》，《法制與社會發展》，2015 年第 4 期。

23. 薛張敏敏：《司法的"躍進"與"越界"—— 反思香港終審法院之"變性人結婚權案"（W 判例）》，《中外法學》，2015 年第 1 期。

24. 姚國建：《違基審查 20 年：香港法院憲制功能的檢視、省思與前瞻》，《深圳大學學報（人文社會科學版）》，2017 年第 1 期。

25. 楊曉楠：《對孔允明案判決的解讀 —— 兼議香港終審法院的司法態度》，《中國法律評論》，2016 年第 3 期。

26. 左權、龔向和：《我國特別行政區的人權保障機制及其借鑒》，《南京社會科學》，2013 年第 3 期。

27. 湛中樂、陳聰：《論香港的司法審查制度 —— 香港"居留權"案件透視》，《比較法研究》，2001 年第 2 期。

（三）報紙類

1. 林社炳、袁慧妍、謝明明、蔡元貴：《手銬粗索帶綁手　近距噴胡椒噴霧　警濫權打擊示威無忌憚》，《蘋果日報》，2011 年 7 月 3

日 A02 版。

2. 劉夢熊：《"一國兩制"下香港人權的進步》，《文匯報》，2010 年 10 月 19 日。

3. 朱國斌：《解決 "雙非嬰" 居港權　修法乃可行選擇》，《明報》，2012 年 7 月 26 日。

4. 朱國斌：《終院判決有理有智慧》，《大公報》，2013 年 3 月 27 日 A13 版。

5.《殘疾僱員生產力評估：46 宗工資不變或加薪》，《明報》，2011 年 7 月 17 日 A10 版。

6.《公案無法無天　屈記者藏毒》，《蘋果日報》，2009 年 8 月 13 日 A31 版。

（四）其他

1. 聯合國人權事務委員會：《人權事務委員會第一〇七屆會議通過的關於中國香港第三次定期報告的結論性意見》（CCPR/C/CHN-HKG/CO/3），2013 年 4 月 29 日。

2. 聯合國人權事務委員會：《人權事務委員會審議締約國根據〈公約〉第四十條提交的報告第二次定期報告 —— 中華人民共和國香港特別行政區》（CCPR/C/HKG/2005/2），2005 年 3 月 3 日。

3. 聯合國人權事務委員會：《人權事務委員會審議締約國根據〈公約〉第四十條提交的報告第三次定期報告 —— 中華人民共和國香港特別行政區》，2011 年 5 月 31 日。

二、外文參考文獻

Books:

1. Albert H Y Chen and Andrew Harding (eds.), *Constitutional Courts in Asia: A Comparative Perspective* (Cambridge: Cambridge University Press, 2018).

2. Albert H Y Chen (eds.), *Constitutionalism in Asia in the Early Twenty-First Century* (Cambridge: Cambridge University Press, 2014).

3. Christopher Forsyth, et. al. (eds.), *Effective Judicial Review: A Cornerstone of Good Governance* (Oxford: Oxford University Press, 2010).

4. Danièle Lochak, *Les droits de l'homme (3e édition)* (Paris: Editions La Découverte, 2009).

5. Guobin Zhu (ed.), *Deference to the Administration in Judicial Review: Comparative Perspectives (First Edition)* (Cham: Springer, 2019).

6. Hualing Fu, Lison Harris and Simon N M Young (eds.), *Interpreting Hong Kong's Basic Law: The Struggle for Coherence* (New York: Palgrave Macmillan, 2007).

7. James Griffin, *On Human Rights*, (Oxford: Oxford University Press, 2009).

8. Johannes M M Chan SC and C L Lim (eds.), *Law of the Hong Kong Constitution (Second Edition)* (Hong Kong: Sweet & Maxwell, 2015).

9. Lawrence Y K Ma, *Hong Kong Basic Law: Principles and Controversies* (Hong Kong: Hong Kong Legal Exchange Foundation, 2017).

10. Lo Chen, Wenmin Chen and P Y Lo, *The Annotated Ordinances of Hong Kong: Hong Kong Bill of Rights Ordinance* (Hong Kong: LexisNexis Butterworths, 2015).

11. Michel Villey, *Le droit et les droits de l'homme* (Paris: Presses Universitaires de France-PUF, 2008).

12. Michael Ramsden and Stuart Hargreaves (eds.), *Hong Kong Basic Law Handbook (Second Edition)* (London: Sweet & Maxwell, 2018).

13. P Y Lo, *The Judicial Construction of Hong Kong's Basic Law: Courts, Politics and Society after 1997* (Hong Kong: Hong Kong University Press, 2014).

14. Randall Peerenboom, Carole J Petersen and Albert H Y Chen (eds.), *Human Rights in Asia: A Comparative Legal Study of Twelve Asian Jurisdictions, France and the USA* (Abingdon: Routledge, 2006).

15. Raymond Wacks, *Human Rights in Hong Kong* [Hong Kong: Oxford University Press (China) Ltd, 1993].

16. Simon N M Young and Yash Ghai (eds.), *Hong Kong's Court of Final Appeal* (Cambridge: Cambridge University Press, 2013).

17. Stefan-Ludwig Hoffmann, *Human Rights in the Twentieth Century* (Cambridge: Cambridge University Press, 2010).

18. Tony Evans, *The Politics of Human Rights: A Global Perspective (Second Edition)* (London: Pluto Press, 2005).

19. Yash Ghai, Hualing Fu and Johannes Chan (eds.), *Hong Kong's Constitutional Debate: Conflict over Interpretation* (Hong Kong: Hong Kong University Press, 2000).

20. Yash Ghai CBE and Jill Cottrell (eds.), *Marginalized Communities and Access to Justice (First edition)* (Abingdon: Routledge-Cavendish, 2009).

Journals:

1. Albert H Y Chen, "Constitutional Adjudication in Post－1997 Hong Kong", *Pacific Rim Law & Policy Journal*, Vol. 15, No. 3 (2006).

2. Anne R Fokstuen, "The 'Right of Abode' Cases: Hong Kong's Constitutional Crisis", *Hastings International and Comparative Law Review*, Vol. 26, No. 2 (2003).

3. Benjamin L Liebman, "Autonomy through Separation: Environmental Law and the Basic Law of Hong Kong", *Harvard International Law Journal*, Vol. 39, No. 2 (1998).

4. C Raj Kumar, "Moving Beyond Constitutionalization and Judicial Protection of Human Rights－Building on the Hong Kong Experience of Civil Society Empowerment", *Loyola of Los Angeles International and Comparative Law Review*, Vol. 26, No. 2 (2003).

5. Guobin Zhu and Antonios Kouroutakis, "The Hong Kong Subconstitutional Model of Separation of Powers: The Case of Weak Judicial Review", *Hong Kong Law Journal*, Vol. 47 (2017).

6. Johannes M M Chan, "Hong Kong's Bill of Rights: Its Reception of and Contribution to International and Comparative Jurisprudence", *International & Comparative Law Quarterly*, Vol. 47, No. 2 (1998).

7. Johannes M M Chan, "The Status of the Bill of Rights in the Hong Kong Special Administrative Region", *Hong Kong Law Journal*, Vol. 28 (1998).

8. Justice Frank Stock, "Human Rights Litigation in the Hong Kong Special Administrative Region", *Oxford University Commonwealth Law Journal*, Vol. 1, No. 2 (2001).

9. Justice Kemal Bokhary PJ, "The First Decade of the Basic Law: A Judicial Perspective", *Asia Pacific Law Review*, Vol. 15, No. 2 (2007).

10. Michael Ramsden and Luke Marsh, "Refugees in Hong Kong: Developing the Legal Framework for Socio-Economic Rights Protection", *Human Rights Law Review*, Vol. 14, No. 2 (2014).

11. Simon N M Young, "Restricting Basic Law Rights in Hong Kong", *Hong Kong Law Journal*, Vol. 34 (2004).

12. The Hon Sir Anthony Mason AC KBE, "The Place of Comparative Law in Developing the Jurisprudence on the Rule of Law and Human Rights in Hong Kong", *Hong Kong Law Journal*, Vol. 37 (2007).

13. The Hon Sir Anthony Mason AC KBE, "The Rule of Law in the Shadow of the Giant: The Hong Kong Experience", *Sydney Law Review*, Vol. 33 (2011).

14. Yash Ghai, "Sentinels of Liberty or Sheep in Woolf's Clothing? Judicial Politics and the Hong Kong Bill of Rights", *Modern Law Review*, Vol. 60, No. 4 (1997).

附錄

附錄一　香港終審法院涉及人權的判例
（1997.7.1—2017.6.30）*

No.	Appellant	Respondent	Other Party
1	Ng Ka Ling & Others	Director of Immigration	
2	Chan Kam Nga & Others	Director of Immigration	
3	Mark Anthony Seabrook	HKSAR	
4	Yung Kwan Lee & Others	Secretary for Justice	
5	Director of Immigration	Lau Kong Yung & Others	
6	HKSAR	Ng Kung Siu & Another	
7	Secretary for Justice & Others	Chan Wah & Others	Equal Opportunities Commission (*Amicus* by application)
8	HKSAR	Lee Ming Tee & Another	
9	Tam Nga Yin & Others	Director of Immigration	
10	Director of Immigration	Chong Fung Yuen	
11	Fateh Muhammad	Commissioner of Registration	
12	Ng Siu Tung & Others	Director of Immigration	
13	Shum Kwok Sher	HKSAR	
14	Lau Cheong & Another	HKSAR	
15	Gurung Kesh Bahadur	Director of Immigration	

---

* 本表是以香港特別行政區終審法院二十年來（1997 年 7 月 1 日至到 2017 年 6 月 30 日）作出的判例以及 Lexis 香港判例等資料庫中有關判例為基礎，經系統研究及嚴格篩選之後製作而來。

Citation	Case Number	Date of Decision
(1999) 2 HKCFAR 4	FACV 14,15 &16/1998	29-Jan-1999
(1999) 2 HKCFAR 82	FACV 13/1998	29-Jan-1999
(1999) 2 HKCFAR 184	FACC 6/1998	11-Mar-1999
(1999) 2 HKCFAR 245	FACV 1/1999	4-Oct-1999
(1999) 2 HKCFAR 300	FACV 10&11/ 1999	3-Dec-1999
(1999) 2 HKCFAR 442	FACC 4/1999	15-Dec-1999
(2000) HKCFAR 459	FACV 11/2000	22-Dec-2000
(2001) 4 HKCFAR 133	FACC 8/2000	22-Mar-2001
(2001) 4 HKCFAR 251	FACV 20&21/ 2000	20-Jul-2001
(2001) 4 HKCFAR 211	FACV 26/2000	20-Jul-2001
(2001) 4 HKCFAR 278	FACV 24/2000	20-Jul-2001
(2002) 5 HKCFAR 1	FACV 1,2&3/ 2001	10-Jan-2002
(2002) 5 HKCFAR 381	FACC 1/2002	10-Jul-2002
(2002) 5 HKCFAR 415	FACC 6/2001	16-Jul-2002
(2002) 5 HKCFAR 480	FACV 17/2001	30-Jul-2002

No.	Appellant	Respondent	Other Party
16	Chau Ching Kay, Nauthum	HKSAR	
17	Director of Lands	Yin Shuen Enterprises Ltd	
18	Prem Singh	Director of Immigration	
19	Swire Properties Ltd & Others	Secretary for Justice	
20	HKSAR	Lee Ming Tee	Securities and Futures Commission (Intervener)
21	Tse Mui Chun	HKSAR	
22	Lau Wai Wo	HKSAR	*Amicus* -from Bar Association's Free Legal Service Scheme
23	A Solicitor	The Law Society of Hong Kong	Secretary for Justice (Intervener)
24	Town Planning Board	Society for the Protection of the Harbour Ltd.	
25	David Morter	HKSAR	
26	The Director of Immigration	Lau Fong	
27	Ng Yat Chi	Max Share Ltd & Another	Amicus appointed by the Court
28	Noise Control Authority & Another	Step in Ltd	
29	Yeung May Wan & Others	HKSAR	
30	Leung Kwok Hung & Others	HKSAR	
31	Secretary for Justice	Lau Kwok Fai Bernard	
32	HO Choiwan	Hong Kong Housing Authority	
33	A Solicitor	The Law Society of Hong Kong	

Citation	Case Number	Date of Decision
(2002) 5 HKCFAR 540	FACC 2/2002	4-Dec-2002
(2003) 6 HKCFAR 1	FACV 2&3/2002	17-Jan-2003
(2003) 6 HKCFAR 26	FACV 7/2002	11-Feb-2003
(2003) 6 HKCFAR 236	FACV 13/2002	7-Jul-2003
(2003) 6 HKCFAR 336	FACC 1/2003	22-Aug-2003
(2003) 6 HKCFAR 601	FACC 4/2003	19-Dec-2003
(2003) 6 HKCFAR 624	FACC 5/2003	19-Dec-2003
(2003) 6 HKCFAR 570	FACV 7/2003	19-Dec-2003
(2004) 7 HKCFAR 1 ;	FACV 14/2003;	9-Jan-2004
(2004) 7 HKCFAR 53	FACC 3/2004	10-Mar-2004
(2004) 7 HKCFAR 56	FACV 10/2003	26-Mar-2004
[2005] HKCFA 9; [2005]1 HKLRD 473; (2005) 8 HKCFAR 1	FACV 5/2004	20-Jan-2005
(2005) 8 HKCFAR 113	FACV 11/2004	4-Apr-2005
(2005) 8 HKCFAR 137	FACC 19/2004	5-May-2005
(2005) 8 HKCFAR 229	FACC 1&2/ 2005	8-Jul-2005
[2005] HKCFA 44; [2005] 3 HKLRD 88; (2005) 8 HKCFAR 304	FACV 15/2004	13-Jul-2005
[2006] HKCFA 1	FACV 1/2005	21-Nov-2005
(2006) 9 HKCFAR 175	FACV 23/2005	22-Mar-2006

No.	Appellant	Respondent	Other Party
34	The Stock Exchange of Hong Kong	New World Development Co Ltd	
35	Koo Sze Yiu & Another	Chief Executive of the HKSAR	
36	Shiu Wing Steel Ltd	Director of Environmental Protection	Airport Authority of Hong Kong
37	So Wai Lun	HKSAR	
38	The Official Receiver and Trustee in Bankruptcy of Chan Wing Hing & Another	Chan Wing Hing &Another	Secretary for Justice (Intervener); *Amicus* appointed by the Court
39	HKSAR	Lam Kwong Wai & Another	
40	HKSAR	Hung Chan Wa & Another	*Amicus* appointed by the Court
41	Yeung Chun Pong & Others	Secretary for Justice	
42	Chiu Wing Lam Dick	HKSAR	
43	Secretary for Justice	Yau Yuk Lung Zigo & Another	
44	Mo Yuk Ping	HKSAR	
45	HKSAR	Ng Po On & Others	
46	Koon Wing Yee; Chan Kin Shing Sonny	Insider Dealing Tribunal & Another	
47	Yeung Chung Ming	Commissioner of Police	
48	PCCW - HKT Telephone Ltd and Another	David Mathew Mcdonal Atken and Another	
49	Akai Holdings Ltd (In Compulsory Liquidation)	Ernst& Young (A Hong Kong Firm)	
50	Lam Siu Po	Commisioner of Police	

Citation	Case Number	Date of Decision
(2006) 9 HKCFAR 234	FACV 22/2005	6-Apr-2006
(2006) 9 HKCFAR 441	FACV 12&13/ 2006	12-Jul-2006
(2006) 9 HKCFAR 478; [2006] 4 HKC 111	FACV 28/2005	16-Jul-2006
(2006) 9 HKCFAR 530	FACC 5/2005	18-Jul-2006
(2006) 9 HKCFAR 545	FACV 7&8/2006	20-Jul-2006
(2006) 9 HKCFAR 574	FACC 4/2005	31-Aug-2006
(2006) 9 HKCFAR 614	FACC 1/2006	31-Aug-2006
(2006) 9 HKCFAR 836	FACC 3/2006	13-Nov-2006
(2007) 10 HKCFAR 613	FACC 10/2006	3-Jul-2007
(2007) 10 HKCFAR 335	FACC 12/2006	17-Jul-2007
(2007) 10 HKCFAR 386	FACC 2/2007	25-Jul-2007
(2008) 11 HKCFAR 91	FACC 6/2007	7-Mar-2008
(2008) 11 HKCFAR 170	FACV 19&20/ 2007	18-Mar-2008
(2008) 11 HKCFAR 513	FACV 22/2007	25-Jul-2008
[2009] HKCFA 11; [2009] 2 HKLRD 274; (2009) 12 HKCFAR 114; [2009] 2 HKC 342;	FACV 27/2008	13- Feb-2009
[2009] HKCFA 14; (2009) 12 HKCFAR 649; [2009] 2 HKC 245;	FACV 28/2008	24-Feb-2009
(2009) 12 HKCFAR 237	FACV 9/2008	26- Mar-2009

No.	Appellant	Respondent	Other Party
51	Brian Alfred Hall	HKSAR	
52	Wong Honsun	HKSAR	
53	Ancy Ann Kissel	HKSAR	
54	Penny's Bay Investment Co Ltd	Director of Lands	
55	Medical Council of Hong Kong	Helen Chan	
56	Chan Tak Ming	HKSAR	
57	Lau Koon Foo	Champion Concord Ltd and Another	
58	The Catholic Diocese of Hong Kong	Secretary for Justice	
59	Chong Wai Lee, Charles and Another	Insider Dealing Tribunaland Another	
60	Winnie Lo	HKSAR	
61	Lee To Nei	HKSAR	
62	Lau Hok Tung and Others	HKSAR	
63	Fok Chun Wa & Zeng Lixia	The Hospital Authority, The Secretary for Food and Health	
64	HKSAR	Muhammad Riaz Khan	
65	Fu Kor Kuen Patrick and Another	HKSAR	
66	Chau Cheuk Yiu	Poon Kit Sang (Superintendent of Hong Kong Police) and others	
67	Campbell Richard Blakeney-Willamsnhe and Others	Cathay Pacific Airways Ltd and Others	

Citation	Case Number	Date of Decision
[2009] HKCFA 65; (2009) 12 HKCFAR 562;	FACC 12/2008	8- Jul-2009
(2009) 12 HKCFAR 877	FACC 1/2009	24-Jul-2009
(2010) 13 HKCFAR 27	FACC 2/2009	11-Feb-2010
(2010) 13 HKCFAR 287	FACV 8/2009	26-Mar-2010
(2010) 13 HKCFAR 248	FACV 13/2009	14- May- 2010
(2010) 13 HKCFAR 745	FACC 5/2010	6-Dec- 2010
[2011] HKCFA 81; (2011) 14 HKCFAR 837; [2012] 1 HKC 467	FACV 17/2010	23- Nov-2011
(2011) 14 HKCFAR 754	FACV 1/2011	13-Oct-2011
(2011) 14 HKCFAR 875	FACV 4/2011	1-Dec-2011
[2012] HKCFA 23; (2012) 15 HKCFAR 16; [2012] 1 HKC 537	FACC 2/2012	23-Feb-2012
(2012) 15 HKCFAR 162	FACC 5/2011	30-Mar-2012
(2012) 15 HKCFAR 162	FACC 7/2011	30-Mar-2012
[2012] HKCFA 34; (2012) 15 HKCFAR 409; [2012] 2 HKC 413	FACV 10/2011	02-Feb-2012
(2012) 15 HKCFAR 232	FACC 13/2010	22- May-2012
[2012] HKCFA 39; (2012) 15 HKCFAR 524; [2012] 5 HKC 189	FACC 4/2011	24-May-2012
[2012] HKCFA 42; (2012) 15 HKCFAR 460; [2013] 1 HKC 478	FACV 7/2011	24-May-2012
[2012] HKCFA 61; (2012) 15 HKCFAR 261; [2013] 3 HKC 185	FACV 13&14/2011	26- Sep-2012

No.	Appellant	Respondent	Other Party
68	A	The Commissioner of The Independent Commission against Corruption	
69	HKSAR	Wong Yuk Man and Others	
70	Ubamaka Edward Wilson	Secretary for Security and Another	
71	HKSAR	Minney, John Edwin	
72	Asif Ali	Director of Immigration N, Secretary for Security	
73	Vallejos Evangeline Banao, Domingo Daniel	Commissioner of Registration, Registration of Persons Tribunal	
74	C ˙ KMF & BF	Director of Immigration, Secretary for Security	United Nations High Commissioner for Refugees
75	W	The registrar of marriages	
76	HKSAR	Chow Nok Hang, Wong Hin Wai	
77	Kong Yunming	The Director of Social Welfare	
78	GA	The Director of Immigration	PA, FI & JA

Citation	Case Number	Date of Decision
[2012] HKCFA 79; (2012) 15 HKCFAR 362; [2013] 1 HKC 334	FACC 9/2011	13-Nov-2012
[2012] HKCFA 68; (2012) 15 HKCFAR 712; [2012] HKCFA 77; (2012) 15 HKCFAR 712	FACC 10&11/2011	13-Nov-2012
[2012] HKCFA 87; (2012) 15 HKCFAR 743; [2013] 2 HKC 75	FACV 15/2011	21-Dec-2012
(2013) 16 HKCFAR 26	FACC 2/2012	15-Feb-2013
[2013] HKCFA 18; (2013) 16 HKCFAR 91; [2013] 6 HKC 163	FACV 17/2011	25-Mar-2013
[2013] HKCFA 17; [2013] 2 HKLRD 533; (2013) 16 HKCFAR 45; [2013] 4 HKC 239; [2013] HKCFA 20; [2013] 2 HKLRD 533; (2013) 16 HKCFAR 45; [2013] 4 HKC 239	FACV 19&20/2012	25-Mar-2013
[2013] HKCFA 19; (2013) 16 HKCFAR 280; [2013] 4 HKC 563; [2013] HKCFA 21; (2013) 16 HKCFAR 280; [2013] 4 HKC 563; [2013] HKCFA 22; (2013) 16 HKCFAR 280; [2013] 4 HKC 563;	FACV 18,19&20/2011	25-Mar-2013
[2013] HKCFA 39; [2013] 3 HKLRD 90; (2013) 16 HKCFAR 112; [2013] 3 HKC 375	FACV 4/2012	13-May-2013
[2013] HKCFA 101; (2013) 16 HKCFAR 837; [2014] 1 HKC 241; [2013] HKCFA 102; (2013) 16 HKCFAR 837; [2014] 1 HKC 241; [2013] HKCFA 103; (2013) 16 HKCFAR 837; [2014] 1 HKC 241	FACC 12,13&14/2012	18-Nov-2013
[2013] HKCFA 107; (2013)16 HKCFAR950; [2014]1 HKC 518	FACV 2/2013	17-Dec-2013
[2014] HKCFA 14	FACV 7/2013	18-Feb-2014

No.	Appellant	Respondent	Other Party
79	Ho Man Kong	Superintendent of Lai Chi Kok Reception Centre and Another	
80	Ghulam Rbani	Secretary for Justice for and on behalf of the Director of Immigration	
81	HKSAR	Pang Hiu San	
82	T	Commissioner of Police	
83	Gutierrez Joseph James, a minor	Commissioner of Registration and Anohter	
84	Secretary for Justice	Florence Tang Chiu Wing and Others	
85	HKSAR	Cheng Chee Tock Theodore	
86	Official Receiver	Zhi Charles	
87	HKSAR	Ata Asaf	
88	Yung Chi Keung	Protection of Wages on Insolvency Board and Another	
89	Hysan Development Co Ltd & Ors	Town Planning Board	
90	HKSAR	Li Shuk Woon	
91	HKSAR	Md Emran Hossain	
92	Sam Woo Marine Works Ltd	The Incorporated Owners of Po Hang Building	Secretary for Justice

Citation	Case Number	Date of Decision
[2014] HKCFA 24; (2014) 17 HKCFAR 179	FACV 13/ 2013	13- Mar-2014
[2014] HKCFA 21; (2014) 17 HKCFAR 138; [2014] 3 HKC 78	FACV 15/2013	13- Mar-2014
(2014) 17 HKCFAR 545	FACC 3/2014	08-Oct-2014
[2014] HKCFA 71; (2014) 17 HKCFAR 593; [2015] 1 HKC 1	FACV 3/2014	10-Sep- 2014
(2014) 17 HKCFAR 518	FACV 2/2014	18-Sep-2014
(2014) 17 HKCFAR 73	FACV 5-6/2014	6-Nov-2014
(2015) 18 HKCFAR 292	FACC 7/2014	25-Jun-2015
[2015] HKCFA 73; (2015) 18 HKCFAR 467; [2016] 2 HKC 495	FACV8/2015	05-Nov-2015
[2016] HKCFA 31；(2016) 19 HKCFAR 225; [2017] 1 HKC 291	FACC 9/2015	17-May-2016
[2016] HKCFA 32; (2016) 19 HKCFAR 469; [2016] 3 HKC 575	FACV 14/2015	17-May-2016
[2016] HKCFA 66 (2016) 19 HKCFAR 372; [2016] 6 HKC 58	FACV 21-22/2015	26- Sep- 2016
[2016] HKCFA 76; (2016) 19 HKCFAR 564	FACC 3/2016	09- Nov- 2016
[2016] HKCFA 86 (2016) 19 HKCFAR 679; [2017] 1 HKC 534	FACC 16/2016	16- Dec-2016
[2017] HKCFA 36 (2017) 20 HKCFAR 240; [2017] 6 HKC 183	FACV 10/2016	29-May-2017

附錄二　香港法官和司法人員中英文名單
（截至 2019 年 1 月 14 日）*

Court of Final Appeal	終審法院
Chief Justice of the Court of Final Appeal	終審法院首席法官
The Hon Chief Justice Geoffrey MA, GBM	馬道立首席法官，GBM
Permanent Judges of the Court of Final Appeal	終審法院常任法官
The Hon Mr Justice RIBEIRO	李義法官
The Hon Mr Justice FOK	霍兆剛法官
The Hon Mr Justice CHEUNG	張舉能法官
Non-Permanent Judges of the Court of Final Appeal	終審法院非常任法官
The Hon Mr Justice BOKHARY, GBM	包致金法官 , GBM
The Hon Mr Justice CHAN, GBM	陳兆愷法官 , GBM
The Hon Mr Justice TANG, GBM, SBS	鄧楨（鄧國楨）法官 , GBM, SBS
The Hon Mr Justice STOCK, GBS	司徒敬法官 , GBS
The Rt Hon the Lord HOFFMANN, GBS	賀輔明勳爵 , GBS
The Rt Hon the Lord MILLETT, GBS	苗禮治勳爵 , GBS

---

* 本表資料來源於香港特別行政區司法機構官方網站，https://www.judiciary.hk/en/about_us/judges.html，https://www.judiciary.hk/zh/about_us/judges.html，最後訪問時間：2019 年 1 月 14 日。

The Hon Mr Justice Murray GLEESON	紀立信法官
The Rt Hon the Lord NEUBERGER of Abbotsbury, GBS	廖柏嘉勳爵 , GBS
The Rt Hon the Lord WALKER of Gestingthorpe	華學佳勳爵
The Rt Hon the Lord COLLINS of Mapesbury	郝廉思勳爵
The Rt Hon the Lord CLARKE of Stone-cum-Ebony	簡嘉麒勳爵
The Rt Hon the Lord PHILLIPS of Worth Matravers	范理申勳爵
The Hon Mr Justice James SPIGELMAN	施覺民法官
The Hon Mr Justice William GUMMOW	甘慕賢法官
The Hon Mr Justice Robert FRENCH	范禮全法官
The Rt Hon Lord REED	韋彥德勳爵
The Rt Hon the Baroness HALE of Richmond	何熙怡女男爵
The Rt Hon Madam Justice Beverley McLACHLIN	麥嘉琳法官

High Court	高等法院
Justices of Appeal of the Court of Appeal of the High Court	高等法院上訴法庭法官
The Hon Mr Justice YEUNG, V-P	楊振權副庭長
The Hon Mr Justice LAM, V-P	林文瀚副庭長
The Hon Mr Justice MACRAE, V-P	麥機智副庭長
The Hon Mr Justice CHEUNG, JA	張澤佑法官
The Hon Madam Justice YUEN, JA	袁家寧法官
The Hon Madam Justice KWAN, JA	關淑馨法官
The Hon Madam Justice CHU, JA	朱芬齡法官

The Hon Mr Justice BARMA, JA	鮑晏明法官
The Hon Mr Justice McWALTERS, JA	麥偉德法官
The Hon Mr Justice POON, JA	潘兆初法官
The Hon Mr Justice PANG, JA	彭偉昌法官
The Hon Mr Justice ZERVOS, JA	薛偉成法官
The Hon Mr Justice Au, JA	區慶祥法官
Judges of the Court of First Instance of the High Court	**高等法院原訟法庭法官**
The Hon Mr Justice CHUNG	鍾安德法官
The Hon Mr Justice FUNG, GBS	馮驊法官, GBS
The Hon Mrs Justice BARNES	張慧玲法官
The Hon Madam Justice POON	潘敏琦法官
The Hon Mr Justice HARRIS	夏利士法官
The Hon Mr Justice BHARWANEY	包華禮法官
The Hon Madam Justice AU-YEUNG	歐陽桂如法官
The Hon Mr Justice LI	李瀚良法官
The Hon Madam Justice TOH	杜麗冰法官
The Hon Mr Justice Louis CHAN	陳江耀法官
The Hon Mr Justice Andrew CHAN	陳慶偉法官
The Hon Madam Justice Mimmie CHAN	陳美蘭法官
The Hon Mr Justice Anthony CHAN	陳健強法官
The Hon Mr Justice LAM	林雲浩法官
The Hon Mr Justice NG	吳嘉輝法官
The Hon Madam Justice PANG	彭寶琴法官
The Hon Mr Justice CHOW	周家明法官
The Hon Madam Justice B. CHU	朱佩瑩法官

The Hon Mr Justice LOK	陸啟康法官
The Hon Mr Justice YAU	邱智立法官
The Hon Mr Justice WONG	黃崇厚法官
The Hon Mrs Justice CAMPBELL-MOFFAT	金貝理法官
The Hon Madam Justice D'ALMADA REMEDIOS	李素蘭法官
The Hon Mr Justice Wilson CHAN	陳嘉信法官
The Hon Madam Justice WONG	黃國瑛法官
The Hon Mr Justice POON	潘兆童法官
The Hon Madam Justice NG	吳美玲法官
The Hon Mr Justice LEE	李運騰法官
Recorders of the Court of First Instance of the High Court	**高等法院原訟法庭特委法官**
Mr Jason POW Wing-nin, SC	鮑永年先生, SC
Mr Russell Adam COLEMAN, SC	高浩文先生, SC
Mr Anthony Kenneth HOUGHTON, SC	何東鳴先生, SC
Ms Winnie TAM Wan-chi, SC	譚允芝女士, SC
Mr Stewart WONG Kai-ming, SC	黃繼明先生, SC
Ms Linda CHAN Ching-fan, SC	陳靜芬女士, SC
Mr Eugene FUNG Ting-sek, SC	馮庭碩先生, SC
Mr Charles Peter MANZONI, SC	萬崇理先生, SC
Ms Yvonne CHENG Wai-sum, SC	鄭蕙心女士, SC
Registrar of the High Court	**高等法院司法常務官**
Mr KWANG Cheok-weung, Simon	鄺卓宏先生
Senior Deputy Registrar, High Court	**高等法院高級副司法常務官**
Mr HO Chi-yin, Andy	何志賢先生

District Court	區域法院
Principal Family Court Judge	**主任家事法庭法官**
His Honour Judge C K CHAN	陳振國法官
District Judges	**區域法院法官**
His Honour Judge Michael WONG	黃一鳴法官
His Honour Judge Stanley CHAN	陳廣池法官
His Honour Judge LEUNG	梁俊文法官
Her Honour Judge MELLOY	麥莎朗法官
His Honour Judge YIP	葉佐文法官
Her Honour Judge LEVY	羅雪梅法官
His Honour Judge YIU	姚勳智法官
His Honour Judge K W WONG	黃敬華法官
His Honour Judge KO	高勁修法官
His Honour Judge Douglas YAU	游德康法官
His Honour Judge KWOK	郭偉健法官
His Honour Judge Josiah LAM	林偉權法官
His Honour Judge Anthony KWOK	郭啟安法官
His Honour Judge DUFTON	杜大衛法官
His Honour Judge SHAM	沈小民法官
Her Honour Judge WOODCOCK	胡雅文法官
His Honour Judge HUI	許家灝法官
His Honour Judge Jack WONG	黃健棠法官
Her Honour Judge LO	勞潔儀法官
His Honour Judge Johnny CHAN	陳仲衡法官
His Honour Judge Gary LAM	林嘉欣法官
His Honour Judge Andrew LI	李樹旭法官
His Honour Judge AU-YEUNG	歐陽浩榮法官

His Honour Judge LEONG	梁國安法官
His Honour Judge YEE	余啟肇法官
His Honour Judge YU	余敏奇法官
His Honour Judge PANG	彭中屏法官
His Honour Judge CASEWELL	祁士偉法官
His Honour Judge Simon LO	勞傑民法官
His Honour Judge TAM	譚思樂法官
Her Honour Judge KOT	葛倩兒法官
His Honour Judge LAI	黎達祥法官
His Honour Judge OWN	翁喬奇法官
Her Honour Judge Y F CHAN	陳玉芬法官
His Honour Judge L W WONG	黃禮榮法官
His Honour Judge LIU	廖文健法官
His Honour Judge Edmond LEE	李俊文法官
Her Honour Judge TSUI	徐韻華法官
His Honour Judge Clement LEE	李慶年法官

Lands Tribunal, Magistrates' Courts and other Tribunals	土地審裁處，裁判法院及其他審裁處
Members, Lands Tribunal	土地審裁處成員
Mr PANG Ho-chuen, Lawrence	彭浩泉先生
Mr NG Siu-lam, Alex	吳紹林先生
Principal Magistrates	主任裁判官
Mr LIN Kam-hung, Ernest Michael	練錦鴻先生
Mr CHOW Siu-wo, Anthony	周紹和先生
Mr TAM Lee-cheung	譚利祥先生
Ms CHAINRAI Bina	錢禮女士

Mr LAW Tak-chuen, Peter	羅德泉先生
Ms WOO Huey-fang, Bernadette	吳蕙芳女士
Mr LUI Kin-man, Simon	雷健文先生
Mr HO Chin-pang, Dick	何展鵬先生
Mr SO Wai-tak	蘇惠德先生
Magistrates	**裁判官**
Mrs TSE CHING Adriana Noelle	謝沈智慧女士
Miss YIM Shun-yee, Ada	嚴舜儀女士
Mr MAK Kwok-cheung	麥國昌先生
Mr TO Ho-shing	杜浩成先生
Mr CHEANG Kei-hong	鄭紀航先生
Mr SO Man-lung, Don	蘇文隆先生
Mr WONG Kwok-fai, Raymond	黃國輝先生
Ms CHAN Wai-mun	陳慧敏女士
Miss CHOW Pok-fun, Josephine	周博芬女士
Mr PANG Ka-kwong	彭家光先生
Mr YIP Sue-pui, Lawrence	葉樹培先生
Mr WAN Siu-ming, Jason	溫紹明先生
Miss CHUI Yee-mei, Ivy	徐綺薇女士
Mr LI Chi-ho	李志豪先生
Ms WONG Susan	黃瑞珊女士
Ms LAU Yee-wan, Winnie	劉綺雲女士
Mr TANG Siu-hung, Daniel	鄧少雄先生
Mr CHEUNG Chi-wai, David	張志偉先生
Mr CHENG Lim-chi	鄭念慈先生
Ms LAM Mei-sze, Michelle	林美施女士
Mr CHUM Yau-fong, David	覃有方先生

Mr SHUM Kei-leong, Timon	沈其亮先生
Mr KO Wai-hung	高偉雄先生
Miss HO Wai-yang	何慧縈女士
Ms CHEUNG Kit-yee	張潔宜女士
Ms CHEUNG Tin-ngan, June	張天雁女士
Ms WONG Sze-lai	王詩麗女士
Miss NG Chung-yee, Debbie	吳重儀女士
Ms HEUNG Shuk-han, Veronica	香淑嫻女士
Ms TO Kit-ling, Doris	杜潔玲女士
Ms SHUI Kelly	水佳麗女士
Ms CHENG Kam-lin, Catherine	鄭金蓮女士
Mr CHAN Ping-chau, Kenneth	陳炳宙先生
Mr LEE Siu-ho	李紹豪先生
Mr CHOW Chi-wei, Raymund	周至偉先生
Ms CHU Yuen-yee	朱婉儀女士
Mr CHAN David	陳大為先生
Ms WONG Nga-yan, Peony	黃雅茵女士
Mr WONG Sze-cheung, Colin	黃士翔先生
Ms SO Ka-yin, Rita	蘇嘉賢女士
Miss LEE Kar-lok, Jacqueline	李家樂女士
Mr HO Chun-yiu	何俊堯先生
Ms SOONG Wing-sum	宋泳琛女士
Ms LEUNG Ka-kie	梁嘉琪女士
Ms TSUI May-har, Stephanie	崔美霞女士
Ms LEUNG Siu-ling	梁少玲女士
Mr IP Kai-leung, Jacky	葉啟亮先生
Mr PANG Leung-ting	彭亮廷先生

Ms CHUNG Ming-sun, May	鐘明新女士
Miss CHAN Lo-yee, Louise	陳露怡女士
Mr WONG Ching-yu, Edward	王證瑜先生
Mr LAM Tsz-kan	林子勤先生
Mr LEUNG Man-liang, Matthew	梁文亮先生
Special Magistrates	**特委裁判官**
Mr TAM Ka-huen	譚嘉煊先生
Miss LAU Suk-han	劉淑嫻女士
Mr MOK Tze-chung, Andrew	莫子聰先生
Miss LEUNG Nga-yan, Frances	梁雅忻女士
Mr YU Chun-pong	余振邦先生
Mr LAM Hei-wei, Arthur	林希維先生

附錄三　香港加入的國際人權公約 *

編號	條約
#1601	1904 年 5 月 18 日訂於巴黎的《禁止 " 販賣白奴 " 國際協定》，於 1949 年修訂
#1602	1910 年 5 月 4 日訂於巴黎的《禁止販賣白奴國際公約》，於 1949 年修訂
#1603	1921 年 9 月 30 日訂於日內瓦的《禁止販賣婦孺國際公約》
#1604	1926 年 9 月 25 日訂於日內瓦的《禁奴公約》，於 1953 年修訂
#1605	1953 年 3 月 31 日在紐約開放供簽署的《婦女參政權公約》
#1606	1954 年 9 月 28 日訂於紐約的《關於無國籍人地位的公約》
#1607	1956 年 9 月 7 日訂於日內瓦的《廢止奴隸制、奴隸販賣及類似奴隸制之制度與習俗補充公約》
#1608	1962 年 12 月 10 日在紐約開放供簽署的《關於婚姻之同意、結婚最低年齡及婚姻登記之公約》
1609	1966 年 3 月 7 日在紐約開放供簽署的《消除一切形式種族歧視國際公約》
*1610	1966 年 12 月 16 日在紐約經聯合國大會通過的《經濟、社會與文化權利的國際公約》
#*1611	1966 年 12 月 16 日在紐約經聯合國大會通過的《公民權利和政治權利國際公約》

---

* 本表資料來源於香港特別行政區政府律政司官方網站，https://www.doj.gov.hk/chi/laws/interlaw.html#Human Rights，最後訪問時間：2020 年 4 月 20 日。

編號	條約
1612	1980 年 3 月 1 日在紐約開放供簽署的《消除對婦女一切形式歧視公約》
1613	1984 年 12 月 10 日在紐約經聯合國大會通過的《禁止酷刑和其他殘忍、不人道或有辱人格的待遇或處罰公約》
1614	1989 年 11 月 20 日在紐約經聯合國大會通過的《兒童權利公約》，於 1995 年修訂
1615	2000 年 5 月 25 日訂於紐約的《兒童權利公約關於兒童捲入武裝衝突問題的任擇議定書》
1616	2006 年 12 月 13 日訂於紐約的《殘疾人權利公約》

後記

　　香港回歸中國已經有二十二個年頭。香港在回歸中國後保持了繁榮和穩定。"一國兩制"的偉大構想在香港得以成功實踐。那麼，香港在二十多年的高度自治中有何經驗和教訓呢？什麼是香港的貢獻？除了在經濟上的重要作用，是否還有其他貢獻？香港的穩定和繁榮的秘密是什麼？這是我研究港澳台法律制度以來一直思考的問題。法治與人權是香港的核心價值，香港的穩定和繁榮離不開法治的保障，而法治的核心實際上是對公權力的限制和對私權利的保障。那麼，香港的法治社會是如何維持和實現的呢？通過對香港法律制度和香港二十多年法治實踐的觀察，可以發現：香港特別行政區法院的貢獻頗大。正如現任終審法院首席法官馬道立所言，香港特別行政區法院旨在"維持司法制度的獨立及其至高的專業水準，以維護法治、保障個人權利和自由，及取得香港、內地及其他地方人士對香港司法制度的信任"。[1] 香港回歸中國二十多年來，特別行政區法院在捍衛人權和維護香港的法治、樹立司法權威方面取得了突出的成就，這一經驗需要研究港澳台法的同仁來總結。這正是本書的研究價值所在。

　　幾年前，我關注歐洲司法保障人權的實踐，發現歐洲司法對人權的保障程度較高；而近年來，我主持了國家社科青年項目、全國人大香港基本法／澳門基本法委員會的多個涉及香港人權的課題，通過對

---

[1]　參見馬道立於香港特別行政區司法機構官方網站發表的歡迎詞，https://www.judiciary.hk/zh/about_us/wel_message.html，最後訪問時間：2019 年 12 月 1 日。

香港人權保障體制、香港特別行政區法院，特別是終審法院審判實踐的觀察和研究，我發現，香港特別行政區法院對人權的保障水準和程度也比較高，其中的成功經驗，對於建設粵港澳大灣區具有借鑒意義。

我始終相信，香港法治是中國法治的重要組成部分。香港法治的進步無疑是中國法治進步的重要一環，香港法治對世界法治的貢獻也是中國對世界的重要貢獻。我從對歐洲法治研究轉向對香港、澳門，對大灣區的研究，是因為我相信香港法治乃至中國法治在經歷種種磨難後仍能繼續前進。

本書出版時，全國人大通過了《全國人民代表大會關於建立健全香港特別行政區維護國家安全的法律制度和執行機制的決定》。決定一出，引發兩地社會熱議。維護國家安全与保障人權這兩個面向，以及妥善處理好二者的關係，是所有現代法治國家都要面對的重要問題。正如香港特區終審法院在涉及表達自由的判例中所提到的，保障自由權利是香港特區法院的使命，但這種自由權利並不是無限的，它需要受到適當的限制，而這種限制中就包括國家安全。我相信香港特區法院以後也能恰當地處理好國家安全與人權保障之間的關係。從該決定的內容看，其主要針對的是分裂國家、顛覆國家政權、組織實施恐怖活動和境外勢力干預等四項危害國家安全的行為，相信它並不會對普通香港民眾的人權造成影響，反而可以更好地維護普通民眾的人權。

本書的寫作，重在為讀者描繪和勾勒香港特別行政區法院保障人權的藍圖，並總結香港特別行政區法院在司法實踐中保障人權的成功經驗。本書的寫作，融入了終審法院審理自成立以來二十年（1997年7月1日至2017年6月30日）涉及人權的所有判例，並對重大判例進行了深入的分析，以折射判例法涉及的各項人權和理論。

《守衛人權：香港特別行政區法院二十年》（1997-2017）是在我

主持的多項涉及香港人權課題的基礎上，經過幾年的研究、思考和寫作的結果。得知我的著作即將出版，我博士論文的指導老師中國人民大學人權研究中心的朱力宇教授欣然為我作序。在此，我要對他表示衷心的感謝！感謝他對我這些年來研究的一貫支持和關懷！我更要感謝香港大學法學院的陳弘毅教授，他是研究香港法治、憲制的領軍人物，感謝他對本書寫作提出的寶貴建議，也感謝他慷慨為本書作序。本書的寫作，也得到了中國人民大學法學院孫國華教授（已故）、葉傳星教授、史彤彪教授、朱景文教授、馮玉軍教授、韓大元教授、彭小龍教授、石佳友教授、鄭愛青教授等的關心和教誨。我還要感謝深圳大學港澳基本法研究中心的鄒平學教授、黎沛文研究員，中山大學粵港澳發展研究院的郭天武教授、王禹教授、陳麗君教授、葉一舟研究員等同仁為本書提供的寶貴意見。我還要感謝暨南大學的張江河教授、朱義坤教授、徐瑄教授、劉穎教授、郭宗傑教授、喬素玲教授、劉文靜教授、高軒教授、湯文平教授、李戰老師等領導和同仁對我的關心和幫助。我還要感謝中國政法大學的袁鋼教授、李紅勃教授、孫平華教授，中國社會科學院周少青教授，廣州財經大學的陳幼武教授，武漢大學的徐亞文教授等前輩和同仁對我的幫助和支持。感謝香港城市大學朱國斌教授的交流和意見，感謝香港吳英鵬大律師的寶貴意見。感謝南開大學法學院的李曉兵教授、華南理工大學法學院的夏正林教授為本書提的寶貴建議。

香港判例法浩如煙海、博大精深，一個個判例的收集、分析和整理耗費了我和我的學生大量的精力。在此，我要感謝我指導的研究生岑成標、王盼、林馨、王一如、戴澤穩、黃阿婧、何井蘭、楊玉娟、韋思宇同學對案例的一些整理工作，還要感謝我教授的憲法與行政法專業的張洪榮、葉穎文、劉均祿同學的課堂討論。

一部著作的完成凝結了無數人的智慧，我還要特別感謝香港三聯書店的周建華先生、顧瑜小姐等同仁，為本書的出版付出了許多努力；感謝本書責編蘇健偉先生為本書付出的辛勤工作。其次，本書還對《香港基本法》、《香港人權法案條例》等法律、法規在現實中的執行和實施情況進行調查、分析，瞭解動態中的基本權利。再次，本書的寫作也是在香港特別行政區調研的基礎上完成的，本書在寫作過程中，我深入香港社會，瞭解香港民眾對香港特別行政區法院裁判活動的真實態度與評價；最後，本書的寫作也是在與香港法律界資深學者及司法從業者交流討論的基礎上完成的。由於個人水準和精力有限，本書尚存不足之處，還請學界同仁、司法實踐從業人士多多批判和交流。

最後，讓我對我的家人以及所有愛我、關心我的人致以崇高的敬意和誠摯的謝意！

2020 年 5 月於廣州暨南園

責任編輯　　蘇健偉

書籍設計　　a_kun

書　　名	守衛人權：香港特別行政區法院二十年（1997-2017）
著　　者	沈太霞
出　　版	三聯書店（香港）有限公司 香港北角英皇道 499 號北角工業大廈 20 樓 Joint Publishing (H.K.) Co., Ltd. 20/F., North Point Industrial Building, 499 King's Road, North Point, Hong Kong
香港發行	香港聯合書刊物流有限公司 香港新界大埔汀麗路 36 號 3 字樓
印　　刷	美雅印刷製本有限公司 香港九龍觀塘榮業街 6 號 4 樓 A 室
版　　次	2020 年 5 月香港第一版第一次印刷
規　　格	16 開（165 mm × 235 mm）288 面
國際書號	ISBN 978-962-04-4684-9

© 2020 Joint Publishing (H.K.) Co., Ltd.

Published & Printed in Hong Kong